MINERVA
現代経済学叢書
126

デジタル時代の税制改革

100年ぶりの国際課税改革の分析

MOROTOMI Toru, MIYAMOTO Toshiko and SHINODA Tsuyoshi
諸富 徹／宮本十至子／篠田 剛
[編著]

ミネルヴァ書房

はしがき

　2024年7月25・26日の2日間，ブラジルのリオデジャネイロでG20財務相・中央銀行総裁会議が開催され，「国際租税協力に関するG20閣僚リオデジャネイロ宣言（The Rio De Janeiro G20 Ministerial Declaration on International Tax Cooperation）」が採択された。

　宣言は，新しい国際課税ルールに関する「2本の柱」について，残る課題を最終的に解決し，迅速に実施に移すことについて，G20としてのコミットメントを改めて確認した。こうして主要国が一致して，「2本の柱」の実施に向けて後押しする姿勢を示したことの意義は大きい。

　しかし裏を返せばこの宣言は，本来は2023年には実施に移されるはずだった「2本の柱」がいまだ実施に移されていない現状に対する危機感の表明だともいえる。第2の柱（Pillar Two）の「グローバル・ミニマム課税（GloBE）」については，各国・各地域がそれぞれ実施のための国内法を着々と整備しつつあるのに対し，第1の柱（Pillar One）のいわゆる「デジタル課税」については，その法的根拠となる多国間条約へのアメリカの批准が遅れているために，条約を発効させることができない状態が続いている。宣言は，そうしたアメリカへの国際社会からの圧力でもある。

　2024年6月末が期限とされていた多国間条約への署名は，期限が過ぎてもアメリカが署名せず，本書執筆時点では次の期限が明示的に示されないまま事実上，期限が延長されている状態である。本書で詳述しているように，アメリカが署名しなければ多国間条約は発効しない。その意味で，アメリカは新しい国際課税ルールの命運を握っている。

　このままアメリカが署名せずに時間が過ぎ，多国間条約が事実上の棚上げとなってしまうのか，それとも急転直下，署名するのか。2024年11月のアメリカ大統領選挙とともに行われる上下院の議会選挙の結果が，その帰趨を左右する。我々はその結果を，かたずをのんで見守るほかない。

　では，仮に多国間条約が発効できなければ，新しい国際課税ルールはまった

i

く無意味になってしまうのだろうか。決してそうではないだろう。多国籍企業の租税回避，各国による租税競争，経済のグローバル化・デジタル化と現行国際課税ルールの齟齬による不適切な課税権配分といった課題が，消え去るわけではないからである。

かつて OECD が『有害な租税競争（Harmful Tax Competition）』という報告書を 1998 年に公表し，問題提起を行ったことがあった。アメリカはまったく相手にせず，国際的に何らのアクションも協力も引き出せないまま，店晒しになった。これは失敗事例としてよく言及されるが，たんに機が熟していなかっただけかもしれない。その問題提起が正鵠を射ていたことは，2010 年代に入って BEPS（Base Erosion and Profit Shifting：税源浸食と利益移転）が立ち上げられ，本格的な取り組みが開始されたことでも明らかである。

国際課税上の諸問題への取り組みが成就するには，時間がかかる。「ローマは一日にして成らず」である。とはいえ現時点から 1998 年を振り返ってみると，この四半世紀，とくにこの 10 年で長足の進歩があったことに気づかされる。国際課税制度は着実に前に進んでいるといえよう。

新しい国際課税ルールは，上述の課題への解決策という形をとった，関係者の知恵の結晶である。仮に多国間条約が発効せずとも，課題が残り続ける限り新ルールはつねに参照され，今後の議論の出発点となっていくはずである。つまり新ルールは死に絶えてしまうのではなく，何度も呼び戻され，リバイバルすることになるだろう。

新ルールの一部は，すでに実施に移されている。その情報的基盤たる「マスターファイル（多国籍企業の事業概要を記載）」，「ローカルファイル（個々の関連者間取引に関する詳細な情報を記載）」，そして「国別報告書（国別に合計した所得配分，納税状況，経済活動の所在，主要な事業内容等を記載）」がそれである。これらに基づいて，多国籍企業は情報を申告することが求められる。こうして各国政府がえた情報は，国家間の自動情報交換制度に載せられ，統合・検証されることで，多国籍企業の活動の全体像を把握することに用いられる。

仮に，新ルールの実施が挫折したとしても，これら多国籍企業の情報申告制

度や国家間自動情報交換制度は国際課税制度の不可欠な一部として定着し，BEPS 以前の時代に逆戻りすることはもはやないであろう。

本書はこうした状況を背景として，2021 年 10 月の G20 会合で最終合意に至った新しい国際課税ルールを，財政学と租税法学の協力によって解き明かそうとする試みである。新ルールは「100 年ぶりの」とか「画期的な」と形容されることが多い。しかしその意義を真に理解するには，その経済的側面と租税法的な側面の両面からアプローチする必要がある。本書は財政学を専門とする研究者と，租税法学を専門とする研究者が協力して研究・調査を共同で進め，その成果を取りまとめた点に大きな特徴がある。

結果として本書は，新ルールが出現せざるをえなかった経済的背景，それが実施された場合の経済影響，新ルールの国際課税上の画期的意義，税法と会計制度の相互関係，アメリカ国内における国際課税ルールの発展とそのグローバルな国際課税論議への影響，多国籍企業による情報申告と手続保障，EU（および特にドイツ）における国際課税論議の展開，そして日本における新ルールの実施とその課題など，新ルールを理解する上で必須の論点を一冊でカバーしている点に意義があるといってよい。

もちろん，新ルールが多国間条約の発効を経て確定し，全世界で実施に移されることがまだ決まっていない段階での出版なので，本書の内容に未確定，未決定の要素が含まれている点，あらかじめご留意頂きたい。にもかかわらず本書各章の内容は，多国間条約発効の可否を超えて，現代の国際課税が直面する課題とは何か，その解決策としてどのような方法がありうるのか，という論点について，現時点での最新の知見を踏まえてある程度普遍的に通用する回答を含むように努めている。

本書は，国際課税に関心をもつ研究者のみならず，広く政策担当者，法人税に携わる実務家の方々に向けて書かれている。本書が新ルールに関する理解の普及に貢献するとともに，その妥当性や課題，将来に向けての新たな展開について，日本での発展的な議論を創り出すことに寄与できることを願っている。

諸富 徹・宮本十至子・篠田 剛

デジタル時代の税制改革　目　次

はしがき

序　章　新しい国際課税ルールの内容，その意義，直面する課題，
　　　　そして税収効果……………………………………諸富　徹…1
　1．新しい法人課税ルールとは何か……………………………………1
　2．新しい国際課税ルールが直面する課題……………………………13
　3．租税回避とBEPSおよびTCJAによる抑制効果の定量的把握………18
　4．税収シミュレーションから見える「第1および第2の柱」
　　　のもたらす効果……………………………………………………22
　5．本書の概要……………………………………………………………32

第1章　経済のデジタル化と「市場国」への課税権配分を巡る論理
　　　　の変遷………………………………………………篠田　剛…37
　1．本章の課題……………………………………………………………37
　2．第1の柱に関する国際合意…………………………………………38
　3．デジタル企業の「価値創造」………………………………………41
　4．「市場国」への課税権配分案の変遷………………………………48
　5．「市場国」への課税権配分を支える論理…………………………59
　6．結　論…………………………………………………………………68

第2章　利益Aに係るデジタル課税の意義と課題
　　　　——移転価格税制の経験を踏まえて……………江波戸順史…74
　1．デジタル課税が抱える課題…………………………………………74
　2．デジタル課税の実現に向けて………………………………………75
　3．独立企業原則の限界と残余利益分割法……………………………81

v

4．売上高を配賦要素とする定式配賦方式 ……………………………… 87

5．デジタル課税に潜在する紛争とその解決 …………………………… 93

6．デジタル課税に関する所見 …………………………………………… 100

第3章　グローバル・ミニマム課税における所得合算ルール（IIR）

　　　　——税法と会計の関係……………………………………… 中嶋美樹子… 106

1．IIR と会計 ……………………………………………………………… 106

2．グローバル・ミニマム課税における所得合算ルール ……………… 107

3．法人税法におけるグローバル・ミニマム課税の導入 ……………… 112

4．会計情報の利用と問題 ………………………………………………… 117

5．米国と日本での議論 …………………………………………………… 124

6．残された問題 …………………………………………………………… 130

第4章　TCJA2017 におけるアメリカ法人税の国際課税方式の

　　　　変更に関する議論とその影響 ………………………… 吉弘憲介… 136

1．アメリカにおける国際課税の独自の背景 …………………………… 136

2．2017 年改革の概要……………………………………………………… 137

3．2010 年代のアメリカ法人税の変更にまつわる議論の推移………… 144

4．上院議会公聴会（115 − 284）「国際課税方式の変更」に関する論点

　　………………………………………………………………………… 149

5．法人税の国際課税の変更はアメリカに何をもたらしたのか ……… 154

6．国際課税の論理とアメリカ内部の論理 ……………………………… 158

第5章　グローバルタックスガバナンスへのアメリカのパワーの影響

　　　　——「BEPS2.0」第2の柱を素材として ………………… 松田有加… 164

1．目的と背景……………………………………………………………… 164

2．FATCA から CRS へ…………………………………………………… 166

3．第2の柱における GILTI 税制の取り扱い …………………………… 169

4．分　　析 ……………………………………………… 174

　　5．グローバルタックスガバナンスにおけるアメリカのパワー ………… 182

第6章　EU における GloBE ルールの受容
　　　　——ドイツでの国内法制化を中心に ………………………辻　　美枝… 188

　　1．新たな国際課税ルールの導入 ……………………………… 188

　　2．EU の国際租税協調に向けた動き ………………………… 189

　　3．ドイツにおける国内法制化と既存税制への影響 ………… 194

　　4．若干の検討 …………………………………………………… 207

第7章　BEPS2.0 第2の柱における GloBE 情報申告書の意義と
　　　　手続保障 ……………………………………… 金山知明… 216

　　1．本章の狙い …………………………………………………… 216

　　2．CbCR と GloBE 情報申告書 ……………………………… 218

　　3．GloBE 情報申告書の国家間交換 ………………………… 226

　　4．GloBE 情報申告に関する事務負担と罰則適用 ………… 231

　　5．日本における GloBE ルール導入 ………………………… 236

　　6．GloBE 情報申告書の意義と手続的側面の検討 ………… 241

　　7．結　　論 ……………………………………………………… 247

第8章　経済のデジタル化に伴う国際課税の動向と課題
　　　　……………………………………………… 宮本十至子… 254

　　1．背景と本章の目的 …………………………………………… 254

　　2．国際課税原則の歴史的概観 ………………………………… 255

　　3．デジタル取引の台頭と従来の国際課税原則の限界 …… 258

　　4．デジタル取引に対する課税権配分の提案と課題 ……… 259

　　5．租税競争対抗策としての GloBE ルール ………………… 261

　　6．GloBE ルールの国内法実施と課題 ……………………… 269

7．デジタル課税の課題 ……………………………………………………… 275

あとがき

人名索引／事項索引

序　章
新しい国際課税ルールの内容，その意義，直面する課題，そして税収効果

諸富　徹

1.　新しい法人課税ルールとは何か

1.1.　新しい課税ルールは何を解決しようとしているのか
1.1.1.　グローバル化とデジタル化への対応としての新課税ルール

　2021 年 10 月 13 日，20 カ国・地域（G20）財務相・中央銀行総裁会議は，それまで OECD を中心に世界 130 カ国超の国々が参加する「包摂的枠組み（Inclusive Framework）」で議論されてきた法人課税ルールの見直しについて，最終的な政治合意に達した。これは，約 100 年前に形成された現行の法人課税ルールの根本的な見直しを意味し，きわめて画期的で記念碑的な成果といってよい。新しい法人課税ルールを盛り込んだ多国間条約は当初，2022 年末までに批准手続きを終え，2023 年に発効させるはずだった。だがこの当初スケジュールは現在，遅れを余儀なくされている。条約の批准手続きは 2024 年 6 月末，発効は 2025 年にそれぞれ延期されたものの，米国は 6 月末を過ぎても批准手続きを行っておらず，発効の見通しは立っていない。

　ところでなぜ，OECD が新しい法人課税ルールの導入に取り組むことになったのか。その背景要因として，経済構造の根本的な変化，つまり経済の「グローバル化」と「デジタル化」を指摘することができる。経済がグローバル化したことで，多国籍企業が税負担を最小化するため，タックスヘイブンや低課税国に利益を移転することが容易になった。彼らがこうして税率の高い本国の税負担を回避する動きが大規模化／常態化した結果，各国の税収は深刻な打撃を受け，その租税構造をより逆進的な方向に向かわせた。

さらに，経済のデジタル化で現行の課税ルールが機能不全に陥り，課税されるべき所得に課税がなされず，税収が配分されるべき国に配分されなくなった。現行の課税ルールは約100年前の国際連盟時代に形成され，製造業中心の産業構造には適合的であった。ある国に多国籍企業の利益への課税権を付与するか否かが，その多国籍企業が物的恒久施設をそこに有するかどうかで決められている点に，現行課税ルールの「製造業親和性」が象徴されている（「PE（Permanent Establishment：恒久施設）ルール」）。

　ところが経済がデジタル化し，無形資産中心の経済になると，多国籍企業は顧客に対して有形資産を介することなくオンラインで直接的にアクセス可能になった。つまり，ある国で多くの顧客をもつ多国籍企業がオンラインビジネスで多額の利益を上げていても，そこに物的な恒久施設が存在しない限り，国際課税原則上は課税できないのだ。

　経済のグローバル化が顕著に進行した1980年代以降，こうした課題はすでに顕在化し始めていたが，21世紀に入ってデジタル化が進行すると問題は激化した。経済がデジタル化したことで，無形資産を介した利益移転がより巧妙かつ活発に展開され始め，各国の税収損失は大きく膨らんでいった。OECDが「税源浸食と利益移転（Base Erosion and Profit Shifting：BEPS）」プロジェクトを2013年に立ち上げたのは，まさにこのタイミングであった。

　本章は以下，⑴本書全体の導入部として新しい国際課税ルールの内容，その意義を改めて要約的に論じる。次に，⑵新しい国際課税が早くも直面する課題とは何か，その課題をめぐってどのような解決策が提案されているのか，という点について論じる。さらに，⑶BEPSプロジェクトや2017年12月に成立したアメリカのTCJA（Tax Cuts and Jobs Act）の租税回避抑止効果を検討したうえで最後に，⑷新しい国際課税ルールがもたらす税収のシミュレーション結果を概観し，そこから見えてくる新国際課税ルールの特徴を明らかにする。これらを通じて本章は，本書を構成する各章のガイダンスとしての役割を果たすことを目的とする。

　以上の主要論点のうち，⑴について筆者はすでに，拙著（諸富 2020）で詳細に論じているが，その後，現実でも研究でも大きな進展があった。拙著の出版

時点では新しい国際課税ルールについて，その骨格が明らかなっていただけだった。だが 2021 年 10 月の G20 国際合意を経てルールの詳細が明らかになり，その意味や解釈をめぐる研究も進展した。本章は，こうした最新の動向と研究を踏まえて論述していく。

1.1.2. 経済のグローバル化は税制にどのような影響を与えたのか

OECD が BEPS プロジェクトを立ち上げるに至った背景要因としての経済のグローバル化とデジタル化のうち，前者は税制にどのような影響を与えたのか。もう少し詳しく説明することにしよう。

グローバル化が進展すると国際的な資本移動が自由になり，国家が経済をコントロールする能力が低下する。税制面では，一国だけで資本に重課するのが難しくなる。企業は，課税を逃れようと簡単に資金を国外に流出させることが可能になるからだ。

この結果，グローバル化は税制に次の 3 つの大きな変化をもたらす。第 1 は，法人税を含めた税率を各国が競って引き下げる「租税競争（Tax Competition）」，第 2 は資本への軽課と労働・消費への重課，そして第 3 に，以上の結果としての税制による所得再分配機能の低下である。

第 1 点目だが，1980 年代以降の過去 40 年間，OECD 加盟国の法人税率はグローバル化を契機とする租税競争により，一貫して引き下げられてきた。1980 年時点で 40〜60％付近に集まっていた各国の法人税率は，2020 年時点では 20〜40％付近へと，大きく下方にシフトした。

背景には，グローバル化で国境を超える財・サービスや資本の移動性が高まり，多国籍企業の拠点を各国が税制優遇で誘致する傾向が強まったという事情がある。同時に，企業が利益をタックスヘイブンや低課税国に移転することが容易になり，本国での重い法人税負担を逃れる「租税回避（Tax Avoidance）」が顕著になった。このため，企業活動の流出を恐れる各国政府は次々と，法人税率を引き下げて企業を引き止める租税競争に「参戦」することになった。

第 2 点目の「資本軽課，労働・消費重課」は，租税競争が激化して税負担が前者から後者にシフトすることを指している。つまり課税は，国境を越えて移

動しやすい税源（利潤，金融所得）から，移動しにくい税源（労働所得，消費，土地・不動産など）にシフトした。移動性の高い所得は主として高所得者層に帰属し，移動性の低い所得は主として低所得者層に帰属する。

　ゆえに第3点目として，税制の逆進性がますます高まる事態が進行した。経済学者のピケティらは，こうした変化が進行した結果，アメリカ税制において税負担の高所得者から低所得者へのシフトが生じていることを明らかにしている（Piketty, Saez and Zucman 2018）。それによれば，1950年代の所得階層上位1%の平均税率は40-45%だったのに，2000年代以降は30-35%と，1950年代よりも低下している。逆に下位50%の所得層の税率は1950年代には15-20%だったのに，2000年代以降は25%前後へと上昇している。アメリカ税制の負担構造はこの間に，逆進性を強めたことがデータでも明らかになった。

1.1.3. 経済のデジタル化は税制にどのような影響を与えたのか

　では次に，経済のデジタル化は税制にどのような影響を与えたのか。その最大の特徴は，無形資産を介することで租税回避をいっそう巧妙化させた点にある。具体的なメカニズムは，次のとおりである。

　GAFAをはじめとするアメリカの大手デジタル企業はいずれも，工場等の「有形資産」ではなく知的財産，ブランド，情報などの「無形資産」を活用して利益を上げている。彼らは租税回避を目的として無形資産をいったん，タックスヘイブンに設立した名目上の資産管理会社に移す。無形資産の移転は，有形資産よりもはるかに簡単だ。

　この資産管理会社は，別の先進国に設立された関連会社に対し，無形資産をビジネスに活用してよいと許諾を出す。結果，このビジネスから上がった利益は，「特許使用料」の名目で関連会社からタックスヘイブンの資産管理会社に戻される。タックスヘイブンでは当然のことながら，その利益に課税されることはない。関連会社の利益はタックスヘイブンに移されてゼロになるので，関連会社の立地国政府も課税することはできない。

　非常に簡素化して無形資産を介した租税回避の仕組みを描くと，以上のようになる。実際はもっと複雑であり，いくつものバリエーションがある。こうし

序　章　新しい国際課税ルールの内容，その意義，直面する課題，そして税収効果

表序-1　多国籍企業の租税回避がもたらす各国法人税収の増減（対各国法人税収比［2015年］）

	国名	税収獲得／損失（%）
先進国	フランス	−21
	ドイツ	−28
	イタリア	−19
	日本	−6
	イギリス	−18
	アメリカ	−14
新興国	中国	−3
	インド	−8
	ロシア	−5

	国名	税収獲得／損失（%）
タックスヘイブン国・地域	アイルランド	58
	ルクセンブルク	50
	マルタ	90
	オランダ	32
	カリブ海沿岸諸国	100
	シンガポール	41
	プエルトリコ	79
	香港	33
	スイス	20

出所：Tørsløv, T. R., Wier, L. S. and G. Zucman（2018）"The Missing Profits of Nations", NBER Working Paper, No. 24701, Appendix, Table 2 を筆者が翻訳のうえ，加筆修正。

てGAFAをはじめとする無形資産企業は，先進国でもタックスヘイブンでも利益に課税されない仕組みを創り上げてきた。租税回避による各国の税収獲得／損失額の対法人税収比を示したのが，表序-1 である。

　この表から明らかなように，先進国の中でも欧州の主要国（フランス，ドイツ，イタリア，イギリス）が大きな法人税の税収損失を被っている。日本の税収損失は対法人税収比6％と，欧州諸国と比べれば温和な程度である。新興国もまた，比較的穏当な損失にとどまっている。

　対照的にタックスヘイブン国・地域はいずれも，大きな税収増の恩恵を被っている。これは先進国からタックスヘイブンに，いかに多くの多国籍企業利益が，租税回避目的で流れ込んでいるかを示唆している。

　多額の税収損失の結果，先進国は巨額の社会保障費を賄う財源を十分に調達できず，財政赤字を深刻化させる一因となっている。それでも社会保障の財源を調達しようとすれば，前述のように法人税ではなく，消費税や社会保険料に頼らざるを得ず，結果として税制の逆進性は深刻化する。これが，経済のグローバル化とデジタル化の下で現代税制が直面している課題である。

1.2. OECD の BEPS プロジェクトの内容とその意義

1.2.1. 国際課税原則の問題点

　問題は，グローバル化とデジタル化を前提とした多国籍企業の租税回避に対し，現行の国際課税原則が有効に対処しえていない点にある。では国際課税原則のうち，いったい何が問題なのか。問題の第 1 点目は，「移転価格税制（Transfer Pricing）」における「独立企業原則（Arm's Length Principle：ALP）」，第 2 点目は「PE（Permanent Establishment：恒久施設）ルール」である。

　第 1 点目から説明することにしよう。移転価格税制とは，多国籍企業が関連会社間で取引を行う際に，恣意的な価格づけを行って低課税国に利益移転することを防ぐ措置である。これを，移転価格税制の第 1 の役割としよう。それと同時に，移転価格税制は法人利益への課税権を各国間で配分するという第 2 の役割をもっている。

　通常，多国籍企業は世界各国に子会社を保有し，本社と子会社，あるいは子会社間で活発に財・サービスの取引を行っている。こうした取引の結果，本社もしくは各子会社の利益が確定する。各国政府はそれぞれ，自国に立地する多国籍企業の本社，もしくは子会社の利益に対して課税する権利をもつ。つまり，移転価格税制が取引の妥当性を担保し，各国が課税できる多国籍企業本社もしくは子会社の利益を確定させる役割を果たす。これが，移転価格税制の課税権配分機能である。

　ところがグローバル化／デジタル化で，この課税権配分機能が機能不全を起こしている。1 つの問題は，グローバル化に対応すべく多国籍企業がグループ全体として統合度を高めた点にある。「独立企業原則」は，多国籍企業グループの子会社など関連企業があたかも，それぞれ独立企業として動くことを前提としている。だからこそ移転価格税制では，グループ企業同士の取引価格はその財・サービスの市場価格が適用される。

　だが交通手段や情報通信技術が高度に発達した 21 世紀には，多国籍企業の関連企業は相互に密接に結びつけられ，統合度はきわめて高度な水準に達している。多国籍企業はグループ内でインフラ／プラットフォーム，そして情報基盤を共同利用してコストを抑え，グローバルレベルで有利に事業展開する。こ

れにより，多国籍企業には「統合利益」が発生する。だが，独立企業原則の下ではこの統合利益を摑むことができず，結果として適切な課税が行われない。

　もう1つの問題は，経済のデジタル化を背景として，サービスや無形資産の重要性が高まっている点にある。工業製品などモノの取引価格なら，その妥当性を判断するのはそう難しいことではない。しかし，無形資産の取引価格の妥当性を判断するのは格段に難しい。工業製品のように大量生産され，市場で活発に取引されているわけではないため，客観的な市場価格情報を入手するのが難しいからだ。

　無形資産といえば知的財産，ブランド，顧客情報などのデータベース資産などを含む。これらの価値評価が，多くの困難をともなうことは容易に想像がつく。21世紀のデジタル化した経済では，無形資産の位置づけが飛躍的に高まり，結果として移転価格税制が直面する困難も飛躍的に高まっている。この問題を根本的に解決するには，独立企業原則を放棄し，「定式配分法（Formula Apportionment：FA)」と呼ばれる新しい課税権の配分原理に移行するしかない。

　現行の国際課税ルールの問題の第2点目は，「PE（恒久的施設）ルール」の存在であった。「PEなければ課税なし」というルールだが，現代のデジタル企業は物的な拠点を経由せずとも，直接的にオンラインで消費者にアクセスできる。製造業が産業の中心を占めていた時代ならPEルールは，源泉地国での企業の経済活動を証拠立てる決定的な指標となりえた。だがデジタル経済時代に入ると，物的な意味での恒久的施設がなくともビジネスは可能になった。このため多くの国々で，国外のデジタル企業が自国民を対象とするビジネスで利益を上げているにもかかわらず，それに対して課税できない状態が生まれた。これはPEルールが，変化する経済構造に対応できていないことを示している。

1.2.2. デジタルサービス税の広がり

　以上の状況を問題視した国々は，単独で問題の解決を図ろうと「デジタルサービス税（Digital Service Tax：DST)」の導入に踏み切った。これは，自国市場におけるデジタル企業の売上高に対して，低率で課税するものである。

　売上高に対する課税なので間接税だと思われがちだが，これは売上高に着目

した法人課税であり，直接税である。例えばフランスは，フランス国内での年間売上高が2,500万ユーロ（約30億円）以上，かつ世界売上高が7億5,000万ユーロ（約900億円）以上の大手デジタル企業を対象として，2019年1月からフランス国内での「売上高」に対し，3％の税率で課税する法案を可決した。ただし，貿易戦争も辞さないというアメリカの反発により，フランス政府は2020年1月，本税の延期を決定し，その徴収を凍結中である。

イギリスもまた2020年4月に，世界の売上高が年間5億ポンド（約710億円）以上のデジタル事業部門を有する大手デジタル企業が，英国で上げた売上高に2％の税率を課すデジタルサービス税を導入した。

さらにイタリアも，デジタルサービス税を2020年1月1日から導入した。世界での売上高が7.5億ユーロ（約910億円）以上，伊国内で550万ユーロ（約6億6,000万円）以上の売り上げがある企業を対象に，デジタルビジネスの売上高に3％の税率で課税する。

もっとも，売上高に着目したデジタル課税には課題もある。第1に，これは法人利潤への課税ではないため，費用部分に対しても課税することになる。財・サービスの流通は，その生産から販売に至るまで何段階かを経る場合が多いが，前段階でなされた課税額に対して次の段階で新たな課税を重複して行うと，「累積課税（"tax on tax"）」の問題が生じる。

第2に，各国がデジタル課税を，課税対象も税率も異なる形でそれぞれ独自に設計し，導入し始めると，企業は世界各国の様々な市場で，同じデジタルサービスに対して異なる税制に直面することになる。「デジタル課税を導入している国／導入していない国」，「税率の高い国／低い国」，「課税対象の広い国／狭い国」などの相違が生じ，税制の違いがデジタル企業に異なった影響を与え，様々な非効率性や歪みを生み出すことになりかねない。

各国政府の想いは分かるけれども，こういう形で各国がバラバラにデジタルサービス税の導入に走ると，その弊害も大きくなる。可能ならば国際的に統一されたルールのもとに，各国が協調してデジタル課税を実施するのが望ましい。それを可能にするのが，国際合意に達した新しい国際課税ルールの導入である。

1.2.3. 新しい国際課税ルールの内容

■ 第1の柱

2021年10月13日にG20で政治合意が成立した新ルールは，次の2つの柱からなっている。「第1の柱（Pillar 1）」はいわゆる「デジタル課税」である。多国籍企業（全世界の売上高が200億ユーロ超，かつ税引き前利益率が10%超）の利益のうち10%を超える残余利益部分（"Residual Profit"）について，その25%を市場国に当該企業の売上高に応じて課税権として配分することになった。

画期的なのは，初めて多国籍企業の全体利益に対して課税することになった点である。上記の基準を満たす多国籍企業のグローバルな全体利益をまず確定し，そのうち利益率10%以上の「残余利益部分」を確定，さらにそのうち25%が市場国に配分される（「利益A」）。それをさらに各国の売上高に応じて配分し，各国の課税権として確定させる。

全体から部分へとトップダウン的に課税権を配分していくプロセスが，現行のルールと根本的に異なっている。これは「定式配分法」と呼ばれるが，これまでのルールでは各国政府が，多国籍企業子会社それぞれの利益を確定し，それに対して課税権を設定し，課税を実行していた。各国が課税した結果をグローバルに合計した税負担総額が，その多国籍企業が世界で負担する税負担総額になる点で，現行ルールは本質的にボトムアップ型である。

■ 第2の柱

次に，「第2の柱」は国際的な最低法人税率の導入である。これは，国際的な法人税率の引き下げ競争に歯止めをかけ，税収の確保を図るための措置である。税率の決定権は本来，各国の主権に属する。だがこれはそれを一部修正する内容であり，画期的な合意だといえよう。合意した税率は15%である。

第2の柱の中核をなすのが，「GloBE（Global Anti-Base Erosion：グローバル税源浸食対抗）ルール」である。BEPS行動計画13（国別報告書）の下で規定された7.5億ユーロの収入閾値を超えた多国籍企業は，世界のどこに本社を置き，企業運営を行っていようとも，15%のグローバルな最低税率に服さなければならない。これは以下，3段階の優先順位に従って実施される。

第1に，多国籍企業の子会社が立地する源泉地国に対して，当該子会社の利益に対する税率を15%に引き上げることが推奨される（適格国内ミニマム税（Qualified Domestic Minimum Top-up Tax：QDMTT））。

第2は所得合算ルール（Income Inclusion Rule：IIR）である。これは多国籍企業の居住地国（本社立地国）に対して，もしその多国籍企業の子会社が立地する源泉地国が，当該子会社の所得に対して最低税率よりも低い負担しか課していないのであれば，15%の税率に到達するまで最終的な親会社（Ultimate Parent Company：UPC）に対して課税することを求める。

第3は，控除否認（Undertaxed Payment Rule：UTPR（軽課税支払いルール））である。これは，もし居住地国がこの最低税率を課していないならば，子会社が親会社に支払う控除可能な支払いについて，源泉地国は控除否認を行うか，あるいはそれに相当する別の調整を行うことで，実質的に最低税率15%まで課税することを求めるルールである。

以上は国内法で実施可能だが，最後に，条約に基づいて実施されるルール（租税条約特典否認ルール（Subject to Tax Rule：STTR））もある。これはもともと，1960年代にアメリカの租税法学者であるスタンレー・サリーが提言した租税政策に遡る（Avi-Yonah and Kim 2022, pp. 532-533）。サリーは，租税条約に基づいて企業間で行われる利子や特許料支払いの形をとって事実上，低課税国に利益移転を図る多国籍企業の行為に焦点を当てようとしていた。まさに同じ問題意識から，利子や特許料など税源浸食リスクが大きい控除可能な支払いに充てられる所得に網をかぶせ，最低税率9%で課税するものである。

1.3. 新国際課税ルールの意義

1.3.1.「ネットワーク型課税権力」の生成

経済のグローバル化とデジタル化の進展によって生じた課税問題の根源は，企業の活動が国境を越えてグローバル化した一方で，国家は依然，国境を越える権限行使ができないため，多国籍企業の海外利益に課税できないという非対称性にある。

この問題を解決するには，経済のグローバル化に対抗する「課税権力のグロ

ーバル化」／「課税権力のネットワーク化」が鍵になる。これは，現行の国家単位の課税権力を維持しつつも，経済のグローバル化に対抗して国際協調的な課税体制を深化させる方途である。具体的には，多国籍企業による租税回避に対抗する21世紀型の新しい課税権力，つまり「ネットワーク型課税権力」の創出である。

　新しい課税ルールは，まさに新しい課税権力の創出と手を携えながら生み出されたといえる。なぜか。第1は，「多国籍企業課税ベースの共有化（第1の柱）」である。「第1の柱」では残余利益に限ってだが，多国籍企業のグローバル利益をまず把握し，それを国別売上高に応じて各国に配分していく「トップダウン型の課税権配分の原理」が採用された。これは，関係各国がこれまでのように多国籍企業の課税ベースを奪い合う状況から脱し，それを共有する方向に進むことを意味する。「競争から協調へ」である。これは国際課税ルールでいえば，「独立企業原則」から「定式配分法」への移行に対応する。

　第2は，グローバル最低税率の設定（「第2の柱」）である。これもまた画期的なことである。なぜなら，税率を上下に操作する権利は，近代国家における課税主権の中核的要素だったからである。これまでは，グローバル化を背景として各国が税率操作権を自由に行使する結果，すべての国が「租税競争」に巻き込まれ，莫大な税収を失うという矛盾に陥っていた。グローバル最低税率の設定は税率操作権に制約を加え，その下限を設定することを意味する。各国政府は課税主権の自由な行使という特権を自ら部分的に放棄し，その代わりに租税回避を防止し，税収を確保する共同行動に踏み出すことになった。こうした協調行為も，「ネットワーク型課税権力」創出の第一歩とみなすことができる。

　第3は，租税情報の国際的な交換・共有である（この点に関する経緯・課題は鶴田（2023）を参照）。OECDのBEPS行動計画13の最終報告書は2016年1月1日以降，一定規模（日本では前年度の連結総収入額が1000億円）以上の多国籍企業に対し，下記の3種の文書を毎年作成，各国政府に提出することを求めている。つまり，「マスターファイル（多国籍企業の事業概要を記載）」，「ローカルファイル（個々の関連者間取引に関する詳細な情報を記載）」，そして「国別報告書（国別に合計した所得配分，納税状況，経済活動の所在，主要

な事業内容等を記載）」である。

　ただし，これら三文書が各国政府にバラバラに保有されているだけでは，多国籍企業の全体像は摑めない。これらの情報が各国の課税当局間のネットワークを通じて自動的に交換され，突き合わされることで初めて，多国籍企業の経済活動全貌が明らかになり，そのグローバル利益の確定も可能になる。これはまさに「課税権力のネットワーク化」の重要な構成要素であり，国家が多国籍企業のグローバル利益に適切な課税を行うための前提条件をなす。

1.3.2.「国際課税レジーム」の具現化？

　新しい国際課税ルールを，「国際課税レジーム」のバージョンアップと位置づける解釈もある（Avi-Yonah 2022）。ミシガン大学法科大学院のアヴィ・ヨナは，現在の国際課税原則の下での国際課税レジームを「ITR1.0（International Tax Regime Ver. 1)」と呼び，2021 年の国際合意に基づく新しい国際課税レジームを「ITR2.0（International Tax Regime Ver. 2)」と呼んでいる。

　アヴィ・ヨナによれば，国際課税レジームは 2 つの主要課税原則に支えられている。第 1 は，「一回限りの課税の原則（Single Tax Principle：STP)」である。そして第 2 は，「応益課税の原則（Benefit Principle)」である。第 1 原則は，生み出された利益は世界のどこであれ，一回は課税されなければならないというものである。租税回避が横行し，居住地国でも源泉地国でも課税がなされない「二重非課税」の状態は，まさにこの第 1 原則が破られている状況に他ならない。

　第 2 原則は，国境を超えて活動する企業は，彼らが拠点を置く国から得た便益（Benefit）に応じて法人税を負担すべきだというものである。言い換えれば，源泉地国には応益性の観点から，その国に拠点を置く多国籍企業の利益に課税する正当な権利があることを意味する。

　ITR1.0 は，2 つの課税原則を認識していたけれども，それを十分に実行する制度的担保をもたなかった。これに対して ITR2.0 は，2 つの課税原則の実行を妨げていた要因を取り除き，多国籍企業に公平な負担を課す体制を整えることで，国際課税レジームを 21 世紀経済に適合的な水準にアップデートする

試みだと評価されている。

　第1の柱については，第2原則（応益課税の原則）に完全に合致するものだと評価されている。応益原則はITR1.0の下で，多国籍企業の海外子会社の利益に対し，源泉地国がその利益に課税する根拠となってきた。だが経済のデジタル化にともなって利益の源泉が無形資産に移ったため，「物的な恒久施設の存在」や「独立企業原則」といった旧レジーム下の要件が足かせとなって，源泉地国が課税を実行することができなくなっていた。

　多国籍企業は源泉地国で利益を稼ぐ上で，現地のインフラ整備，人材供給，資産保全，許認可など様々な恩恵を被っている。この論理は，無形資産中心の経済に移行しても変わらない。多国籍企業がオンラインで直接，顧客とつながってビジネスを行う上で必要なインフラ，人材供給，許認可などは引き続き，多国籍企業が源泉地国から得られる便益に他ならない。新ルールは，無形資産ビジネスの利益に対し，応益課税の原則から新たに課税権を付与する試みだといえる。

　第2の柱は，QDMTT，IIR，UTPR，そしてSTTRといった重層的なルール形成により二重非課税を防止し，第1原則（一回限りの課税の原則）に基づいて課税を実施しようとする各国の取り組みをバックアップする試みに他ならないと評価されている。

2.　新しい国際課税ルールが直面する課題

2.1.　多国間条約は発効可能か

　「100年ぶりの画期的な／記念碑的な」と形容詞のつく新しい国際課税ルールだが，早くもその実現に向けた困難に直面している。というのは，合意を実施に移すための多国間条約（第1の柱については条文を2023年10月11日に公開：OECD（2023a）の批准・発効が難航しているからだ。

　当初スケジュールでは，2022年末までに批准手続きの完了，2023年に発効の予定だった。だが批准が進まないために手続きの完了は23年末，発効は25年にそれぞれ延期された。しかし批准は期日までに完了しなかったために24

年6月末に再延期された。発効年は，本稿執筆時点では25年に維持されているが，批准手続きの完了は確認されていない。米国で条文確認に遅れが生じているためである（日経新聞電子版「デジタル課税，署名を半年延期　米国で条文確認に遅れ」2023年12月18日）。

多国間条約の発効要件は，次のように定められている（OECD 2023b, p. 2）。それによれば，少なくとも30カ国・地域が署名したうえで，署名国に，対象企業の最終的な親会社の60％以上が本拠を置いていることが条件となる。対象企業に関する調査によれば，アメリカ企業が数にして45.6％，利益にして57.9％を占めている（Barake, Pouhaër and Parrinello 2023, p. 8, Table 3）。これは，アメリカが批准しなければ発効要件を満たすことはできないことを示している。だがこれは，アヴィ・ヨナらが主張するように簡単なことではない（Avi-Yonah, Kim and Sam 2022, pp. 297-316）。

多国間条約の批准プロセスは，140カ国もの国々でコンセンサスを形成し，各国の利害を調整し，各国の法体系とそれをめぐる政治的現実を克服していかねばならない点で大変挑戦的なプロセスとなる。各国の批准手続きは通常，大変長い時間がかかる。2015年のBEPS1.0に関する多国間条約の場合，多くの国々は批准までに数か月から数年間の時間を要したし，アメリカを含むいくつかの国々は，ついに批准しなかった。

アメリカ合衆国憲法は，条約の批准に「上院（定数100）の出席議員の3分の2の賛成を要する」と定めている。現在，上院の議会構成は与党の民主党が48議席，民主党と統一会派を組む無所属3議席を合わせても51議席と，100議席のうちようやく過半数を上回る状況である。共和党は49議席を占め，明確に反対の立場を打ち出している。ここから，16名の共和党議員を翻意させて3分の2を確保するのは至難の業である。

加えて，EUが提案しているデジタル課徴金を含め，あらゆる現行および将来のデジタルサービス税の廃止／禁止が批准の条件とされることは間違いない。EUおよびDSTを導入済みの欧州諸国がDSTの課税を放棄しないならば，アメリカ上院は多国間条約の批准を拒否するだろう。

2.2. アヴィ・ヨナによる第1の柱の代替案

以上の状況からアヴィ・ヨナは，多国間条約が発効しなければ実施できない第1の柱は，実行が困難な状況に陥っているとみる。したがって国内法のみで実施可能な第2の柱のみを切り離して生き残らせ，第1の柱については代替案を提示している（Avi-Yonah, Kim and Sam 2022, pp. 331-340）。

第1の柱における代替的な第1案は，国連による提案である。これは，2021年4月に承認された国連モデル租税条約に基づくものである。その第12B条は物的拠点の必要性を撤廃し，自動化デジタルサービスから生じる所得に対する課税権を，市場国へと拡張することを意図している。

第1の柱と異なって，収入や利益率に基づく閾値は設けられていない。申告課税ではなく，グロスベースで市場国が源泉徴収することが想定されている。税率は3～4％の比較的温和なものである。納税者は，ネットベースで課税されることを選択することができる。

以上の国連モデル租税条約のメリットは，(1) PEルールによらずとも課税が可能であること，(2) 自動化デジタルサービスから得られる利益に絞り込んで課税する点で制度が簡便であること，したがって，(3) 先進国だけでなく途上国政府も徴税が容易である点に求められる。

代替案の第2は，ある国が片務的に導入可能な「データ売上税（Data Excise Tax）」の導入である。課税ベースはギガ単位で測られるデータ収集量となる。データ売上税は課税ベースが所得とも売り上げとも異なる非金銭的な性質をもっているため，DSTが批判をされているように，所得税や法人税との二重課税が発生することはない。しかも市場国が把握しやすいデータ量に課税するため執行が容易で，国際協力が必要ではなく，片務的に実施可能だという特徴をもつ。

2.3. 第1の柱の放棄は得策か

以上，2点のアヴィ・ヨナ提案をどう評価すればよいのだろうか。第1の柱の実現見通しが不透明なことから，国内法で実施できる第2の柱の実現を優先し，第1の柱については国連提案に基づくデジタル課税か，あるいはデジタル

売上税の導入によって代替しようという現実的な提案にみえる。具体的には，下記のようなメリットが挙げられる。

　第1に，本章第4節で検討する税収シミュレーションによれば，第1の柱から上がる税収はそれほど大きなものではなく，第2の柱から上がる税収の方がよほど大きい。第1の柱の実現を放棄しても，第2の柱をしっかりと実施できれば租税回避による税収損失をある程度回復できる。

　第2に，国連の新しいモデル租税条約でPEルールが削除されたことで，市場国が二国間条約に基づいてデジタル課税（源泉徴収される法人粗利益への課税）を導入するか，あるいはデジタル売上税を片務的に導入する障害がなくなる。また，多国間条約の批准・発効手続きにともなう膨大な労力と時間を節約し，早期に課税を実現できる。

　第3に，課税対象が新しい国連モデル租税条約の場合は「粗利益」，デジタル売上税の場合は「データ量」とシンプルになるため，外形的に把握しやすく，申告によることなく源泉徴収しやすい。こうした代替案の性質は，とりわけ途上国政府によって歓迎されるだろう（本田 2020; 2022a; 2022b）。

　だが，もちろん問題も多い。第1に，多国籍企業のグローバル利益（正確には残余利益の25%に相当する「利益A」）への課税という，第1の柱がもっている画期的な特質が失われる。利益率10%までは製造業など通常のビジネスの利益率だとみなされることから，それを超える残余利益部分は事実上，無形資産から得られる利益だと解釈できる。業種や分野を特定せず，残余利益に対して広範に課税する点に第1の柱の優れた性質があり，デジタル経済時代に適合的な課税方法だと評価できる点だ。これに対してアヴィ・ヨナ提案は，対象を自動化デジタルサービスやデータのやり取りに狭く限定しており，無形資産がもたらすあらゆる利益を包括的に摑む努力を放棄することになるという問題がある。

　第2に，アヴィ・ヨナ提案は結果的に，第1の柱をデジタルサービス税にまで戦線後退させる案だと解釈できる。もちろん，課税対象となる「粗利益」や「データ量」は「売上高」とは異なっている。だが，市場国が片務的，あるいは二国間条約に基づいて，それぞれボトムアップ的に課税していく点は似通って

いる。課税しやすさというメリットの半面，各国ごとに課税方法や課税対象，税率がバラバラになり，二重課税や資源配分のゆがみといったデジタルサービスに関して指摘されていた欠陥を，アヴィ・ヨナ提案も引き継ぐことになる。

第3に，アヴィ・ヨナ提案は本当に第1の柱に比べて実現可能性が高いのかという疑問も提起できる。市場国が，二国間条約でデジタル課税を導入しようとしても，もう一方の当事者国であるアメリカが簡単に容認するだろうか。条約によらずに片務的に導入できるデータ売上税に頼ったとしても，アメリカがフランス政府に対してとった態度と同様に，対抗関税の導入など貿易戦争に訴える可能性もある。これでは，問題はBEPS 2.0の開始時点に逆戻りしてしまう。

2.4. 早くも弱体化する第2の柱

第1の柱だけでなく，第2の柱についても，早くも弱体化しているとの指摘がある（Alstadsæter et al. 2023, pp. 52-54）。まず，第2の柱に関して合意された15％のグローバル最低税率が低すぎるという問題がある。先進国で国内事業だけを営む中小企業に適用される法人税率よりも低い税率を，多国籍企業の海外利益に対して適用する正当な理由はない。

第2に，グローバル最低課税は「カーブアウト（"Curb-outs for Substance"）」という大きなループホールを含んでいる。移行期間の初年度は有形資産の簿価の8％および人件費の10％，10年間の移行期間後には有形資産の簿価および人件費の5％を課税ベースから控除することになっている。

この規定は，法人税率が15％より低い国に生産を移すインセンティブを与えてしまう。カーブアウトが適用されることで，15％の最低税率とそれよりも低い源泉地国の税率の差分を埋める課税（適格国内ミニマム税）の効力が大きく削がれることになる。なぜなら，ミニマム税が適用されない課税ベース部分が創出されるため，結果として実質的な最小税率は15％未満になるからだ。

カーブアウトが導入された背景には，租税競争がリアルなもの（ものづくり／製造業）である限り，生産拠点をめぐる租税競争が展開されることを国際協定によって抑制すべき理由はない，との思想がある。しかし租税競争の行きつ

く先はゼロサムゲームであり，たしかに短期的にある国が生産拠点の誘致に成功していくらかの税収増や雇用増の恩恵を被ったとしても，その他の国々では損失が生み出されるため，グローバルレベルでは何も新たに生み出さない。最大の受益者は多国籍企業の株主であり，彼らは所得分配のトップに位置する人々でもある（Alstadsæter et al. 2023, p. 62）。

第2の柱の実効性を高めるためには，少なくとも次の2つの措置が必要になる（Alstadsæter et al. 2023, pp. 72-75）。第1に，グローバル最低税率を現行の15％から少なくとも25％に引き上げる必要がある。第2に，カーブアウト規定を削除する必要がある。この規定は，国際交渉の比較的最後の方で導入され，ほとんど討論の対象とならないまま規定として入り込んだという。交渉官や政策形成者たちもほとんどその政策思想的な背景や，それがもたらす経済的帰結（租税競争の激化，税収損失の発生，不平等の拡大）についても正しく認識されないまま通ってしまった点で大いに問題である。第4節の税収シミュレーションで確認するように，カーブアウトがもたらす税収損失はきわめて大きくなる可能性が高い。

3. 租税回避と BEPS および TCJA による抑制効果の定量的把握

以下，本章後半では新しい国際課税ルールをめぐって定量的な把握を行うことで，それがどういう意味や効果を持つのか，その課題はいったいどこにあるのかという点について，理解を深めていくことにしたい。本節では Alstadsæter et al.（2023）に基づいて，これまでに租税回避がどのくらいの規模で展開されてきたのか，そして近年の OECD における BEPS やアメリカにおける TCJA の試みが租税回避を抑止する上でどれほどの効果をもたらしているのかを確認することにしたい。

まず表序-2 は，多国籍企業の海外利益のうち，2015〜2022 年にタックスヘイブンに移転した利益は約 35％を占め，同期間にほぼ一定していることを示している。このうち，米国企業の同割合は 45〜50％となっており，同割合が30％前後である非米国企業よりも高い水準となっていることが分かる。つまり，

序　章　新しい国際課税ルールの内容，その意義，直面する課題，そして税収効果

表序-2　利益移転額の推計（2015〜2022 年）：米国企業 vs. 非米国企業

（10 億米ドル）

	2015	2016	2017	2018	2019	2020	2021	2022
全ての多国籍企業								
(a) 海外利益	1,703	1,863	2,158	2,381	2,400	1,919	2,939	2,828
(b) タックスヘイブンに移転された利益	616	659	753	807	905	718	1,031	996
比率 b)/a)	36%	35%	35%	34%	38%	37%	35%	35%
米国多国籍企業								
(a) 海外利益	572	585	677	723	729	622	773	799
(b) タックスヘイブンに移転された利益	261	303	322	358	342	316	361	369
比率 b)/a)	46%	52%	48%	50%	47%	51%	47%	46%
非米国多国籍企業								
(a) 海外利益	1,131	1,278	1,481	1,658	1,670	1,297	2,166	2,029
(b) タックスヘイブンに移転された利益	355	356	431	448	564	401	670	628
比率 b)/a)	31%	28%	29%	27%	34%	31%	31%	31%

出所：Alstadsæter et al.（2023, p. 47），Table 2.2.

　米国企業の方がより活発にタックスヘイブンを活用して租税回避を行っている様子がここからうかがえる。

　一般的に，多国籍企業は無形資産を「パテントボックス」（知財のビジネス利用を許諾することから得られる特許料収入に低税率を適用し，知財とそれをめぐる研究開発事業を自国に誘致することが狙い）の恩典を提供してくれる低税率国に移す傾向がみられる。アイルランドの場合で言えば，法定法人税率は12.5％だが，2015 年に導入されたパテントボックスの導入以来，特許料収入に対する税率は 6.25％に設定されている。

　図序-1 が示すように，パテントボックスが導入された 2015 年以降，アイルランドの 1 人当たり法人税収は指数関数的に増加した。その低税率にもかかわらず，2022 年時点でアイルランドは 4,500 ユーロの 1 人当たり税収を集め，ドイツやフランスの約 5 倍に達している。これは低い法定法人税率だけでなく，

図序-1　1人当たりの法人税収の推移

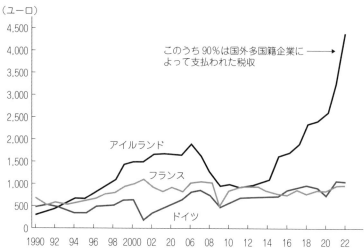

出所：Alstadsæter et al. (2023, p.48), Figure 2.6.

パテントボックスで適用されるさらに低水準の税率が寄与して企業の研究開発活動が引き寄せられているためである。同時期に，BEPSやTCJAで海外の無形資産収益への課税が強化されたことも，アイルランドへの知財の移転を後押ししたであろう。

　図序-2は，米国多国籍企業がタックスヘイブンに計上した海外利益の総海外利益に占める比率の推移を示している。ここから明らかなように現在，米国多国籍企業は海外利益の半分以上をタックスヘイブンで計上している。これらの利益の大部分は，タックスヘイブンで行われている現実の経済活動の結果としては説明できない。

　淡いグレーの部分が現実の経済活動を反映しているので，それ以外を示す濃いグレーの部分は，租税回避目的の単なる利益移転を反映しているとみられる。この濃いグレーの部分は1975年時点では実質的にゼロだったにもかかわらず，現時点では50％を超えるなど，過去半世紀の間に急増した。とくに2010年代の急速な伸びはデジタル化と無形資産の台頭によって，利益移転が技術的に容易になったことの現れだとみられる。

序　章　新しい国際課税ルールの内容，その意義，直面する課題，そして税収効果

図序-2　1975-2022年の米国多国籍企業による利益移転の推移

出所：Alstadsæter et al. (2023, p.49), Figure 2.7.

　とはいえ，2018年にTCJAが施行された前後から増加の伸びが止まって安定的な動きになっている点が注目される。2020年以降は減少しており，このトレンドが継続するか今後，注目される。

　図序-3は，米国だけでなく，世界の多国籍企業の利益移転についても図序-2と同様のやり方で推計し，グローバルな利益移転の推移を示したものである（左軸）。ここから，海外利益のうちタックスヘイブンで保有されている現時点の比率は約35％と米国企業のみの場合より低いものの，1975年以来の推移はほぼ米国企業と同様の展開を辿っていることが分かる。

　図序-3の右軸は，こうした利益移転による各国の税収損失額が総税収に占める比率をとっている。これも，1975年時点でのゼロから現在の約10％まで，とりわけ2010年代に急増したが，2015年以降は伸びが止まっている。これは，2015年のBEPS報告書の公表とそれに基づく各国の租税回避防止策の実施，さらに2018年のTCJA実施が一定の効果を上げたことを示唆している。

　とはいえ，両比率とも伸びが止まっただけであり，依然として歴史的にみて最高水準で安定的に推移している点に変わりはなく，さらなる追加策の導入が

図序-3　グローバルな利益移転とそれによる税収損失（1975-2022年）

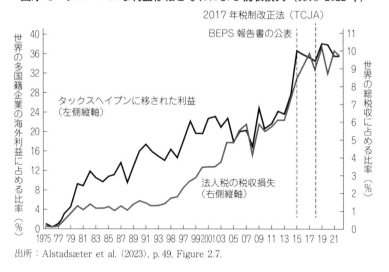

出所：Alstadsæter et al.（2023）, p. 49, Figure 2.7.

求められる状況に違いはない。新しい国際課税ルールをめぐる議論は，まさにこうした状況を背景に進められたといえる。

4. 税収シミュレーションから見える「第1および第2の柱」のもたらす効果

4.1. 第1および第2の柱がもたらす総税収と産業分野別，課税国グループ別の影響

　本節では，税収シミュレーションの推計結果を概観することで，第1の柱と第2の柱がもたらす総税収だけでなく，産業分野別や課税国グループ別の影響も検討する。そうすることで，2本の柱の特質をよりよく理解できるだろう。

　最初に参照するのは，OECDによる最新の税収シミュレーションである（Bradbury, O'Reilly and Cabral 2023）。それによれば，第1の柱が課税対象とする「残余利益（Residual Profit）」は，2016年から2020年の期間に3,630億米ドルから4,540億米ドルに漸増したが，2021年には7,900億米ドルに著増した。2022年についても統計を精査する限り，少なくとも2021年における著増の趨勢が

序　章　新しい国際課税ルールの内容，その意義，直面する課題，そして税収効果

表序-3　国際課税新ルールの下での税収推計結果

	税収（10億米ドル）	グローバル法人税収に占める比率
第1の柱	12〜25	0.5〜1.0%
第2の柱	175〜261	7〜11%
総　計	187〜286	8〜12%

注：第1の柱は2017〜2021年データに基づいて計算された推計税収額の平均値。
　　第2の柱は，2018年データに基づいて計算された推計税収額。
出所：Bradbury, O'Reilly, and Cabral（2023）の推計結果（slide 21, 31）より筆
　　者作成。

2022年にも継続することが確かめられているという。これはちょうど，コロナ禍でリモートワークが進展し，経済のデジタル化が急速に進んだことでGAFAをはじめとするデジタル大手企業が史上最高の利益率を更新していた時期と重なっている。こうした状況を背景に，本シミュレーションは第1の柱に関して表序-3に示されているように，120〜250億米ドルの税収になると推計している。

　第2の柱についても，2018年データに基づいて1,750億米ドル〜2,610億ドルの税収が見込まれ，その平均値はよく引用される2,200億米ドルと推計されている。

　ここから分かるように，第2の柱は第1の柱の10〜15倍程度の税収を産むと見積もられ，新ルール化での税収の大半は第2の柱から生み出されることが明らかとなった。

　デジタル化した多国籍企業の利益（残余利益の形で摑まえられる）は，図序-4で示されているように電気通信，放送，ソフトウェア，プログラミング＆情報，電子機器製造（半導体，携帯電話など）の分野に集中しており，これらで全体の52%を占めている。他に大きな比率を占めるものとしては化学＆製薬，食品，飲料＆たばこ製造業が挙げられる。これは，2021年という時期からみて，製薬会社の利益増加が大きく寄与したものとみられる。

　無形資産を核とする高収益のデジタル大手企業といえばGAFAなどプログラミング，情報，ソフトウェアといった分野を思い浮かべる我々の常識と異なり，有形資産に無形資産を組み合わせることで10%以上の収益を上げる電子

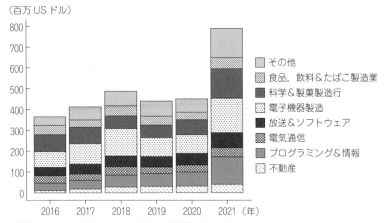

図序-4　産業分野別のグローバル残余利益の推移（2017～2021年）

出所：Bradbury, O'Reilly, and Cabral (2023), slide 24.

機器製造業，化学＆製薬業など，製造業が意外に多いという事実を示している。

　当初案では，第1の柱の下での課税対象を，「自動化デジタルサービス（Automated Digital Services：ADS）と「消費者向けビジネス（Consumer-facing Business：CFB）」に対象を絞ろうとしていた。だが最終的に，特定のビジネス分野を囲い込んで（Ring-fencing）課税することを嫌うアメリカの意向を反映して，売上高と利益率のみのシンプルな要件で課税対象となる企業が決定されることになった。図序-4は，あらゆる業種の残余利益を包括的に捕まえようとする第1の柱，つまり利益Aの特徴がよく表れている。

　図序-5は，課税国グループごとの税収インパクトを，その法人税収に占める比率で示したものである。第1の柱で課税権が低課税国から高課税国に再配分が行われるため，単に税収が市場国に移転するだけでなく，グローバルな総税収を増やす効果をもつ。これらがいずれの課税国グループでも時間軸を通じて増加する傾向にあるのは，その背後でデジタルビジネスが同時期に伸長したことの反映だと考えられる。

　図序-5では，左から右にかけて高所得国，中所得国，低所得国が示され，それらの2016～2021年における第1の柱の下での税収シミュレーションが示さ

序　章　新しい国際課税ルールの内容，その意義，直面する課題，そして税収効果

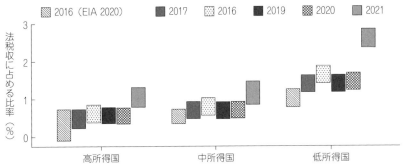

図序-5　第1の柱：課税国グループ（Jurisdiction-group）ごとの税収インパクト（法人税収に占める比率，2016〜2021年）

出所：Bradbury, O'Reilly and Cabral (2023), slide 26.

れている。ここから，第1の柱はすべての課税国グループに正の税収効果をもたらすが，とりわけ中・低所得の課税国グループにより大きな税収増加効果をもたらすことが分かる。

4.2. 第1の柱の税収効果

次に，Barake and Pouhaër（2023）の推計に基づいて，第1の柱の国別税収効果をより詳細に検討することにしたい。本試算はまず，試算対象となる第1の柱の課税対象となる企業要件を満たす企業の抽出を行っている。それによれば，売上高および利益率基準テストによって，69社の多国籍企業を同定している。これら対象企業グループの本社は13カ国に立地しており，アメリカ，中国，フランス，ドイツ，スイス，日本，韓国，イギリス，香港，アイルランド，スペイン，カナダ，そして台湾にまたがっているという。

表序-4は，第1の柱の下で課税対象となる多国籍企業が本社を置く立地国の基本情報を示している。各国ごとに対象企業グループ数，それらの企業が挙げている利益，そして第1の柱の課税ベースとなる利益Aの試算結果が示されている。それぞれの項目の右の列に示されている「占有率」とは，当該国の対象企業グループの数，利益，そして利益Aが世界全体に占める比率を表している。

25

表序-4　対象多国籍企業の本社立地国に関する基本統計

（百万ユーロ）

本社 立地国	対象企業 グループ数	占有率 %	利益	占有率 %	利益 A	占有率 %
米国	31	44.9%	1,721,006	48.5%	52,853.1	56.0%
中国	13	18.8%	633,052	17.8%	15,799.7	16.7%
フランス	5	7.2%	159,443	4.5%	3,818.2	4.0%
スイス	4	5.8%	199,597	5.6%	5,443.3	5.8%
日本	3	4.3%	202,398	5.7%	2,419.3	2.6%
英国	3	4.3%	116,850	3.3%	3,353.8	3.6%
ドイツ	3	4.3%	87,351	2.5%	1,629.0	1.7%
韓国	2	2.9%	201,266	5.7%	2,942.1	3.1%
香港	1	1.4%	96,841	2.7%	2,017.2	2.1%
台湾	1	1.4%	38,303	1.1%	3,221.4	3.4%
アイルランド	1	1.4%	37,125	1.0%	40.4	0.5%
スペイン	1	1.4%	33,821	1.0%	417.7	0.4%
カナダ	1	1.4%	24,777	0.7%	44.6	0.0%
全　体	69	100%	3,551,830	100%	99,449.8	100%

出所：Barake and Pouhaër（2023, p. 12），Table 1.

　表序-4 から分かるように，対象企業グループのどの指標をとっても，その圧倒的な割合がアメリカによって占められ，これに中国が続いている。とくに，アメリカの対象企業数が 31 社，その占有率が 44.9%と 40%を超えていることは前述のように，新しい国際課税ルールの実現にとって重大な意味を持つ。

　それを実行に移す多国間条約の発効要件よれば，「30 カ国・地域以上が署名したうえで，署名国に対象となる企業の最終的な親会社の 60%以上が本拠を置いていること」が条件となる。ということは，もしアメリカが批准しなければ 40%以上の対象企業が脱落することになり，「対象企業の 60%以上」という条件は満たされなくなる。つまり新国際課税ルール，とくに第 1 の柱の運命はアメリカの批准次第ということになる。

　次に表序-5 は，もっとも大きな税収を得ると想定される上位 20 カ国について試算された，第 1 の柱の下での税収額を示している。まず，表序-5 の「配分利益」とは，利益 A を配分キー（各国別売上高比）を用いて各国に配分した結果で，各国がこの利益に対して課税権を有することを示している。「粗税収」は配分利益に対して各国が法定税率を適用して得られる税収を示している。

序　章　新しい国際課税ルールの内容，その意義，直面する課題，そして税収効果

表序-5　主要国における第1の柱の下での税収推計

（百万ユーロ）

国　名	配分利益	粗税収	控除額	税収ロス	純税収	総税収比
米　国	32,100.5	8,667.1	7,411.3	999.8	7,667.3	0.42%
中　国	21,253.9	5,313.5	11,128.3	2,092.1	3,221.4	0.31%
ドイツ	3,041.3	912.4	430.5	89.3	823.1	0.23%
日　本	4,678.9	1,450.5	3,186.4	725.2	725.2	0.05%
韓　国	2,858.6	714.6	111.4	22.3	692.3	0.32%
英　国	3,040.7	577.7	50.1	3.5	574.2	0.10%
フランス	2,371.0	663.9	415.5	92.7	571.2	0.10%
ブラジル	1,705.8	580.0	147.3	33.3	546.6	0.33%
カナダ	1,518.6	410.0	166.1	28.3	381.7	0.20%
オーストラリア	1,087.0	326.1	126.4	18.3	307.8	0.12%
イタリア	1,282.5	307.8	88.4	23.3	284.5	0.07%
メキシコ	1,106.2	331.9	220.7	60.6	271.3	0.20%
スペイン	1,067.1	266.8	49.6	6.2	260.5	0.17%
オランダ	1,332.8	333.2	3,813.6	150.6	182.6	9.00%
ロシア	854.0	170.8	45.5	10.1	160.7	0.11%
マレーシア	684.9	164.4	31.8	5.4	159.0	0.49%
アルジェリア	415.0	124.5	10.9	3.0	121.5	0.33%
トルコ	555.4	122.2	16.4	3.1	119.0	0.11%
オーストリア	470.0	117.5	5.0	0.6	116.9	0.12%
ベルギー	441.0	127.9	57.0	11.5	116.4	0.12%
EU	12,826.2	3,222.6	8,339.9	659.1	2,563.5	0.10%
OECD	61,741.0	16,227.2	26,357.2	2,981.0	13,246.2	0.17%
タックスヘイブン	6,403.4	1,193.6	61,993.6	2,418.7	−1,225.1	−0.07%
全　体	93,539.5	24,086.7	94,449.7	8,533.8	15,552.9	0.16%

出所：Barake and Pouhaër（2023, p.13), Table 2.

「控除額」は二重課税を防ぐために控除されるべき所得部分を示している。「税収ロス」は「控除額」に法人実効税率を掛けることで算出される金額を意味する。「純税収」は，「粗税収」から「税収ロス」を差し引いたものである。最後に「総税収比」は，各国ごとの純税収の総税収に占める比率を示している。

　表序-5の最下段から読み取れるように，利益Aの世界全体での総額は約935億ユーロである。各国が利益Aに対して法定税率を掛けて算出された粗税収総額は約241億ユーロとなる。ここから，二重課税を防止するために控除される所得部分の総額（約945億ユーロ）に実効税率を掛け合わせた税収ロス約85億ユーロを差し引けば，純税収である156億ユーロが算出される。これは世

27

表序-6　第1の柱の下での類型ごとの税収推計

（百万ユーロ）

類　型	配分利益	粗税収	控除額	税収ロス	純税収	総税収比
先進国	56,761.1	14,914.1	26,159.0	2,894.4	12,019.7	0.17%
うちG7国	48,033.5	12,989.4	11,748.4	1,962.2	11,027.3	0.20%
うちタックスヘイブン国	3,719.9	741.6	13,830.7	840.0	−98.4	−0.02%
うち非タックスヘイブン国	53,041.2	14,172.5	12,328.2	2,054.4	12,118.1	0.18%
発展途上国	36,611.2	9,116.5	68,140.4	5,614.7	3,501.8	0.15%
うちタックスヘイブン国	2,683.5	452.0	48,162.8	1,578.7	−1,126.7	−2.03%
うち非タックスヘイブン国	33,927.7	8,664.5	19,977.6	4,036.0	4,628.5	0.16%
後発開発途上国	167.2	56.1	150.4	24.6	31.5	0.15%
全　体	93,539.5	24,086.7	94,449.7	8,533.8	15,552.9	0.16%

出所：Barake and Pouhaër（2023, p. 13），Table 3.

界総税収の0.16％になる。

　特徴的なのは，表序-5の下から2行目のタックスヘイブン国の純税収がマイナスの値になっていることである。同様の傾向は，次の表序-6にも示されている。この表は，類型別に第1の柱の下での税収額を示したものだが，先進国／発展途上国のいずれに属するタックスヘイブン国であっても，純税収がマイナスの値になっている。これは，第1の柱が新課税権を創設することで，税収を非課税／低課税国から市場国に再配分することを狙った結果，ある程度，意図通りの効果を生むことが税収増減の形で示されたものといえる。

　他方，純税収総額のうち77％が先進国に帰属し，G7国（表序-4を参照すれば分かるようにアメリカの比率が突出）だけで71％を占めるなど，税収の地理的集中が顕著である。発展途上国の占める比率は23％であり，その大部分を中国が占めている。後発開発途上国は配分利益がきわめて小さいため，税収はゼロに近く，第1の柱の下での課税からはほとんど裨益しないことが分かる。

4.3. 第 2 の柱の税収効果

税収シミュレーションの最後に，Barake et al.（2022）に基づいて，第 2 の柱がもたらす税収効果を検討することにしよう。

本試算は，大規模な多国籍企業から，15％のグローバル最低税率の下で各国がどれくらいの税収を上げられるかを推計している。2 つの異なるシナリオがここでは考慮される。第 1 は，多国籍企業の本社が立地する国によって税収が集められるというシナリオである（これらの国々は本試算で「本社立地国（Headquarters Countries）」と呼ばれる）。これは，国際課税新ルールにおける所得合算ルール（IIR）に対応する。

これに対して第 2 は，多国籍企業の子会社が立地し，利益が計上される受入国（Host Countries）が徴収するシナリオである。後者は，2021 年 12 月のOECD モデルルールにおいて初めて導入された「適格国内ミニマム課税（"Qualified Domestic Top-up Tax：QDMTT"）に対応し，これが IIR に対して優先されることになった。

また，本試算における税収推計はすべて第一次的な効果を推計したものであって，課税措置に対する多国籍企業の調整行動を経た後の推計ではない点，留意を要する。

税収を徴収するのが本社立地国なのか，それともホスト国なのかによって税収の地理的配分は異なってくる。前者ならば本社立地国により多額の，そして後者ならばホスト国により多くの税収が配分されることになる。

第 2 の柱のデザイン上，重要なのがカーブアウトである。その税収損失への影響が大きいからである。税率 15％でグローバル最低課税が実施され，それが本社立地国によって徴収される場合の税収効果を，カーブアウトがある場合とない場合とで比較したのが，表序-7 である。この場合，多国籍企業の本社立地国が，その子会社立地国が 15％未満の課税しか行っていない場合に，15％との差に相当する課税を当該多国籍企業に対して行う。

表序-7 に示されているように，EU 全体はカーブアウトなしで約 670 億ユーロ，OECD 全体では約 1,630 億ユーロ，サンプル国全体では約 1,790 億ユーロの税収が得られると期待できる。EU の税収は，その法人税収の 19％に相当し，

表序-7 第2の柱(1)：グローバル最低税率15%の下で50億ユーロ以上の多額の税収を得ると推計される国々

（10億ユーロ）

本社立地国	カーブアウトなし	カーブアウト初年	カーブアウト10年目
ドイツ	13.3	8	10.1
アイルランド	12.6	11.1	11.7
ルクセンブルク	5.9	4.6	5.1
スペイン	5.3	2.6	3.6
EU全体	67.1	47.4	55.2
税収変化率		−29.3%	−17.8%
カナダ	9.1	6.7	7.6
中国	6.7	3.4	4.4
日本	6	4.8	5.2
イギリス	7	5.1	5.9
アメリカ	58.1	52.1	54.4
OECD加盟国全体	162.6	127.8	141.2
税収変化率		−21.4%	13.2%
サンプル国全体	179.1	139.2	154.5
税収変化率		−22.3%	−13.7%

注1：推計値は2021年データに基づく。表の「税収変化率」とは，「カーブアウトなし」ケースを基準として「カーブアウト初年」および「カーブアウト10年目」の税収がどれほど減少したか，その比率を示している。

注2：表の「サンプル国全体」とは，第2の柱の下での課税対象となる多国籍企業の本社立地国のうちデータの得られた83カ国を指している。

注3：「カーブアウト初年」には有形資産簿価の8%，給与総額の10%が差し引かれる。「カーブアウト10年目」には有形資産簿価と給与総額の5%が課税ベースから差し引かれる。

出所：Barake, Chouc, Neef, and Zucman (2022), Table 1を一部改変。

現在の健康・公衆衛生上の支出の5%にも達する大きな規模である。

　表序-7に掲げられている国名は，IIR（カーブアウトなし）の下で50億ユーロ以上の税収を得る国々である。これらは，これまで海外への多額の利益移転を行ってきた多国籍企業が本社を立地させている国々に他ならない。なかでも，アメリカが圧倒的な位置を占めていることが分かる。

　印象的なのは，タックスヘイブンとされる国々のうち，様々な税制優遇措置

序　章　新しい国際課税ルールの内容，その意義，直面する課題，そして税収効果

表序-8　第2の柱(2)：IIR と QMDTT で税収推計が大きく異なる国々

（10億ユーロ）

国名	IIR	QMDTT
フランス	3.6	0.2
ドイツ	10.1	5.5
アイルランド	11.7	4.5
ルクセンブルク	5.1	12.5
オランダ	14.1	14.1
カナダ	7.6	0.2
中国	4.4	0.5
日本	5.2	0
シンガポール	0.6	7.9
スイス	3.2	8.1
アメリカ	54.4	3.4
ケイマン諸島	1.9	11.4
香港	1.5	4.1
プエルトリコ	0	5.3
全　体	154.5	154.5

注：推計値は2021年データに基づく。15%のグロー
　　バル最低税率を導入したうえで，有形資産簿価と賃
　　金の5%を差し引く，10年目以降に適用されるカー
　　ブアウトを想定。
出所：Barake, Chouc, Neef, and Zucman（2022），
　　　Table 1 を一部改変。

で多国籍企業の本社機能を誘致することに成功してきたアイルランド，ルクセンブルク（欄外だが EUR3.5bn を得るスイス）が，IIR の下で多額の税収を得る国々としてその名が挙がっている点である。

　表序-7 は，カーブアウトが大きな減収効果をもたらすことも示している。カーブアウト初年には EU 全体で約3割，カーブアウトの規模が縮小する10年目でもなお2割近くの税収減少効果をもたらす。OECD 加盟国全体，あるいはサンプル国全体でみても，カーブアウト初年で2割超，10年目で1割超もの税収減少効果がもたらされる。

　さて表序-8 は，IIR の下で多国籍企業の本社立地国が徴収する税収を QMDTT の下で多国籍企業の拠点受入国が徴収する税収と比較したものである。

31

ここから分かるように，QMDTT の下ではフランス，ドイツ，アイルランド，カナダ，中国，日本，アメリカなど，IIR の下で大きな税収を得ていた国々が税収の大きな部分を失う一方，ルクセンブルク，オランダ，ケイマン諸島，バミューダ，プエルトリコ，シンガポール，スイスなど，タックスヘイブン国が多額の税収を得ることが分かる。これは，どのようなルールの下で課税権を配分し，徴税するかによって税収の地理的配分に大きな差が生じることを示している。

　これらの国々に共通して特徴的なのは，様々な税制優遇措置によって多国籍企業の子会社や投資資金を引き寄せている点にある。それゆえ，これらの国々はオランダを除いて IIR の下では大きな税収を得られないが，QMDTT の下では多額の税収を得られる点で共通している。

　なお，新課税ルールでは QMDTT が IIR に優先すると規定されているため，第 2 の柱が完全に実施に移されれば，タックスヘイブン国に多額の税収がはいることを示しているように見える。ただし，多国籍企業の行動変容を考慮しない QMDTT 下の国別税収推計は，それほど頑健ではないと考えられる。なぜなら，15％の最低税率がタックスヘイブン国にも一律に導入されれば，そこに立地するメリットは大幅に減少する。結果として多国籍企業の拠点再配置などの行動変容が起きる可能性が高く，そうした場合，これらタックスヘイブン国の税収はこの推計よりも減少することになる。

5. 本書の概要

　本書は，経済のデジタル化に対する「2 つの柱に基づく解決策」の国際合意とその後の展開を踏まえ，あらためて既存の枠組みの歴史的評価や理論的評価を行い，今次の改革の意義と限界を評価することを目的としている。

　ここでは，次の第 1 章以下，各章の要点を紹介することで本書の全体像を示すことにしたい。

　第 1 章は，第 1 の柱の利益 A について，「市場国」への課税権配分の議論が BEPS2.0 においてどのように変遷していったかを，政策と理論の両面から考

察する。とくに「価値創造」という概念の扱い，デジタル課税としての性格が希薄となった過程とその意味について論じる。

第2章の対象も，第1の柱の利益 A だが，移転価格税制の経験を踏まえ，残余利益分割法，および売上高を配賦要素とする定式配賦方式がデジタル課税に組み込まれた意義を明らかにしている。また，課税ベース配分をめぐる国家間紛争と相互協議と仲裁についても検討する。

第3章は第2の柱である GloBE ルールの IIR における会計と税法の関係を議論する。IIR の計算上，会計数値を用いるのはコンプライアンス・コストの抑制，執行可能性の向上，および政治的な理由からであった。他方，多国籍企業の恣意的な利益操作，および会計基準ショッピングの問題を指摘し，その対応策を指摘する。

第4章と第5章は，主要なプレーヤーであるアメリカの視点から国際課税改革を論じる。第4章はアメリカの法人税制の国際調整に関する歴史的な変遷と Tax Cuts and Jobs Act（TCJA）に焦点を当てる。2000年代以降の法人税制改革の主要パッケージを分析や議会公聴会の議論を分析することで，国際課税変更の制度的淵源について考察する。

これに対して第5章は，アメリカがそのパワーを用いて第2の柱にかかるフォーカルポイントを形成し，国際的合意への道筋をつけたものの，現在，第2の柱を導入するよう国際社会からプレッシャーをかけられており，グローバルタックス・ガバナンスに関与する国・地域が増加し，多様化したことでアメリカのパワーが相対化してきていると論じる。

第6章は，もう一方の主要なプレーヤーである EU の視点から GloBE ルールの受容の過程を「有害な租税競争から法人税の共通化へ」という観点を踏まえて整理するとともに，議論を先導してきたドイツでの国内法化を事例に，新たなルールの実施上の課題と既存の税制への影響を分析する。その上で，段階的実施を予定している日本への示唆も引き出す。

第7章は GloBE ルールに対し，多国籍企業の自発的コンプライアンスを求めるために，事務負担の軽減に加えて，調査や罰則適用のあり方を含めた，税務行政の統一的手続と協調的姿勢の重要性を強調する。これら手続保障の必要

性について，主に CbCR（国別報告事項）との性質的相違と，企業による社会的責任遂行の促進という2点から論じる。

　第8章は本書の総括的な役割を担っており，経済のデジタル化に伴う国際課税の動向と課題について論じる。第1の柱は，従来の国際課税原則の大転換というより，将来の見直しを前提にした既存の国際課税原則を基礎に対応できないものに修正を施したものと評価する。第2の柱について，アジアにおける日本の状況や遵守コストの視点から本来の制度趣旨の目的にかなったものか検証が必要であり，簡素化の視点から既存の CFC 税制との調整等についても課題になるとして，主要論点を議論する。

参考文献

Alstadsæter, A., Godar, S., Nicolaides, P. and G. Zucman（2023）*Global Tax Evasion Report 2024*, EU Tax Observatory.

Avi-Yonah, R. S.（2022）"The New International Tax Regime", *University of Michigan Public Law Research Paper*, No. 21-031.

Avi-Yonah, R. and Y. R. Kim（2022）"Tax Harmony: The Promise and Pitfalls of the Global Minimum Tax", *Michigan Journal of International Law*, 43(3): 505-556.

Avi-Yonah, R., Kim, Y. R. and K. Sam（2022）"A New Framework for Digital Taxation", *Harvard International Law Journal*, 63(2): 279-341.

Barake, M., Chouc, P.-E., Neef, T. and G. Zucman（2022）"Revenue Effects of the Global Minimum Tax Under Pillar Two", *Intertax*, 50(10): 689-710.

Barake, M. and E. L. Pouhaër（2023）, *Tax Revenue from Pillar One Amount A: Country-by-Country Estimates*, halshs-04039288.

Barake, M., Pouhaër, E. L. and Q. Parrinello（2023）*The Long Road to Pillar One Implementation: Impact of Global Minimum Thresholds for Key Countries on the Effective Implementation of the Reform*, EU Tax Observatory.

Bradbury, D., O'Reilly, P. and A.C.G. Cabral（2023）*Economic Impact Assessment of the Two-Pillar Solution: Revenue Estimates for Pillar One & Pillar Two*, OECD.

本田光宏（2020）「デジタル経済への途上国の視点――国連を中心として」『フィナンシャル・レビュー』（143）：123-139.

本田光宏（2022a）「国際課税の歴史的な合意――デジタル課税と最低税率をめぐって　新興国・途上国の動き」『ジュリスト』1567: 42-47.

本田光宏（2022b），「国連モデル条約2021年アップデートについて」『租税研究』873:

230-255.

諸富徹（2020）『グローバルタックス——国境を超える課税権力』岩波新書.

OECD（2023a）, *The Multilateral Convention to Implement Amount a of Pillar One: Two-Pillar Solution to Address the Tax Challenges Arising from the Digitalization of the Economy.*

OECD（2023b）, *Outcome Statement on the Two-Pillar Solution to Address the Tax Challenges Arising from the Digitalization of the Economy*, OECD/G20 Base Erosion and Profit Shifting Project.

Piketty, T., Saez, E. and G. Zucman（2018）, "Distributional National Accounts: Methods and Estimates for the United States", *The Quarterly Journal of Economics*, 133(2): 553-609.

佐藤良（2022）「経済のデジタル化にともなう国際課税ルール見直しの動向——デジタル課税とグローバル・ミニマム課税の新たな枠組み」『レファレンス』国立国会図書館調査及び立法考査局, 83-107.

鶴田廣巳（2023）『グローバル時代の法人課税と金融課税』有斐閣.

第 1 章

経済のデジタル化と「市場国」への課税権配分を巡る論理の変遷

篠田　剛

1.　本章の課題

　多国籍企業に対する国際的二重非課税への対応を目的とした OECD/G20 による「税源浸食と利益移転（Bace Erosion and Profit Shifting：以下 BEPS）」プロジェクトは，2015 年の最終報告書の公表をもって一定の成果を出した。BEPS の取り組みは，一般的にこの最終報告書までを BEPS1.0 とし，それ以降は BEPS2.0 として区別される。BEPS2.0 では，経済のデジタル化への対応を目的とし，包摂的枠組み（Inclusive Framework：以下 IF）の下で，新たな課税権の配分やグローバルな最低税率の導入といった課題に取り組んできた。そして，2021 年 10 月には「2 つの柱からなる解決策」が 136 ヵ国・地域（当時）によって国際合意されるに至った（OECD 2021）。国内法によって導入できる第 2 の柱（Pillar 2）については，すでにわが国を含む約 50 ヵ国で法制化が進んでいる。一方，租税条約の改正が必要となる第 1 の柱（Pillar 1）については実現が危ぶまれているが，2023 年 7 月に多国間条約の大枠の成果文書が公表され，同年 10 月に多国間条約の条文が公表されるなど，協議が続いている。

　今日では第 1 の柱として議論されている市場国への新たな課税権の配分案は，当初は「経済のデジタル化」への対応という観点が全面に出ていた。実際，2018 年に公表された『中間報告書（Interim Report）』（OECD 2018）では，デジタル化によって促進された新たな「ビジネス・モデル」の分析に多くの紙幅が割かれており，そのことが既存の国際課税ルールに圧力をかけているという形で問題が整理されている。ところが，2019 年 2 月の「協議文書」（OECD 2019）

における米国の「マーケティング無形資産」提案に見られるように，「デジタル」という視点は次第にトーンダウンしていった。そして，2021年10月の国際合意では，適用対象企業にデジタル／非デジタルという線引きはなく，世界売上高200億ユーロ以上という基準で対象企業の線引きが行われている。このこと自体は，直接的には「デジタル」の囲い込みを一貫して批判してきた米国と各国との間での政治的妥協の帰結であったといえる（篠田 2022, 2023を参照）。しかし，それが客観的な経済的現実を反映したものでなければ，やはり合意に至ることはなかったであろう。

　本章では，第1の柱の「Amount A」（以下，利益A）を対象に，「デジタル」への注目から始まった市場国への課税権配分の議論が，巨大多国籍企業のグローバルなレント（超過利潤）の一部を市場国へ配分するという形へと帰着していった過程について整理を試みる。その上で，市場国課税の理論的根拠について分析する。デジタル課税の理論的根拠についてはすでに多くの優れた研究があるが（例えば，Cui（2019），Schön（2019），Backer and Englisch（2019），國枝（2023）等），利益Aの制度設計の変化を踏まえた検討を行う。こうした政策と理論両面の分析を通じて，「100年ぶりの国際課税ルールの改革」ともいわれたBEPS2.0における市場国への課税権配分の論理とその変遷の意味を考察する。

2. 第1の柱に関する国際合意

2.1. 国際合意の骨格

　第1の柱は，PE（Permanent Establishment）が存在しない市場国にも多国籍業の利益に対する課税権を配分する利益Aと呼ばれる全く新しいルールを採用する。事業所得については「PEなければ課税なし」とする原則が1928年に国際連盟モデル条約草案において国際租税原則として確立された（赤松 2001）。そのため，第1の柱は「100年ぶり」にその原則の例外を設けることになる。そこで，現在進行中の作業の土台となっている2021年10月の国際合意（21年合意）に依拠して，第1の柱の基本的内容確認しておく。

　第1の柱の利益Aの適用対象となるのは，世界全体の収益が200億ユーロ

以上で，利益率（税引前利益／収益）が10％以上の企業である。なお，除外対象は21年合意時点では採掘業と規制金融サービスのみであった。利益Aの額は，対象となる多国籍企業の収入の10％を超える税引前利益（残余利益）の25％とされている。この金額が売上高ベースの配分キーを用いて，関連性のある市場法域（市場国）に配分されることになる。

では，どのような基準を満たした法域が関連性のある市場法域とみなされ，この新しい課税権の配分にあずかるのだろうか。PEとは異なるネクサス・ルールが必要である。そこで，対象多国籍企業がその法域から少なくとも100万ユーロの収益を得ている場合，その法域は利益Aの配分を受けることが出来るとする特別目的のネクサス・ルールが提案された。ただし，GDPが400億ユーロ以下の小規模な法域の場合は，100万ユーロではなく25万ユーロの収益でネクサスを満たすとされた。これにより，利益Aという一部の巨大多国籍企業の超過利潤の一部にすぎないとはいえ，市場国に課税権が配分されることとなる。

他にも21年合意では，収益源泉を商品やサービスが使用または消費される最終市場の管轄区域とすること，課税ベースの決定において損失は繰り越されること，セグメンテーションは例外的な状況においてのみ行われることなどが確認されている。また，利益Aのうちすでに市場法域で課税がなされているとみなされる部分については除外する必要があるとし，マーケティング・販売利益セーフハーバーによって，配分額に調整を加えることや二重課税の除去についても言及されている。国内でのベースライン・マーケティングおよび販売活動に関する独立企業間価格の適用の簡素化を企図した利益B（Amount B）の導入についても合意された。

第1の柱が第2の柱と大きく異なるのは，国内法の改正だけでなく租税条約の改正が必要な点である。多国間条約（Multilateral Convention：MLC）を作成し，各国が署名をしていくという作業が必要になる。そして，MLCはすべての締約国に対し，デジタル・サービス税（Digital Services Tax：DST）のような一方的措置を廃止し，今後も導入しないことを求める。21年合意では，2023年12月31日またはMLCの発効日のいずれか早い方の日まで，各国は新たな一方

的措置を課さないことが確認された（後述するように後に期間は延長された）。
この DST の導入の禁止と廃止こそは，市場国への課税権の配分と並ぶ第 1 の
柱のもう一つの推進力となってきた（篠田 2022, 2023）。

2.2. 国際合意以降の展開

2021 年 10 月の国際合意の後，第 1 の柱に関しては，2022 年 2 月に「利益 A
に関するモデル・ルールの公開協議文書」，2022 年 7 月に「利益 A に関する進
捗報告の公開協議文書」，そして 2023 年 2 月には「多国間条約の大枠の成果文
書」が公表された。なお，この成果文書の公表にあわせて，DST 等の導入禁止
の期間が 2023 年 12 月 31 日から 2024 年 12 月 31 日に 1 年間延長された。その
後，2023 年 10 月に「第 1 の柱の利益 A 実施のための多国間条約」が公表され
た（OECD 2023）。利益 A の除外対象に防衛に関連する事業と主に国内で事業を
行う場合が追加され，利益 A の市場国への配分方法の若干の修正も行われた。[2]
また，利益 B について 2024 年 2 月に報告書が，同年 6 月にはガイダンスが公
表されている。

利益 A に関しては，細部での変更や具体化はあるものの，21 年合意の基本
的な骨格は維持されている。その骨格とは，巨大多国籍業の超過利潤（売上高
の 10% を超える利益）の一部（25%）についての課税権を，売上高を基準とし
て市場国に配分するというものである。しかし，この議論は本来，「Two-Pillar
Solution to Adress the Tax Challenges Arising from the Digitalization of the
Economy」という名称にもあるように，「経済のデジタル化」によって生じる
課税上の問題に対処しようという議論であった。実際，当初はデジタル企業の
特徴を分析し，その価値創造の仕組みを捉え，デジタル固有の特徴にアプロー
チしようという議論がなされていた。続く節では，BEPS1.0 から BEPS2.0 へ，
そして 21 年合意にいたる過程でデジタル課税の議論がどのように変遷してい
ったのかを見ていく。

3. デジタル企業の「価値創造」

3.1. 「価値創造」基準による BEPS への対応

2008 年のリーマン・ショックの後，各国は大規模な財政出動を行い，財政状況を悪化させた。その後の緊縮財政のもとで，国民の負担が高まるなか，巨大多国籍企業がアグレッシブな租税回避を行い，税負担を逃れているとの報道が関心を呼び，各国はこれに対応せざるを得なくなった。特に GAFA（Google, Apple, Facebook, Amazon）のようなプラットフォーマーが注目され，ダブルアイリッシュ・ダッチサンドイッチ（Double Irish with a Dutch Sandwich）のような複雑な租税回避スキームが広く知られるようなった。こうした租税回避スキームの中核を担っているのが，知的財産（Intellectual Property：IP）等の無形資産とタックスヘイブンの利用である。多国籍企業が意図的に国際的二重非課税となる所得を生み出しているとの認識から，OECD と G20 は 2013 年に BEPS プロジェクトを立ち上げ，この問題に取り組むこととなった（BEPS1.0）。

では，二重非課税が生じるような場合，多国籍企業がグローバルな活動によって生み出す利益に対してはどこが優先的に課税すべきなのだろうか。この問題の解決にあたって，事業所得については「価値が創造された場所で課税する」という原理が支持された（OECD 2015）。これは「価値創造（Value Creation）」基準として定着してくこととなり，後に見るように BEPS2.0 の初期の議論でも一定の役割を果たすことになる。

OECD は BEPS プロジェクトの成果として 2015 年 10 月に 15 の行動計画について最終報告書を公表した。BEPS1.0 では，OECD/G20 はあくまで既存の国際課税ルールの枠内で国際的二重非課税の問題に取り組んだものであり，デジタル経済における法人税のあり方については結論を出すことが出来なかった（BEPS 行動 1）。また，利益移転のインセンティブそのものを作り出す低税率国の存在と租税競争の問題については取り組まれなかった。これらは，BEPS2.0 の課題となっていく（表 1-1）。

表 1-1　OECD におけるデジタル課税分野の 2015 年以後の主な取り組み

年月	出来事
2015 年 10 月	BEPS 行動計画 1 最終報告書公表
2017 年 3 月	G20 財務相が，OECD/G20 包摂的枠組み（Inclusive Framework：IF）に中間報告書の提出を求める
2018 年 3 月	IF が「中間報告書」を公表
2019 年 1 月	IF は課題を 2 つの課題（後の第 1 の柱と第 2 の柱）にグループ化したポリシーノートに合意
2019 年 2 月	公開協議文書の公表（ユーザー参加，マーケティング無形資産，重要な経済的プレゼンスを提示）
2019 年 5 月	IF は詳細な作業計画（Programme of Work：PoW）に合意　6 月 G20 財務相・首脳会合，10 月 G20 サミットで了承
2019 年 10 月	第 1 の柱に関する「統合アプローチ（Unified Approach）」提案を公表
2019 年 11 月	第 2 の柱に関する「GloBE（Global Anti-Base Erosion）」提案を公表
2020 年 1 月	IF が 2 つの柱に関する声明と改訂版作業計画（改定 PoW）を公表
2020 年 10 月	第 1 の柱と第 2 の柱に関する「ブループリント」を公表（※コロナの影響で当初の 6 月から 10 月に延期されていた）
2021 年 6 月	G 7 財務相会合にて 2 つの柱について合意
2021 年 10 月	2 つの柱の解決策に関する声明を発表　IF メンバーの 137 ヵ国・地域が合意　G20 財務相・首脳会合，G20 サミット
2021 年 12 月	第 2 の柱―モデル・ルールを公表
2022 年 2 月	第 1 の柱― Amount A に関するモデル・ルールの公開協議文書公表
2022 年 3 月	第 2 の柱―モデル・ルールに対するコメンタリー公表
2022 年 7 月	第 1 の柱― Amount A に関する進捗報告の公開協議文書公表
2022 年 12 月	第 2 の柱―セーフハーバーとペナルティーの軽減に関するガイダンス，他 2 つの公開協議文書公表
2023 年 2 月	第 2 の柱―モデル・ルールに対するガイダンスを公表
2023 年 7 月	第 1 の柱―多国間条約の大枠の成果文書を公表
2023 年 10 月	第 1 の柱―多国間条約の草案を公表
2024 年 2 月	第 1 の柱――利益 B に関する報告書を公表
2024 年 6 月	第 1 の柱――利益 B に関するガイダンスを公表　6 月末に予定されていた多国間条約の署名開始を延期

出所：筆者作成。

2.2.　2018 年の『中間報告書』とビジネス・モデル分析

　BEPS 行動 1 の残された課題に取り組むべく，2018 年に公表された『中間報告書』（OECD 2018）では次のように問題の背景が説明された。すなわち，デジタル化はビジネス・モデルを変化させ，国際課税ルールに圧力をかけているということ，そしてこの問題は BEPS 問題を超えており，デジタル時代の課税権の配分に関係するということ，そして，既存の国際課税ルールは，多国籍企業

の「価値創造」に貢献する要素の可動性が比較的少なく，労働力と有形資産の集中的利用が中心の時代の産物であるということである。

その上で，『中間報告書』は，経済のデジタル化から影響を受ける国際課税ルールとして，ネクサス・ルール（nexus rule）と独立企業原則（arm's length principle：ALP）をあげている。現行の国際課税ルールは，「PE なければ課税なし」として，何らかの物理的存在にネクサスを見出してきたが，デジタル化されたビジネスでは物理的存在なしにその国で利益を上げる可能性がある。そして，PE がなければ，独立企業原則に基づいた課税権の配分も機能しなくなってしまう。

そこで『中間報告書』では，国際課税ルールの見直しのために，デジタル化された経済におけるビジネス・モデルの特徴の分析をかなり詳細に行っている。デジタル市場では，直接ネットワーク効果，間接ネットワーク効果，規模の経済性，スイッチング・コストとロックイン効果，相補性といった特徴がみられると指摘する。なかでもプラットフォーマーが展開するマルチサイド市場（例えば，一方にプラットフォームのユーザーの市場，他方に広告主の市場）の場合，間接ネットワーク効果が価値創造の核心にあると分析する。マルチサイド市場ではユーザーの市場を無償にし，他方の広告市主の市場で収益を上げる非中立的な価格戦略が可能となる。このようなケースについては，一種の物々交換と見る見方や，ユーザーによる価値創造への貢献とみる見方があるとする。

また，デジタル化の時代の価値創造を分析するには，伝統的な製造業や小売業のように川上から川下に至る過程で順次価値が創造されるような「バリュー・チェーン（Value Chain）」のモデルでは不十分であるとの指摘も行われている。表1-2 のように，価値創造を「バリュー・チェーン」だけでなく，「バリュー・ネットワーク（Value Network）」と「バリュー・ショップ（Value Shop）」を加えた3つに類型化している。特に「バリュー・ネットワーク」型に分類されるソーシャル・ネットワーク・ビジネスはデジタル化時代の典型とされ，図1-1 のような図解も行われている。この図に示されているように，ソーシャル・ネットワーク・ビジネスはユーザーの市場と広告主の市場を仲介しているが，ユーザーや広告主の法域に PE を有していない可能性がある。

表1-2　価値創造の3つの概念

	Value Chain	Value Network	Value Shop
一般的記述	バリュー・チェーンの目的は、バラバラだが関連性のある連続した活動（それぞれが生産関数と考えることができる）を通じて、インプットをアウトプットに変換することである。最終商品は、自社で製造することもあれば、買収することもある。一般的に、最終商品は標準化されている。	バリュー・ネットワークの目的は、仲介役として、(1)自社と顧客の二者間相互作用、(2)顧客間の多者間相互作用（例：買い手／売り手、乗客／運転手）を促進することにある。価値創造は、顧客間の直接的なつながり（例：電話や友人へのリクエスト）や間接的なつながり（例：商業銀行が、顧客が総体として供給する預金によって融資を行うことができる）の形成にあるかもしれない。	バリュー・ショップの目的は、問題を解決することで、既存の状態をより望ましい状態へと変化させることである。問題は、情報の非対称性によって特徴付けられる（すなわち、ショップは顧客より多くの情報を持っている）。解決に至るプロセスは、専門家やスペシャリストの労力を必要とし、標準化されているか、高度にカスタマイズされているかのどちらかである可能性がある。
主要技術	ロングリンク型：インプットから始まり、最終消費者に完成品を提供するまでの直線的なプロセス	仲介：組織が、取引に関心を持つユーザーや顧客を結びつけるために使用する	反復（インテンシブ）：ある特定の対象を変更するために使用されるハードウェアと知識の形態
価値創造のロジック	価値は、製品を会社から顧客に移転することによって生み出される	価値は、（リンクしている）顧客間の交換を組織化し、促進することによって生み出される	価値は、顧客の問題や要望を（再）解決することで創造される
主な活動カテゴリー	順次組織された活動： ・インバウンド・ロジスティクス ・オペレーション ・アウトバウンドロジスティクス ・マーケティング ・サービス	同時並行的に組織された活動： ・ネットワーク推進と契約管理 ・サービスプロビジョニング ・インフラ運用	反復的なサイクルとして組織された活動： ・課題発見・獲得 ・問題解決 ・解決策を見出すためのアプローチの選択 ・実行 ・制御・評価
伝統的なビジネスモデルの例	・組立ライン製造 ・卸売流通事業	・雇用者と求職者を結びつける職業紹介所 ・銀行が投資家や借り手になる	・病気の診断と治療に使われる医療技術 ・プロフェッショナル・サービス（法律、コンサルティング、金融）
デジタル経済のビジネスモデルの例	モノの製造（垂直統合型企業） 　有形財：	マルチサイドプラットフォーム 　電子商取引仲介業者	クラウドコンピューティング／他の企業にコンピューティングパワーを供

第1章　経済のデジタル化と「市場国」への課税権配分を巡る論理の変遷

・Unilever、Coca Cola、GE、Siemens、BMW、IKEA、Microsoft（PC、タブレット、Xbox）、Apple（PC、タブレット、iPhone）、Huawei（デバイス）、Sony（デバイス、家電）、Intel、IBM、Cisco、Tsinghua Unigroup（マイクロチップ）、Xiaomi

無形財・デジタルコンテンツ：
・**クリエイティブ・コ**ンテンツ：Disney、Netflix、Sony
・**ソフトウェア（標準パッケージの1回分の購入）**：Microsoft、Adobe、SAP、Dassault Systems、Dropbox、Weiyun、Google Drive

リセラー
有形財：
・Alibaba、Amazon retail、JD.com、Tencent、Walmart

無形財・デジタルコンテンツ：
・*クリエイティブなコンテンツ*：Netflix、Sony（映画/音楽）、Spotify、Tencentの音楽配信ビジネスライン、Deezer、Amazon Audible
・*ソフトウェア（標準パッケージの1回限りの購入）*：Amazon、Best Buy

・**有形財**：AliExpress、Amazon Marketplace、eBay、Etsy
・**無形財**：Trivago、Booking.com、Hotels.com、Kayak、Google Play、Apple iTunes Store

サービス仲介業者
・共同消費/シェアリングエコノミー：AirBnB、Blablacar、Drivy、Turo、Uber、Didi Chuxing、Ola、Deliveroo、Foodora、TaskRabbit、Upwork
・ソーシャルネットワーク：Facebook、LinkedIn、Sina Weibo、Tencent Weibo、Twitter、Nice、Kuaishou、Qzone
・オンラインゲーム・ギャンブル
・検索エンジン：Google、Bing、Yahoo、Baidu、NetEase
・電子メール：Gmail、Yahoo、Hotmail、NetEase
・オンラインコンテンツ：Dailymotion、SoundCloud、TripAdvisor reviews、Vimeo、YouTube
・電子決済：Transferwise、Alipay、Tenpay、Paypal、Worldpay

給するインプットサプライヤー（X-as-a-Service、完全に垂直統合される可能性がある）
IaaS：
・AWS、Alibaba、Microsoft、IBM、Huawei、Cisco、Intel

PaaS：
・AWS、Alibaba、Microsoft、IBM、SAP

SaaSのビジネスラインは、ユーザー向けにカスタマイズされたソフトウェアを除き、一般的にバリューチェーンのカテゴリーに分類される。

プロフェッショナルサービス（垂直統合型企業）
・IoTコンサルティング：GE、Siemens
・データ分析

45

| | インプットサプライヤー
・リセラーに売るための製品を作る企業：Intel、Tsinghua Unigroup
・アプリストアに供給するアプリを作成する企業 | | |

出所：OECD（2018), Figure 2.5 より作成。

　『中間報告書』はこうしたデジタル化されたビジネス・モデルの分析を踏まえの3つの共通点を抽出している。第1に，マス（mass）を伴わない国境を越えた規模である。物理的なプレゼンスなしにその法域でのプレゼンスを向上させるという特徴を指している。第2に，知的財産を含む無形資産のへの依存である。企業レベルでも経済全体レベルでも無形資産投資が増加している。そして第3に，データ，ユーザー参加，および知的財産を伴うそれらの相乗効果の重要性である。「デジタル化によって変化したのは，ユーザーがますます重要な役割を果たすようになったこと」であり，「顧客のデータの分析により，企業はユーザー・エクスペリエンスの改善とパーソナライゼーションに注力することで，大きな競争優位性を獲得することができる」（OECD 2018, para. 143）と指摘している。

　しかし，こうした経済のデジタル化のもとでの課税のあり方については，IFメンバー国間に立場の相違があることを認めている。第1のグループは，ユーザー参加の役割はデジタル化されたビジネスにおけるユニークかつ重要な推進力であること，利益は価値が創造された場所で課税すべきであることを主張する。そして，国際課税ルールの全体を変える必要はなく，デジタルに的を絞った改革で対処できるとする。第2のグループは，今日の課税問題はデジタル企業に限った問題ではないとし，最小限の課税ベースしかもたずに市場国の経済活動に深く関与する企業が増えているとの認識をしめす。そして，第3のグループは，BEPS1.0によって二重非課税の問題はほぼ対処されたため，現行の国際課税ルールの大幅な改革は必要ないとしている。どの国がどのグループかは明らかにされていないが，後の展開を踏まえてみれば，EU諸国，途上国，米

第1章　経済のデジタル化と「市場国」への課税権配分を巡る論理の変遷

図1-1　ソーシャル・ネットワーク・ビジネス・モデルの構造

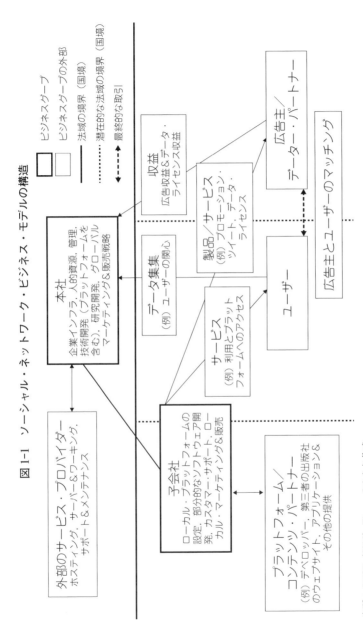

出所：OECD (2018). Figure 2.6 より作成。

国の立場の相違がすでにあったこと，第 1 のグループであろう EU 諸国が
BEPS2.0 の初期の議論をリードしていたことがうかがえる。

　このように，少なくとも 2018 年の『中間報告書』の段階では，明確に
BEPS1.0 でコンセンサスを得た「価値創造」基準との関係で，デジタル経済に
おける新しい課税権を構想しようとする意図が見えていた。特にデータとユー
ザー参加については何度も言及されており，ユーザー参加を「価値創造」と捉
える可能性が示唆されている。物理的な PE に依拠することなく市場国に課税
権を配分しようとするならば，市場国側で何らかの価値が創造されていること
を示す必要があると考えられており，それをデジタル企業のビジネス・モデル
の分析から根拠づけようとしていた。IF メンバー間の相違を認めながらも，市
場国への課税権の新たな配分はデジタル企業のみが対象となるという論理構成
になっていた。

4.　「市場国」への課税権配分案の変遷

4.1.「マーケティング無形資産」提案のインパクト

　2018 年『中間報告書』以降，IF での議論は停滞し，その間に業を煮やした
国々では DST の導入が広がっていった。2019 年 1 月にようやく IF は「ポリシ
ー・ノート」に合意し，2019 年 2 月に『公開協議文書』（OECD 2019a）を公表
した。

　そこでは，経済のデジタル化と課税の課題が大きく 2 つに整理されていた。
1 つは，「利益配分とネクサス・ルールの改定（Revised profit allocation and nexus
rules）」であり，「市場国」への課税権に配分に踏み込むものであった。もう 1
つは，「グローバル税源浸食防止提案（Global Anti-Base Erosion proposal）」であり，
BEPS の残された課題としてグローバル最低税率を設けるというものであった。
なお，これらは後にそれぞれ，第 1 の柱：「統合アプローチ（Unified Approach）」
（2019 年 10 月），第 2 の柱：「グローバル税源浸食防止措置（Global Anti-Base
Erosion：GloBE）」（2019 年 11 月）として整理されることとなる。

　第 1 の柱となる「利益配分とネクサス・ルールの改定」では，英国の「ユー

ザー参加（user participation）」提案，米国の「マーケティング無形資産
（marketing intangibles）」提案，インドの「重要な経済的プレゼンス（significant
economic presence）」提案が選択肢として具体的に示された。このうち，英国案
と米国案はどちらも多国籍企業グループの残余利益（通常利益を超える利益）
の一部について定式を用いて市場国に配分する方法であったが，相違点も大き
い。英国案はユーザー参加による価値創造を根拠としているためデジタル・ビ
ジネスが対象となる。これに対して，米国案はブランドや商号，顧客データ，
顧客関係，顧客リストなどのユーザー／顧客ベースの無形資産をマーケティン
グ無形資産として他の無形資産から区別し，そこに帰属すべき残余利益を市場
国に配分しようとするもので，デジタル／非デジタルの区別はない。

　『中間報告書』以降の展開には，大きく2つの疑問がある。第1に，なぜ
2018年3月の『中間報告書』から2019年1月の「ポリシー・ノート」への合
意まで1年近くも議論が停滞したにもかかわらず，それ以降，議論が加速度的
に進展したのか。第2に，なぜ『中間報告書』では明確に意識された「デジタ
ル経済への対応」「デジタル企業に対する課税」という視点が消えていったのか，
である。こうした変化の両方にかかわっているのが，米国の動向である。

　当時のOECD租税政策・税務行政センター局長のパスカル・サンタマン
（Pascal Saint-Amans）は，2017年以降の議論の進展について，「我々の進捗の阻
害要因となっていたアメリカの政権が2017年に交代し，アメリカもオープン
な対話の場に出てくる準備ができたということで，我々はそれを機会ととらえ
ました」と回想している（サンタマン，ペレス＝ナバロ　2022, p.8）。オバマ政権に
比べればトランプ政権の方が対話の可能性があったようである。

　ただし，米国は当初からデジタル企業を狙い撃ちにした囲い込み（ring
fencing）について牽制しており，2018年のOECDの『中間報告書』に対してム
ニューシン（Steven T. Mnuchin）前財務長官は「米国は，どの国であれ，デジタ
ル関連企業を排除しようとする提案には断固として反対する」との声明を発表
している（U.S. Department of the Treasury 2018）。そのため，前政権よりは積極
姿勢であったとはいえ，OECDの議論は停滞するかに思われた。しかし，2018
年の夏に米国が「マーケティング無形資産」提案を提示し，議論は一気に進展

することとなった（諸富 2020b, p. 86）。この提案は，先述のとおりデジタル・ビジネスのみを対象とするものではなかった。

　このような米国の積極的な関与姿勢は，米国としても EU への対抗上，国際的な議論の場を利用する必要があったことや，TCJA（Tax Cuts and Jobs Act）ですでに多国籍業グループに対する国際課税の見直しを行っていたことも大きかったと思われる（吉村 2020, p. 74）。DST の蔓延を防ぎ，デジタル囲い込みを防ぐには自らルール作りに参加する方向を鮮明にしたといえる。この「マーケティング無形資産」提案を機に，デジタル課税の議論から「デジタル」の要素が次第に薄れていくことになる。

4.2. 『ブループリント』における ADS と CFB

　「デジタル」の要素が薄れ始めたとはいえ，2020 年 10 月に公表された第 1 の柱の『ブループリント』では依然として「デジタル」の特徴と市場国への課税権配分との結びつきが意識されていた。

　『ブループリント』は，現行の国際課税ルールは一般にある国・地域に物理的に存在することから生ずる利益に課税権を付与するとした上で，「しかし，グローバル化と経済のデジタル化を考慮すると，企業は，現地での物理的な事業の利益の有無にかかわらず，製品の価値，売上高，ひいては利益を増大させるために，単なる販売の締結を超えた関与を通じて，市場管轄権の経済生活に積極的かつ持続的に参加することができる」との認識を示し，「このことは，課税権および課税利益の配分が，もはや物理的な存在を基準として排他的に制限されることはないことを意味する」としている（OECD 2020a, para. 22）。

　その上で，『ブループリント』は，利益 A の適用範囲について，「活動テスト（activity test）」に基づいたものにすることを提案する（OECD 2020a, para. 22）。そして，適用範囲となる活動の定義については，あくまで「この政策課題が最も深刻な活動の種類」を反映したものにするとして，「自動化デジタルサービス（automated digital services：ADS）」と「消費者向けビジネス（consumer-facing businesses：CFB）」とをあげている（OECD 2020a, para. 22）。ADS には，オンライン広告サービス，オンライン検索エンジン，ソーシャルメディアプラットフ

ォーム等が含まれるとし，CFB には，小売業者（製造業者，卸売業者，販売業者は除外），フランチャイザー，ライセンサー等が含まれるとしている。

このように，『ブループリント』の段階では，なんらかの「市場国での活動」を捉えようとしている点で，「価値創造」の論理にも接続しつつ，物理的存在を基準とするネクサスから抜け出そうとしていることがうかがえる。一方で，とくに ADS には初期の議論からの「デジタル」課税の要素が残存している。しかしながら，活動を区別する必要がある以上，概念的にも実務的にも複雑な問題が生じることは明らかであった。

4.3. バイデン政権の「包括的範囲」提案

2021 年 1 月に誕生したバイデン政権は当初から，トランプ前政権とは異なる姿勢でこの問題に取り組んだ。その理由は，バイデン政権が 2021 年 4 月に発表した税制改革プラン『Made in America tax plan』（U.S. Department of the Treasury 2021）からうかがうことができる。この税制改革案では，2017 年の TCJA で導入された GILTI や FDII，BEAT といったルールの変更や 15％のミニマム・ブック・タックスの導入などの提案と同時に，法人税率を 21％から 28％に引き上げることが提案されていた。そして，第 2 の柱の最低税率を採用する国には BEAT を適用しないことで交渉の席に着かせるといったことにも言及されていた。バイデン政権は，法人税増税を補完するものとして第 2 の柱を位置付けており，2 つの柱の交渉の行き詰まりを打開する意欲を見せていた。

しかし，問題は第 1 の柱である。トランプ前政権は，企業の選択制にする「セーフハーバー」を提案するなど，交渉は暗礁に乗り上げていた。そこで，バイデン政権は，第 1 の柱の範囲に関する難しい線引きの問題を解消し，第 1 の柱の利益 A の対象を最も大きな多国籍企業のうち 100 社程度に限定することを提案することで，交渉プロセスを復活させることになる（VanderWolk 2023）。

2021 年 4 月，米国は，「セーフハーバー」提案を取り下げる代わりに，収益と利益率を基準とした「包括的範囲（comprehensive scoping）」とする案を提案した。この提案に関して，Johnston（2021）は，入手した米国財務省のスライドを元に，この提案がなされた 2021 年 4 月 8 日の IF での米国財務省のプレゼン

テーションについて伝えている。まず，米国財務省のスライドには，多国間の国際的な租税体系に内在する複雑さ，特に課税範囲と関連する管理上の問題における複雑さが，コンセンサスの形成を困難にしているとの認識が示されていたという。その上で，スライドでは「業種分類やビジネス・モデルにかかわらず，最大かつ最も収益性の高い多国籍企業グループ」（Johnston 2021, p. 148）を対象とするよう，定量的な基準で絞り込むことが提案されていた。そしてその定量的な基準として，「多くの多国籍企業を除外し最大手企業のみを対象とする収益」と，「最も無形資産に依存し，収益性が高く，利益移転が起こりやすい企業のみを第1の柱に該当させるような利益率」が提案されていたという（Johnston 2021, p. 148）。

　このように，米国の「包括的範囲」提案は，「主観的な範囲差別」を取り除き，最大100の多国籍企業に焦点を絞ることで，第1の柱の管理可能性を確保することが企図されている。これは，米国からすれば，管理可能性の問題と米国企業を狙いうちにしたデジタル企業囲い込みの問題に同時に対処するものといえる。さらに米国はこれと併せて，第1の柱への合意の条件として，第1の柱の実施にあたって制限される「『関連する一方的措置』の精密な定義」の撤回を求めている（Johnston 2021, p. 148）。これは米国が第1の柱に期待するものが，各国のDST等の廃止・導入防止の機能であることを表している。

　ここで注目しておきたいのは，利益Aの対象となる企業の利益率の絞り込みの基準の根拠として米国側が持ち出してきた，「最も無形資産に依存し，収益性が高く，利益移転が起こりやすい企業」というものである。もちろん管理可能性を重視したある種の割り切りのためであるが，なぜ大きな超過利潤（レント）を無形資産から得ているような多国籍企業についてはその利益の一部を市場国に配分する必要があるのだろうか。少なくともこの説明からは明らかではない。また，利益移転が起こりやすいか否かという問題はむしろ第2の柱の課題であるようにも見える。いずれにせよ，この米国の「包括的範囲」提案が受け入れられた結果，第1の柱から「デジタル」の要素は完全に消滅することとなった。また，同時に「価値創造」に立脚した課税権配分の論理も不要となり，BEPS1.0から引き継がれた「価値創造」基準もついにその痕跡を消すこと

第1章　経済のデジタル化と「市場国」への課税権配分を巡る論理の変遷

表1-3　第1の柱から「デジタル」要素が消えていく過程

年月	文書	特徴
2018年3月	中間報告書 （OECD 2018）	・価値創造とデジタルビジネスモデルの分析 ・ユーザーの価値創造への貢献についての分析 ・「経済のデジタル化」に対応するという問題意識が明確
2019年2月	公開協議文書 （OECD 2019a）	・「ユーザー参加」提案（英国案） ・「マーケティング無形資産」提案（米国案） ・「重要な経済的プレゼンス」提案（途上国案） ・「市場国」に課税権を配分するという意図が全面に出始める
2019年10月	統合アプローチ （OECD 2019b）	・3つの案を統一 ・みなし残余利益の一部を市場国に定式で配分することを提案 　（利益A）
2020年10月	第1の柱ブルー プリント （OECD 2020a）	・課税権配分の対象となるビジネスを定義 ・自動化デジタルサービス（ADS） ・消費者向けビジネス（CFB） ・ネクサスを物理的存在ではなく市場国での「活動」に見出す ・対象となる「活動」には「デジタル」要素がまだ含まれている
2021年10月	国際合意 （OECD 2021）	・対象：世界全体の売上高が200億ユーロ以上で収益率が10% 　以上の企業（採掘業と規制金融サービスを除く） ・利益Aの特別目的ネクサス・ルール：市場法域から少なくと 　も100万ユーロ以上の収益を得ていること（小規模な市場法域 　への配慮あり） ・収益と利益率の高い巨大多国籍企業の残余利益の一部を市場国 　へ配分

出所：筆者作成。

となった（表1-3）。

4.4.　利益Aの対象となる可能性のある企業の特徴

　米国の「包括的範囲」提案が受け入れられたことで，先述の通り2つの柱は2021年10月8日に国際合意に至った。これにより，第1の柱が実施されることになれば，グローバルな収益が200億ユーロ以上で，利益率が10%を超える企業はデジタル企業であるか否かに関係なく利益Aの対象となる。では，具体的にどのような国のどのような企業が対象になりうるのだろうか。また，どのぐらいの金額が利益Aとして市場国に配分されるのだろうか。この点について，Sullivan（2021）は国際合意がなされた直後にFortune Global 500のデータを用

表 1-4 第 1 の柱における潜在的利益配分の推計

企業	産業	本社所在国
Apple	コンピュータ・事務機器	米国
Microsoft	コンピュータ・ソフトウェア	米国
Alphabet	インターネット・サービス・小売業	米国
Facebook（現 Meta Platforms）	インターネット・サービス・小売業	米国
Tencent Holdings	インターネット・サービス・小売業	中国
Intel	半導体・その他電子部品	米国
Alibaba Group Holding	インターネット・サービス・小売業	中国
Taiwan Semiconductor Manufacturing	半導体・その他電子部品	台湾
Sanofi	医薬品	フランス
Roche Group	医薬品	スイス
Johnson & Johnson	医薬品	米国
ThyssenKrupp	鉄鋼	ドイツ
Verizon Communications	電気通信	米国
Procter & Gamble	家庭用・個人用製品	米国
Cisco Systems	ネットワーク・その他通信機器	米国
Oracle	コンピュータ・ソフトウェア	米国
Pfizer	医薬品	米国
Samsung Electronics	電子・電気機器	韓国
Nestlé	食品・消費者製品	スイス
Philip Morris International	タバコ	米国
British American Tobacco	タバコ	英国
Amgen	医薬品	米国
Sony	電子・電気機器	日本
Eli Lilly	医薬品	米国
Novartis	医薬品	スイス
China Mobile Communications	電気通信	中国
GlaxoSmithKline	医薬品	英国
Thermo Fisher Scientific	科学・写真・制御機器	米国
Comcast	電気通信	米国
SAP	コンピュータ・ソフトウェア	ドイツ
3M	化学	米国
ABB	産業機械	スイス
Medtronic	医療製品・機器	アイルランド
Home Depot	専門小売業	米国
Honeywell International	電子・電気機器	米国
KDDI	電気通信	日本
SK Hynix	半導体・その他電子部品	韓国
Unilever	家庭用・個人用製品	英国
Abbott Laboratories	医療製品・機器	米国
Orange	電気通信	フランス

第1章　経済のデジタル化と「市場国」への課税権配分を巡る論理の変遷

（2020 年の Fortune Global 500 のデータを使用）

世界収益 （百万ドル）	税引後利益 （百万ドル）	推計税引 前利益 （百万ドル）	利益率	収益の10% （百万ドル）	残余利益 （百万ドル）	残余利益 の25% （百万ドル）
274,515	57,411	71,764	26.1%	27,452	44,312	11,078
143,015	44,281	55,351	38.7%	14,302	41,050	10,262
182,527	40,269	50,336	27.6%	18,253	32,084	8,021
85,965	29,146	36,433	42.4%	8,597	27,836	6,959
69,864	23,166	28,958	41.4%	6,986	21,971	5,493
77,867	20,899	26,124	33.5%	7,787	18,337	4,584
105,866	22,224	27,780	26.2%	10,587	17,193	4,298
45,478	17,344	21,680	47.7%	4,548	17,132	4,283
42,580	14,031	17,539	41.2%	4,258	13,281	3,320
64,285	15,229	19,036	29.6%	6,429	12,608	3,152
82,584	14,714	18,393	22.3%	8,258	10,134	2,534
39,659	10,725	13,406	33.8%	3,966	9,440	2,360
128,292	17,801	22,251	17.3%	12,829	9,422	2,356
70,950	13,027	16,284	23.0%	7,095	9,189	2,297
49,301	11,214	14,018	28.4%	4,930	9,087	2,272
39,068	10,135	12,669	32.4%	3,907	8,762	2,190
41,908	9,616	12,020	28.7%	4,191	7,829	1,957
200,734	22,116	27,646	13.8%	20,073	7,572	1,893
89,853	13,031	16,289	18.1%	8,985	7,304	1,826
28,694	8,056	10,070	35.1%	2,869	7,201	1,800
33,058	8,208	10,260	31.0%	3,306	6,954	1,739
25,424	7,264	9,080	35.7%	2,542	6,538	1,634
84,893	11,054	13,817	16.3%	8,489	5,328	1,332
24,540	6,194	7,742	31.5%	2,454	5,288	1,322
49,898	8,072	10,090	20.2%	4,990	5,100	1,275
111,826	12,920	16,150	14.4%	11,183	4,968	1,242
43,732	7,373	9,216	21.1%	4,373	4,843	1,211
32,218	6,375	7,969	24.7%	3,222	4,747	1,187
88,839	10,534	13,168	14.8%	8,884	4,284	1,071
31,150	5,863	7,328	23.5%	3,115	4,213	1,053
32,184	5,384	6,730	20.9%	3,218	3,512	878
30,142	5,146	6,433	21.3%	3,014	3,418	855
28,913	4,789	5,986	20.7%	2,891	3,095	774
132,110	12,866	16,083	12.2%	13,211	2,872	718
32,637	4,779	5,974	18.3%	3,264	2,710	678
50,115	6,146	7,682	15.3%	5,012	2,671	668
27,041	4,031	5,039	18.6%	2,704	2,334	584
57,797	6,359	7,949	13.8%	5,780	2,169	542
34,608	4,495	5,619	16.2%	3,461	2,158	539
48,165	5,494	6,868	14.3%	4,816	2,052	513

企業	産業	本社所在国
Lockheed Martin	航空宇宙・防衛	米国
Enterprise Products Partners	パイプライン	米国
Reliance Industries	石油精製	インド
Accenture	情報技術サービス	アイルランド
L'Oréal	家庭用・個人用製品	フランス
PepsiCo	食品・消費者製品	米国
Tesco	食品・ドラッグストア	英国
Mondelez International	食品・消費者製品	米国
Boehringer Ingelheim	医薬品	ドイツ
Gree Electric Appliances	電子・電気機器	中国
Takeda Pharmaceutical	医薬品	日本
China Merchants Group	郵便・小包・貨物配送	中国
Iberdrola	公益事業	スペイン
AstraZeneca	医薬品	英国
AbbVie	医薬品	米国
Netflix	エンターテインメント	米国
Toyota Motor	自動車・自動車部品	日本
Coca-Cola	飲料	米国
Midea Group	電子・電気機器	中国
Publix Super Markets	食品・ドラッグストア	米国
ViacomCBS（現　Paramount Global）	エンターテインメント	米国
Linde	化学	英国
Northrop Grumman	航空宇宙・防衛	米国
Enbridge	パイプライン	カナダ
General Dynamics	航空宇宙・防衛	米国
Xiaomi	電子・電気機器	中国
Danone	食品・消費者製品	フランス

（注）2021年時点の推計であるためその後除外される産業も含まれている。
（出所）Sullivan（2021）の推計を基に作成。産業の項目はGlobal Fortune 500に基づいて加筆した。

いて大まかな推計を公表している。このSullivan（2021）の推計に依拠して，想定される対象企業の実態を確認しておこう。

　Sullivan（2021）が用いた方法は次のようなものである。まず，世界収益が234億ドル以上（約200憶ユーロ）の企業を集める。なお，2021年10月時点の推計であるため，採掘業と規制金融サービスは対象外となっているが，その後に対象外とされた防衛に関連する事業と主に国内で事業を行う場合については含まれている。次に税引前利益を推計する。ただしこれは，Fortune Global

第1章　経済のデジタル化と「市場国」への課税権配分を巡る論理の変遷

世界収益 （百万ドル）	税引後利益 （百万ドル）	推計税引 前利益 （百万ドル）	利益率	収益の10% （百万ドル）	残余利益 （百万ドル）	残余利益 の25% （百万ドル）
65,398	6,833	8,541	13.1%	6,540	2,001	500
27,200	3,776	4,720	17.4%	2,720	2,000	500
62,912	6,619	8,274	13.2%	6,291	1,983	496
44,327	5,108	6,385	14.4%	4,433	1,952	488
31,896	4,060	5,075	15.9%	3,190	1,886	471
70,372	7,120	8,900	12.6%	7,037	1,863	466
81,248	7,948	9,936	12.2%	8,125	1,811	453
26,581	3,555	4,444	16.7%	2,658	1,786	446
26,497	3,489	4,361	16.5%	2,650	1,712	428
24,710	3,214	4,017	16.3%	2,471	1,546	387
30,166	3,547	4,434	14.7%	3,017	1,417	354
60,281	5,919	7,399	12.3%	6,028	1,371	343
37,767	4,115	5,143	13.6%	3,777	1,367	342
26,617	3,196	3,995	15.0%	2,662	1,333	333
45,804	4,616	5,770	12.6%	4,580	1,190	297
24,996	2,761	3,452	13.8%	2,500	952	238
256,722	21,180	26,475	10.3%	25,672	803	201
88,839	7,747	9,684	10.9%	8,884	800	200
41,407	3,945	4,932	11.9%	4,141	791	198
45,204	3,972	4,965	11.0%	4,520	444	111
26,186	2,422	3,028	11.6%	2,619	409	102
27,250	2,501	3,126	11.5%	2,725	401	100
36,799	3,189	3,986	10.8%	3,680	306	77
29,147	2,508	3,135	10.8%	2,915	220	55
37,925	3,167	3,959	10.4%	3,793	166	42
35,633	2,950	3,688	10.3%	3,563	124	31
26,914	2,229	2,786	10.4%	2,691	95	24

　500のデータセットからは税引後利益のデータのみが入手可能であったため，税引前利益は20%の法人税を支払ったと仮定して算出（税引後利益×1/0.8で概算）した推計税引前利益である。そして，この推計税引前利益を世界収益で除して利益率を算出する。この利益率が10%を超えている企業が利益Aの対象となる。そして市場国に配分される利益Aの金額は，推計税引前利益から収益の10%を差し引いた残りである残余利益の25%として算出している。

　　これらの推計の結果を示したものが表1-4である。あくまで推計であるため，

実際にこのとおりになるわけではないが，それでも第1の柱の利益Aの特徴を大まかに理解する上では有益である。Sullivan（2021）も指摘するように，AppleやAlphabet（Google），Facebook（現Meta）のようなデジタル企業が利益Aの対象となるのは当然としても，Pfizer（医薬品）やPhilip Morris International（タバコ）のような無形資産を多く保有する非デジタル企業も多く含まれている。「包括的範囲」提案が採用されたことによって，いわゆるデジタル企業は対象企業全体の一部に過ぎなくなったことが分かる。こうした推計からも，第1の柱がデジタル課税という性格からは大きく乖離したことが確認できる。

　収益や利益率は年によっても変動するため，こうしたリストに毎年同じ企業が並ぶわけではない。そこで，Sullivan（2021）は2018年・2019年のデータでも同様の推計を行っている。その推計結果を基に，2018年・2019年・2020年の3年間について本社所在地国別に整理したのが表1-5である。表1-5を見ると，一貫して米国企業が大きな割合を占めることが分かる。企業数では5割前後，利益Aの額（推計残余利益の25％）としては6割前後が米国企業である。世界で毎年約1,000億ドルに対する課税権が市場国に配分されると推計されており，そのうちの約600億ドルが米国企業の利益ということになる。また，Barake and Pouhaër（2023）による別の推計でも，米国企業が企業数で44.9％，利益Aの額で56.0％を占めると指摘されている。

　このように利益Aについては，米国と米国企業がもっとも影響を受けると考えられるため，デジタル企業をターゲットとした場合とこの点では大きく変わらないようにも見える。しかし，「包括的範囲」提案が企図したとおり，対象企業は当初念頭に置かれていたプラットフォーマーのようなデジタル企業だけでなく，業種を問わず，無形資産を多く保有し大きな売上と利益をあげている企業が多く含まれることが推計からも確認できる。このような利益Aを巡る制度設計の変遷を踏まえたときに，市場国への課税権配分の論拠についてどのような論点が浮かび上がってくるだろうか。この点について，次節で考察してみたい。

第1章　経済のデジタル化と「市場国」への課税権配分を巡る論理の変遷

表 1-5　本社所在地帰国別の Amount A 対象企業の推定と金額の推計

本社所在地国	2020 年				2019 年				2018 年			
	推定対象企業		推計残余利益の25%		推定対象企業		推計残余利益の25%		推定対象企業		推計残余利益の25%	
	企業数	比率	額（百万ドル）	比率	企業数	比率	額（百万ドル）	比率	企業数	比率	額（百万ドル）	比率
米国	31	46.3%	67,317	61.0%	35	50.7%	66,599	67.6%	34	46.6%	61,159	60.3%
中国	7	10.4%	11,991	10.9%	7	10.1%	10,329	10.5%	7	9.6%	7,567	7.5%
スイス	4	6.0%	7,107	6.4%	2	2.9%	6,667	6.8%	3	4.1%	5,347	5.3%
英国	6	9.0%	4,378	4.0%	4	5.8%	2,929	3.0%	5	6.8%	4,599	4.5%
フランス	4	6.0%	4,328	3.9%	4	5.8%	621	0.6%	5	6.8%	2,201	2.2%
台湾	1	1.5%	4,283	3.9%	1	1.4%	2,713	2.8%	1	1.4%	2,908	2.9%
ドイツ	3	4.5%	3,841	3.5%	4	5.8%	1,733	1.8%	2	2.7%	1,073	1.1%
日本	4	6.0%	2,555	2.3%	2	2.9%	665	0.7%	4	5.5%	3,402	3.4%
韓国	2	3.0%	2,477	2.2%	1	1.4%	824	0.8%	2	2.7%	10,423	10.3%
アイルランド	2	3.0%	1,262	1.1%	3	4.3%	2,145	2.2%	3	4.1%	603	0.6%
インド	1	1.5%	496	0.4%								
スペイン	1	1.5%	342	0.3%	2	2.9%	652	0.7%	2	2.7%	573	0.6%
カナダ	1	1.5%	55	0.0%	1	1.4%	400	0.4%	1	1.4%	42	0.0%
ベルギー					1	1.4%	1,523	1.5%				
ブラジル					1	1.4%	708	0.7%				
スウェーデン					1	1.4%	43	0.0%				
サウジアラビア									1	1.4%	666	0.7%
オランダ									1	1.4%	490	0.5%
ノルウェー									1	1.4%	365	0.4%
メキシコ									1	1.4%	14	0.0%
合計	67	100.0%	110,431	100.0%	69	100.0%	98,552	100.0%	73	100.0%	101,432	100.0%

注：Unilever（英国）は 2019 年までは英国とオランダに本社があったが，集計の関係上，2018 年と 2019 年
　　についても英国のみにカウントしている。
出所：Sullivan（2021）の推計を基に作成。

5.「市場国」への課税権配分を支える論理

5.1.「価値創造」概念と BEPS2.0

　BEPS2.0 の初期の議論を支えた論理は，BEPS1.0 から継承した「価値創造」

という概念であった。「ユーザー参加」提案に見られるように，特にプラットフォーマーのようなデジタル企業では，市場国に存在するユーザーが何らかの価値創造に貢献していると考え，ユーザーの所在する市場国を「価値創造」が行われた場所の一つとみなして，市場国に課税権を配分しようという議論である。

　しかしながら，そもそも「価値創造」という概念は国際租税法上の伝統的な概念というわけではなく，BEPS1.0 の課題に対処するための指針として，BEPS プロジェクトの下で公表された文書に導入された概念である（Becker and Englisch 2019, pp. 161-162）。Schön（2019）は，「価値創造」という概念は，BEPS1.0 の下で，タックスヘイブンが多国籍企業の利益に対する課税権を主張することを排除するための有用な政治的装置であったと指摘する。多国籍企業によるアグレッシブな租税回避によるタックスヘイブンへの利益移転が問題となる中で，「負のソース・ルール（negative source rule）」（Schön 2019, p. 6）として，すなわち，そうした場所には課税権が「無い」ということに合意するための指針としては確かに機能したと言える。

　問題はこの概念が，BEPS2.0 において，市場国への新たな課税権配分を議論するための概念として機能し得るか否かである。Schön（2019）は，「納税者が自国の領土で実質的な経済機能を行使していること，および納税者が現地政府の提供する公共財から利益を得ていることを公正に示すことができる複数の国・地域が互いに競争している場合，『価値創造』パラダイムの下で課税のパイをどのように分けるかは非常に不明確である」であると指摘する（Schön 2019, 6）。Devereux et al.（2021）も，どこで価値が生まれるのかが明確でないため，やはり「価値創造」の原則はデジタル化された経済における利益に対する課税権配分のための改革の指針にはならないという（Devereux et al. 2021, p. 8）。國枝（2023）もまた，価値の定義の不明確さやユーザーによる貢献の測定の問題などから市場国にどの程度の課税権を付与すべきかの基準としては疑問であるとし，デジタル課税の理論的根拠を考える上では「価値創造」という概念から離れて議論することが必要と指摘している。

　一方で，BEPS2.0 においても「価値創造」という概念が一定の役割を果たし

たという指摘もある。藤原（2021b）は，BEPS1.0 における短期の問題解決に使われた「価値創造」概念が，BEPS2.0 の市場国への課税権の配分という長期の問題解決においても一定の役割をはたしたとして，「価値創造」の「第二の機能」として注目している（藤原　2021b, p. 484）。その上で，藤原（2021c）は，「価値創造」の概念は，伝統的な国際課税の枠組みを破壊することなく課税権を「仕向地」の方向へとシフトさせる機能を果たしてきたとみる。「仕向地」国の課税権の拡大について，「その『仕向地』は実はニュー・タイプの『源泉地』であると再構成することによって――根拠づけることに，かなりの程度で成功してきた」（藤原　2021c, p. 621）と評価している。自国内で展開する多国籍企業が生み出すレントにアクセスしたければ，課税権を「価値創造」のロジックと整合させなければならなかったという意味で，BEPS2.0 においても課税権構想が「価値創造」という枷に束縛された側面を指摘する。

　確かに「ユーザー参加」提案や「マーケティング無形資産」提案が公表された頃までは，市場国をある種の「源泉地」としてみる見方が底流にあったように思われる。しかしながら，その後の米国の「包括的範囲」提案にはそうした市場国を何等かの「源泉地」とみる発想は見られず，そこにあったのは，高収益をあげる一部の巨大多国籍業の超過利潤については，その一部を市場国にシェアするという観点のみである。その意味で，BEPS2.0 における市場国への新たな課税権を構築する際に「価値創造が行われている場所で課税する」という論理が現在も影響力をもたらしているかどうかは疑問が残る。国際合意された利益 A の制度設計を前提に理論的根拠を議論する上で，「価値創造」概念に依拠することにはやはり限界がある。

5.2.「デジタル」の特性と結びついた市場国への課税権配分論

　BEPS2.0 における市場国への課税権配分の根拠を巡る当初の議論を振り返るとき，2018 年の OECD の『中間報告書』にもみられたように，「デジタル」の特性，特にプラットフォーマーなどのデジタル企業のビジネス・モデルの特性から市場国への課税権の配分を新たに根拠づけようとする議論がなされてきた点も重要な特徴である。しかし，デジタル・ビジネス・モデルの特徴を価値

創造への「ユーザーの貢献」であるとして，これを市場国への課税権配分の根拠とすることについては，様々な観点から批判がなされてきた。

Becker and Englisch（2019）は，ユーザーのネットワークがプラットフォーマーの提供する仲介サービスにとって極めて重要であることは認めつつも，ユーザーが「共同生産者（co-producers）」であるという考え方については否定している。ほとんどの場合，ユーザーの関与はデータの提供など受動的なものにすぎず，およそ生産活動として市場国の課税権を構成するようなものではないからである。そもそも，ユーザー・ネットワークはプラットフォーマーが構築し，維持するものである。そこで，Becker and Englisch（2019）は，安定したユーザー・ネットワークや類似のユーザー・グループをプラットフォーマーの（潜在的に市場性のある）無形資産と捉え，源泉地ベース課税のネクサスを構成することを主張している。また，そうした無形資産としての「持続的なユーザー関係（sustained user relationship：SURE）」は，「価値創造」の概念とも整合的であると主張する。

Schön（2019）は，「SURE」のような提案は国際的な課税権配分の出発点として企業内部の視点を強調している点で正しいとしつつも，まだ「ユーザー貢献」による課税の正当化と企業の具体的投資に基づく課税の正当化の中間に留まっていると指摘する（Schön 2019, p. 19）。Schön（2019）は，デジタル化経済の文脈であっても，法人税はあくまで資本所得に対する課税であり，税の配分は投下資本の存在と所在地に従うという原則を変えるべきではないと主張する。デジタル経済であっても企業は顧客やユーザーにアクセスするために特定の市場に向けて何らかの「デジタル投資（digital investment）」を行っているはずだからである。

もっとも，そうしたデジタル投資の場合，物理的な存在を必要としないため，従来のネクサス・ルールは放棄されなければならない。Schön（2019）は，物理的拠点がなければ，「利益原則」の観点から市場国の課税権を主張することは難しいとし，「効率性」の観点からネクサスを正当化することを提案している。独自のユーザー・ベースやユーザー・コミュニティを構築する投資が特定の市場を対象としている場合，その投資から得られるレントや準レントに対して，

第1章　経済のデジタル化と「市場国」への課税権配分を巡る論理の変遷

効率性の観点から受入国側が課税することは正当化できるという。その上で，米国の「マーケティング無形資産」提案は必ずしもその市場国に対する特定の投資を捉えるものではないため，市場国の課税権は特定の国を対象とした狭義のデジタル投資に限定することが望ましいとしている。

　デジタル化経済の特徴から市場国での課税を根拠づけようとする議論は法人税だけにとどまらない。Cui（2019）は，地域特定レント（Location-Specific Rents：LSR）への課税という観点から，グロス・ベースの課税であるデジタルサービス税（DST）の課税の根拠を展開している。Cui（2019）は，伝統的な国際課税の枠組みは，関連当事者間の移転価格による利益移転に焦点を当ててきたため，不完全競争を特徴とする市場における第三者間取引におけるレントの帰属を無視してきたと指摘する。そのため，プラットフォーマーの市場構造から生じる直接的・間接的ネットワーク効果に関連するレントを移転価格では十分に扱うことができないという。そこで Cui（2019）は，「プラットフォーム LSR」の概念を提示する。ユーザーの市場と生産者の市場の両面市場をつなぐビジネス・モデルでは，間接的なネットワーク効果によって価値創造が行われるが，その国での限界費用は限りなくゼロに近い。また，そうしたネットワークを容易に他の国に移動させることもできない。こうしたレントは市場国に帰属すると考えることができ，その限界費用の低さから，利益を売上で代理することも正当化しうる。ただし Cui（2019）は，自身の議論は「ユーザーの価値創造」をプラットフォーム LSR の観点から解釈するものであり，「仕向地」国への利益配分の議論とは一線を画することを強調している。

　これらの議論は，「価値創造」との結びつきを多かれ少なかれ意識しつつ，市場国での課税を構想しようとしたものであった。これに対し，「価値創造」概念から距離を取り，プラットフォーム企業の特性から市場国の課税権を構想しようという議論もある。例えば，國枝（2023）は，一定の仮定の下で，プラットフォーム企業の獲得するレントが価値創造ではなく，消費者余剰の転換と死荷重の解消によるものであることを示すモデルを示し，市場国での課税が正当化できる条件を分析している。

　このように，「デジタル」の特性に注目した研究は多くなされてきており，

いずれも説得力のある視点を提供している。しかしながら，利益 A の現在の制度設計はデジタル企業に的を絞ったものではない。本章の **4.5** で見たように利益 A の対象には製薬企業やその他の製造業などあらゆる産業の多国籍業が含まれることが予想される。それゆえ，市場国への課税権配分を考えるには，デジタル／非デジタルの線引きを越えた検討が必要である。

5.3. 無形資産が中心となった経済における「市場国」への課税権配分論

2012 年から OECD 租税政策・税務行政センター局長を務めたパスカル・サンタマンは，利益 A について，既存の独立企業原則が現在でも上手く機能しているとした上で，「価格が大きくなる場合，例えばレント（超過利潤）や，あるいは『Super profit』といった金額が大きなものになると，既存の枠組みでは上手くいかないことがあります。そこで利益 A という考え方が出てくるわけです」と語っている（サンタマン，ペレス゠ナバロ 2022, p. 6）。インタビューは国際合意後のものであるため，デジタル企業という限定がなされない点は理解できるが，なぜ超過利潤が莫大な場合には問題が生じるというのだろうか。そして，なぜそのような超過利潤の一部は市場国に課税権を割り当てなければならないのだろうか。

Lammers（2019）は，「市場管轄区域が本当に望んでいるのは，自国経済における独占的行為者に課税する方法，いわば独占税である。その望みは，必ずしもデジタル化されたビジネス・モデルや法人所得税とは関係ない」と指摘している（Lammers 2019, p. 621）。この観点からは，どのような手段であれ，市場国は自国が課税できればよいとなってしまう。また，藤原（2021b）は米国のマーケティング無形資産提案に関して，「無形資産を MI〔マーケティング無形資産──引用者注〕とそうでないカテゴリーとに区別するという発想は，残余利益分割法の適用を根拠づけるための後づけの理屈に過ぎない」とし，「もっと広く，不完全競争の結果として生じた独占利潤を，税源としてどのように各国に割り振るのかということが MI という概念によって処理しようとしている問題である」と指摘している（藤原 2021b, pp. 469-470）。

こうした見方は，「価値創造」概念と袂を分かち，デジタル／非デジタルの

線引きを無くした後も，巨大多国籍企業の超過利潤の一部への課税権を市場国に配分するという提案が支持され，国際合意に至った理由の一旦を説明するものではある。デジタル囲い込みを最も避けたかったのは米国であったが，市場国としてはデジタル／非デジタルにこだわるよりも，自国内で PE なしに莫大な収益を上げる企業に対して課税権を得られかどうかが第一の関心事であろう。その意味では，多くの企業が今や無形資産を活用して超過利潤を得ていることを鑑みれば，デジタル／非デジタルの線引きをすることはむしろ不合理でさえある。

　しかしながら，やはり市場国に課税権を配分するには何らかの根拠が必要である。現状は，いわば根拠の空白状態にある。BEPS1.0 を支えた「価値創造」概念にも明確に依拠することができずに，第 1 の柱の利益 A は明確な根拠なしに，巨大多国籍業のレントの一部を市場国に配分する仕組みを有する。では，今後の市場国でのレントへの課税に持続的な根拠を提供しえるものがあるだろうか。

　この点で，現在の「原産地」に依拠する国際課税ルールを「仕向地」へと移行させることを主張する Devereux et al. (2021) の研究は示唆に富む。Devereux et al. (2021) は，多国籍企業の利益への課税が行われる場所は，① 所有者の所在地，② 親会社または本社の所在地，③ 機能や活動の場所（著者らは「原産地」と呼ぶ），④ 顧客の所在地，の 4 つがあるとした上で，現行の国際課税システムは，③の「原産地」ベースで主に行われていると指摘する。そして，「市場国」での課税を考える上で，Devereux et al. (2021) は，「原産地としての市場国」と「仕向地としての市場国」とを区別する。

　「原産地としての市場国」とは，何らかの経済活動や所有権が市場国にあることを根拠に市場国に課税権を割り当てるアプローチである。外国企業による市場国への投資は既存のルールでは十分に考慮されていないリターンを生むような「顧客ベースの無形資産（customer-based intangibles）」を生み出す可能性がある。こうした無形資産は顧客の所在する場所に存在すると考えられている。共著者でもある Schön (2019) の「デジタル投資」に基づく課税はこのアプローチに基づいている。ただし，このアプローチはデジタルに限定されるものでは

ない。新製品や新サービスは，特許，商標，著作権によって市場国で法的に保護されてこそ企業に利益をもたらす。その意味で米国の「マーケティング無形資産」提案もこのアプローチの一種と位置付けられる。

　一方，「仕向地としての市場国」は，市場国での販売という事実だけで，市場国に課税権を割り当てるアプローチである。現行の法人税では採用されていないが，付加価値税で採用されている。仕向地国としての市場国に課税権を割り当てる根拠として，「価値創造」は供給側と需要側の両方が必要なので，需要側である市場国の課税権を指摘するものがある。しかし，著者らはそもそも課税権を「価値創造」に基づいて配分することに否定的であり，この根拠は重視していない。著者らは，個人顧客は相対的に動かない（immobile）という点に仕向地課税の主な利点を見出している。仕向地の不動性は，経済効率性，租税回避に対する堅牢性，インセンティブ適合性（制度に参加するインセンティブの有無）という評価基準からみて大きな利点があるという[3]。

　Devereux et al.（2021）は，現行の「原産地」課税のパラダイムに，租税回避や利益移転といった現代の国際課税の抱える問題の根本を見ている。そのため，相対的に動かない顧客が存在する場所である「仕向地」に課税権を移すことが必要と考えている。そこで，法人税の抜本的な仕向地課税への移行を意味する「仕向地ベースキャッシュフロー税（Destination-Based Cash-Flow Taxation：DBCFT）」を最もラディカルな案として提案しつつ，移行コストが低く現行の移転価格税制とも親和的な「所得による残余利益配分（Residual Profit Allocation by Income：RPAI）」も現行制度とDBCFTとの中間的なものとして提案している。RPAIは，まず，ある多国籍企業グループについて，各国での売上から各関連会社に発生した配分可能な費用（ルーティン利益含む）を差し引いて各国の「残余総所得（Residual Gross Income：RGI）」を算出する。次に，各RGIの合計からグループ全体の一般管理費や研究開発費などの配分不可能な費用（ルーティン利益含む）を差し引いてグループ全体の残余利益を算出する。そして，この残余利益を国ごとのRGIのシェアに基づいて各国に配分する[4]。仮にその国では単に売上があっただけの場合でもその国に利益が配分されるため，RPAIもまた仕向地課税に向かう提案であるといえる。

第1章　経済のデジタル化と「市場国」への課税権配分を巡る論理の変遷

　「市場国」での課税の根拠を顧客の場所の「不動性」に注目する見方は，決して唐突なものではない。米国の州法人税で採用されている州間定式配分の配分キーが「売上」要素に収斂していったことはよく知られており，現実には制度を支える重要な要素である。また，先述のとおり，Schön（2019）も物理的な存在なしにネクサスを確立する上で「利益」原則に代わって「効率性」原則の有効性に言及していた。しかし，「不動性」が国際課税における「市場国」への課税権配分の根拠となりうるかは，慎重な議論が必要である。また，仕向地課税ということになれば，付加価値税との関係で法人税とは何かが問われることとなる。

　「原産地としての市場国」にも一定の説明能力があるように思われる。諸富（2020b）は米国の「マーケティング無形資産」提案の意義について，「法人利益への国際的な課税権の配分について，無形資産とその投資という観点から首尾一貫した説明理論を提供しえた点にある」とし，マーケティング無形資産の存在を根拠に消費者の居住地国側に課税権を配分するロジックの画期性を評価している（諸富　2020b, p. 96）。諸富（2020b）は，デジタル化経済においても法人税は投資に対するリターンへの課税であるべきというSchön（2018）の議論に依拠しているが，Schön（2018, 2019）の「デジタル投資」というコンセプトには言及していない。そこには狭義の「デジタル」化を越えて，「無形資産」化という経済の大きな変化に対する洞察があるように思われる。

　Haskel and Westlake（2017）は，現代社会経済の特徴を有形資産に代わって無形資産が経済の中心になっている点に見出し「資本の無い資本主義（Capitalism Without Capital）」としてその特徴を分析した。諸富（2020a）もまたそうした傾向を重視し，「資本主義の非物質主義的転回」として捉えている。米国では無形資産投資が順調に伸びてきたのに対し，有形資産投資の方は1980年代には減少に転じ，1990年代後半には無形資産投資が有形資産投資を上回り，2000年代以降はその差が拡大の一途をたどっている（Haskel and Westlake 2017, pp. 24-26（山形訳, pp. 34-36）; 諸富　2020a, pp. 67-69）。そして，こうした変化は米国に遅れながらもEU諸国でも生じている。

　無形資産中心の時代には，「価値創造」が行われている場所を厳密に特定す

67

ることは困難である。それはプラットフォーム企業のような典型的なデジタル・ビジネス・モデルに限った話ではない。そうした無形資産がもたらす多国籍企業の莫大なレントについて，少なくとも市場国の側では適切に課税できてこなかった。そうした要請に答えるのがデジタル企業に限定されない第1の柱の利益Aであり，むしろデジタル／非デジタルの枠を外したことで，時代にあった役割を果たせる可能性がある。市場国への課税権配分の根拠には，法人税の本質に対する理解から「原産地としての市場国」とみる見方と，要素の不動性と経済的効率性に重きを置いた「仕向地としての市場国」とみる見方がありうる。どちらの見方が優勢になっていくかで，今後の国際課税の進路は少なからず影響を受けると思われる。

6. 結　　論

「Tax Challenges Arising from Digitalisation」という名称からもわかるように，BEPS2.0は当初は「デジタル化」に焦点を当てていた。そして，BEPS1.0から継承した「価値創造」概念を駆使して，市場国への新たな課税権の配分を構想していた。しかし，米国デジタル企業を狙い撃ちにするような動きに反対してきた米国との交渉の中で，次第に「デジタル」要素は消えていき，最終的には「価値創造」概念も言及されなくなっていった。

この過程は確かに国際政治の帰結であって，「デジタル課税」を主張してきた国々は妥協を強いられたとみることもできる。しかし，国際合意に至った第1の柱の形には，問題の本質がシンプルに表れているとみることもできる。デジタル課税の問題とは，米国多国籍業（当時はプラットフォーマーが目立っていた）が無形資産を活用して得ている莫大なレント（超過利潤）に対して，市場国がアクセスできていないという問題だったと言える。

実際，デジタルを区別する試みは「ブループリント」で複雑さの頂点に達し，米財務省の「包括的範囲」提案で一掃されることとなった。それでも国際合意に至ったのは，米国提案が確かに米国の巨大多国籍業（デジタル／非デジタル関係なく）の莫大なレントの一部を市場国に配分するという内容だったからで

はないだろうか。サンタマンが言うように,「レント（超過利潤）や,あるいは『Super profit』といった金額が大きなものになる」ところに問題が生じたのであって,それがデジタルか非デジタルかは,政治的には重要であったとしてもあくまで二の次であった可能性はある。とりわけ無形資産が中心となった経済では,執行上の困難も含め,デジタル／非デジタルの線引きが意味を失うのは自然なことであった。

　第1の柱は米国の動向にかかっており,現状では実現はかなり困難といえる。しかしながら,利益Aは極めて限定的ではあるが,市場国への課税権配分に踏み込んだのであり,その背景にあった問題自体がなくなるわけではない。第1の柱の成否にかかわらず,安定的で合意可能な課税権配分の論理の基盤を築いていくことが必要である。その際,市場国に課税権を配分すべきなのは,市場国には既存の税制ではとらえきれない無形資産があるからなのか,それとも市場国には相対的に不動な要素が存在するからなのか,さらなる議論の蓄積が必要である。

[付記] 本研究は,科研費基盤研究（C）（一般）「米国ミッション志向型『大きな政府』の租税政策：サプライサイド減税政策の『粘着性』」（課題番号：24K15502）の成果の一部である。

注
(1) ただし,収益基準は7年目のレビューを経て100億ユーロに引き下げられることが予定されている。
(2) MDSH（マーケティング・販売利益セーフハーバー）と呼ばれる,その国・地域の通常の税制度で課税されるとみなされる超過利潤を算定して,利益Aの配分を減額する要素の計算について,2022年7月協議文書と2023年10月の多国間条約の間で変更があった（EY税理士法人 2023）。
(3) Devereux et al.（2021）は,企業の利益に対する課税を評価する上で,① 経済効率性（economic efficiency）,② 公平性（fairness）,③ 回避に対する堅牢性（robustness to avoidance）,④ 管理の容易性（ease of administration）,⑤ インセンティブ適合性（incentive compatibility）の5つを設定している。
(4) これは「トップダウン・アプローチ」呼ばれる方法であるが,先に配分不可能な費用

（ルーティン利益含む）を国ごとの RGI のシェアに基づいて各国に配分し，それを各国の RGI から控除しても同じ結果が得られる（「ボトムアップ・アプローチ」）。

参考文献

赤松晃（2001）『国際租税原則と日本の国際租税法——国際的事業活動と独立企業原則を中心に』税務研究会出版局.

Apeldoorn, Laurens van（2019）"Exploitation, International Taxation, and Global Justice," *Review of Social Economy*, 77(2): 163-183.

Avi-Yonah, Reuven S.（2020）"A Positive Dialectic: Beps and The United States," *AJIL Unbound*, 114: 255-259.

Backer, Johannes and Joachim Englisch（2019）"Taxing Where Value Is Created: What's 'User Involvement' Got to Do with It?" *INTERTAX*, 47(2): 161-171.

Barake, Mona and Elvin Le Pouhaër（2023）*Tax Revenue from Pillar One Amount A: Country-by-Country Estimates*, halshs-04039288.

Brewer, Ken and Albert Liguori（2021）"Re-Endangered Species: The U.S.-Based Multinational," *Tax Notes Federal*, 172: 55-60.

Cui, Wei（2019）"The Digital Services Tax: A Conceptual Defense," *Tax Law Review*, 73(1): 69-111.

Gale, William G. and Claire Haldeman（2021）"Taxing Business: The TCJA and What Comes Next," *Tax Notes International*, 102(3): 1759-1792.

Devereux, Michael P., Alan J. Auerbach, Michael Keen, Paul Oosterhuis, Wolfgang Schön, and John Vella（2021）*Taxing Profit in a Global Economy: A Report of the Oxford International Tax Group*, Oxford University Press.

EY 税理士法人（2023）「OECD，第 1 の柱 Amount A を実施するための多数国間条約を公表」12 月 6 日.
https://www.ey.com/ja_jp/ey-japan-tax-library/tax-alerts/2023/tax-alerts-12-06

藤原健太郎（2020）「課税権配分の法的分析——仕向地課税と「価値創造」(1)」『国家学会雑誌』133（11・12）: 773-826.

藤原健太郎（2021a）「課税権配分の法的分析——仕向地課税と「価値創造」(2)」『国家学会雑誌』134（3・4）: 197-247.

藤原健太郎（2021b）「課税権配分の法的分析——仕向地課税と「価値創造」(3)」『国家学会雑誌』134（5・6）: 461-501.

藤原健太郎（2021c）「課税権配分の法的分析——仕向地課税と「価値創造」(4・完)」『国家学会雑誌』134（7・8）: 581-624.

Haskel, Jonathan and Stian Westlake（2017）*Capitalism Without Capital: The Rise of the*

Intangible Economy, Princeton Univ Press（山形浩生訳『無形資産が経済を支配する——資本のない資本主義の正体』東洋経済新報社，2020年）.

Hofmann, Patricia and Nadine Riedel（2019），"Comment on J. Becker & J. Englisch, 'Taxing Where Value Is Created: What's "User Involvement" Got to Do with It?'," *INTERTAX*, 47(2): 172-175.

Johnston, Stephanie Soong（2021）"U.S. Offers Key to Unlock Scope Issue in Global Tax Reform Talks," *Tax Notes International*, 102(7): 147149.

國枝繁樹（2023）「国際的なデジタル課税の理論的基礎」『租税研究』（885）: 130-154.

Lammers, Jeroen（2019）"The OECD Concept of User Participation and a More Pragmatic Way to Tax Rent Seeking," *Tax Notes International*, 96(7): 611-622.

諸富徹（2020a）『資本主義の新しい形』岩波書店.

諸富徹（2020b）『グローバル・タックス——国境を超える課税権力』岩波新書.

OECD（2015），*Explanatory Statement, OECD/G20 Base Erosion and Profit Shifting Project*, OECD.

OECD（2018）*Tax Challenges Arising from Digitalisation -Interim Report 2018: Inclusive Framework on BEPS, OECD/G20 Base Erosion and Profit Shifting Project*, OECD Publishing.

OECD（2019a）*Base Erosion and Profit Shifting Project, Public Consultation Document, Addressing the Tax Challenges of the Digitalisation of the Economy*, 13 February-1 March.

OECD（2019b）*Public consultation document, Secretariat Proposal for a "Unified Approach" under Pillar One*, 9 October 2019-12 November 2019.

OECD（2020a）*Tax Challenges Arising from Digitalisation-Report on Pillar One Blueprint: Inclusive Framework on BEPS, OECD/G20 Base Erosion and Profit Shifting Project*, OECD Publishing, Paris.

OECD（2020b）*Tax Challenges Arising from Digitalisation-Report on Pillar Two Blueprint: Inclusive Framework on BEPS, OECD/G20 Base Erosion and Profit Shifting Project*, OECD Publishing, Paris.

OECD（2020c）*Tax Challenges Arising from Digitalisation-Economic Impact Assessment: Inclusive Framework on BEPS, OECD/G20 Base Erosion and Profit Shifting Project*, OECD Publishing, Paris.

OECD（2021）*OECD/G20 Base Erosion and Profit Shifting Project, Statement on a Two-Pillar Solution to Address the Tax Challenges Arising from the Digitalisation of the Economy*, 8 October.

OECD（2023）*The Multilateral Convention to Implement Amount A of Pillar One, Two-*

Pillar Solution to Adress the Tax Challenges Arising from the Digitalization of the Economy.

https://www.oecd.org/tax/beps/multilateral-convention-to-implement-amount-a-of-pillar-one.pdf

Olbert, Marcel and Christoph Spengel (2017) "International Taxation in the Digital Economy: Challenge Accepted?" *World Tax Journal*, 9(1): 3-46.

Robillard, Robert (2021a), "Pillar 1 and Pillar 2 Blueprints: Historical Context," *Tax Notes International*, 102(2): 195-200.

Robillard, Robert (2021b) "Could Taxing Rights Based on Activities Become the New Norm?" *Tax Notes International*, 102(3): 341-345.

パスカル・サンタマン, グレース・ペレス゠ナバロ (2022)「巻頭特集 OECD 現局長・次期局長 W インタビュー 炭素緩和, 税務行政デジタル化加速へ国際課税 激動の 10 年間と今後の展望」『T&A master: Tax & accounting』(953): 4-10.

佐藤良 (2022)「経済のデジタル化に伴う国際課税ルール見直しの動向——デジタル課税とグローバル・ミニマム課税の新たな枠組み」『レファレンス』72(2): 83-107.

Schön, Wolfgang (2018) "Ten Questions about Why and How to Tax the Digitalized Economy," *Bulletin for International Taxation*, 72: 278-292.

Schön, Wolfgang (2019) "One Answer to Why and How to Tax the Digitalized Economy," Working Paper of the Max Planck Institute for Tax Law and Public Finance No. 2019-10 (June 25).

篠田剛 (2023)「アメリカの税制改革と国際課税——経済のデジタル化・無形資産化と多国籍企業の利益への課税」河音琢郎・豊福裕二・野口義直・平野健編『21 世紀のアメリカ資本主義——グローバル蓄積構造の変容』大月書店: 183-196.

篠田剛 (2022)「経済のデジタル化と課税をめぐる国際協調と米国の税制改革」日本租税理論学会編『租税理論研究叢書 32 災害・デジタル化・格差是正と税制のあり方』財経詳報社: 152-169.

Sullivan, Martin A. (2020) "Economic Analysis: OECD Pillar 1 'Amount A' Shakes Up Worldwide Profit", *Tax Notes International*, 97(8): 848-855.

Sullivan, Martin A. (2021) "Economic Analysis: Which Companies Could Be Caught in the Pillar 1 Net?" *Tax Notes International*, 104(4): 386-390.

U.S. Department of the Treasury (2018) "Secretary Mnuchin Statement On OECD's Digital Economy Taxation Report," March 16.

https://home.treasury.gov/news/press-releases/sm0316

U.S. Department of the Treasury (2021), *The Made in America Tax Plan*, April.

VanderWolk, Jefferson (2023) "The OECD's Two-Pillar Tax Plan: It's Time to Face

第 1 章　経済のデジタル化と「市場国」への課税権配分を巡る論理の変遷

Reality," *Tax Notes International*, 109(13): 1779-1778.

渡辺徹也（2020）「デジタルサービス税の理論的根拠と課題――Location-Specific Rent に
　　関する考察を中心に」『フィナンシャル・レビュー』143: 219-235.

吉村政穂（2020）「国際課税における新たな協調枠組みの分析――税のグローバルガバナ
　　ンスをめぐる議論」『フィナンシャル・レビュー』14: 66-75.

第2章
利益Aに係るデジタル課税の意義と課題
——移転価格税制の経験を踏まえて——

江波戸順史

1. デジタル課税が抱える課題

　OECD が主導して先進国や発展途上国の違いなく，新たな課税システム構築のために世界が動いている。利益 A に係るデジタル課税（以下「デジタル課税[1]」）に関しては，2019 年 2 月米英印による提案の中でその方法論が明らかにされている。同年 10 月には OECD 事務局提案として統合アプローチ（Unified Approach）が公表され，2020 年 10 月に公表されたブループリントではデジタル課税の概形が明らかにされている。そして 2021 年 10 月デジタル課税に関して世界は最終合意に漕ぎ着けたのである。

　合意された仕組みをみると，その特徴は残余利益分割法と定式配賦方式が組み合わせられたことである。残余利益分割法は移転価格税制に既存するが，同一の構造であれば独立企業原則に準拠する方法であるのは間違いない。ただ他方で，独立企業原則の対極にある方法論であり，OECD が頑なに拒んできた定式配賦方式が部分的にでも組み込まれているのは独立企業原則の域を越える（go beyond the arm's length principle）方法の模索が理由なのか。これらの点をみる限り，デジタル課税では独立企業原則の準拠が求められるのか，それとも定式配賦方式に依拠するのかは不明確な部分がある。

　デジタル課税に関する今回の合意は残余利益分割法と定式配賦方式の組み合わせが世界的に受諾されたことを意味する。しかしながら，これは「方法」に関する合意であって，デジタル課税の「結果」である課税ベースの配分に関して合意されたわけではない。合意されたのは，合算利益からルーティン利益を

差し引き算出される残余利益の一部が売上高を配賦要素とする方式により市場国に配分される方法である。課税ベース配分という結果については今後の課題であり，これは国家間の紛争を引き起こす原因になり得る。

　デジタル課税が抱えるこれらの課題は移転価格税制ではすでに経験済みである。残余利益分割法は独立企業原則に基礎をおく価格ベース法では処理が困難な無形資産を評価する方法として誕生している。また，定式配賦方式に関しては，独立企業原則が企業グループの統合された活動に対応できない状況において，それに代わる方法論としてしばしば議論の場にあがってきた。そして，課税ベース配分に関する国家間の紛争についても，移転価格税制では相互協議や仲裁のような協議に関する経験の蓄積がある。

　本稿では，移転価格税制の経験を踏まえて，利益Ａに係るデジタル課税の意義と今後の課題について考察する。まず，デジタル課税の実現に向けた世界的な動きを概観する。次に，デジタル課税の基礎にある残余利益分割法について独立企業原則との関係から検討する。また，定式配賦方式に関しては，OECDによる批判を検討した上で，売上高を配賦要素とする意義と効果について考察する。そして，デジタル課税の今後の課題となり得る国家間の紛争とその解決策を検討する。

2.　デジタル課税の実現に向けて

2.1.　世界協調とデジタル課税の実現

　OECDによる旗振りのもとデジタル課税の実現に向けて各国は表向きでは足並みをそろえている。2013年にBEPSプロジェクトが発足して以来，G20はOECDの取り組みに協力し，さらに先進国だけでなく発展途上国や新興国を含む130超の国がその取り組みに賛同している。しかしながら，本音を探ると各国は自国優先的な選択を好むはずである。デジタル課税の実現性が不透明な状況にあるなか，イギリスやフランスなどは，下記のような独自のデジタル関連の課税を自国優先的に試みている[2]。

　イギリスでは，2015年に迂回利益税（Diverted Profit Tax），いわゆるGoogle

税が導入されている。その仕組みによれば，イギリス国内の経済活動によって創出されながらも，イギリスによる課税を回避していると認められる企業利益を対象に課税される。迂回利益税は法人税とは別の租税と位置づけられ，2023年時点の税率は31%である。

　フランスでは，2003年に音楽・映像コンテンツの売買や貸借などに対する個別消費税が導入されていたが，2013年にその課税対象が国外企業によるオンライン上のビデオ・オンデマンド・サービス（Netflix など）にまで拡張されている。さらに，2016年には広告収入を得て無償で提供される音楽・映像コンテンツの提供サービス（YouTube など）までも個別消費税の課税対象に含められている。

　デジタルサービス税を導入している国もある。[3]イギリスの仕組みをみると，ソーシャルメディアサービス，検索エンジン，オンラインマーケットプレイスをユーザーに提供する企業に課税される。[4]また，デジタルサービス税を強化する国もあり，インドでは国内に拠点がない海外企業の電子商取引にまでデジタルサービス税の範囲を広げ，インドネシアでは国内でデジタルサービスを提供する海外企業に対して課税を強化している。[5]これらも自国優先的な選択と言えよう。

　このような動向を肯定的にみれば，市場国である各国は，デジタル課税の実現が見通せないなかで，課税権を守るために自国優先的なデジタル関連税を試みていると言えよう。従来のように PE を根拠にできれば，それに基づく世界的なシステムのもと各国は課税できたはずであるが，それが機能しない状況において自国優先的な選択は必然なのかもしれない。

　本来的には課税は，国家の主権である課税権と関わる国内に限定された問題である。これまで各国は自国優先的な選択をして，税率を引き下げたり，優遇措置を講じたり，他国よりも優位な立ち位置を築くことに努めてきた。しかしながら，発展途上国や新興国が単独でデジタル課税の問題に対峙できないのは明らかである。そのため，自国を守るためには OECD が進める世界協調に参加しなければならない。ただ，このように考えると，この参加は世界のためではなく自国優先的な選択であることは以前と変わらない。

第2章　利益Aに係るデジタル課税の意義と課題

　先進国でもこの本音は同じであろう。先述のように，デジタル課税の実現を待つことができず，独自のデジタル関連税を導入する国が散見される。確かに先進国の場合，国際的な潮流として世界協調に参加しているとみることもできるが，本音では参加することで国際的な枠組みのもと自国でもデジタル課税が可能になると画策しているのかもしれない。表向きでは世界協調が進められても，やはり各国は自国優先的な選択を求めるであろう。

　しかしながら，各国が第一に自国優先的な選択をする事情は理解できるが，理論的に考えれば，自国優先的な選択よりも世界協調の方が望ましい。非協調の選択が均衡解となる囚人のジレンマ・ゲームの結論を参照すると，各国における自国優先的なデジタル関連税は間違っていない。ただ，X国もY国も非協調よりも協調を選んだ方が利得は高く，この場合パレート改善が期待できるのにそれが行われない。このジレンマが潜在する状況において，無限に続く繰り返しゲームでは協調の可能性が示唆される[6]。長期的な利得は不確定なものであり，協調を続けた場合の方が非協調を選ぶよりも利得が大きければ協調が選ばれる[7]。不確実性が漂うデジタル課税については，無限回の繰り返しゲームの解が適合すると考えられ，世界協調があってこそその実現が叶うはずである。

　現実的にもデジタル課税を実現するには世界協調は不可欠であろう。OECDの試算によれば，デジタル課税が実現すると年間125億ドル超の利益に対する税収があがるが[8]，その基礎には各国が協調する世界が必要なはずである。その一方，世界協調がない状況でOECDのデジタル課税と各国のデジタル関連税が併存することになれば，二重課税どころか多重課税が生じる可能性も否定できないであろう。この場合，企業の租税負担も過重になると懸念され，それが新たな問題になる可能性は十分にある。そのため，デジタル課税は自国優先ではなく世界協調のもと実現しなければならない。

2.2.　デジタル課税の素案

　OECDが2019年に公表したパブリック・コンサルテーション・ドキュメントの中では，市場国における課税を可能にするための，イギリス，アメリカ，インドによる提案が示されている。特に注目すべき提案の一つは課税ベース配

分法である。

　イギリスが提案するのは残余利益分割法である。その仕組みをみると，独立企業原則に基づくルーティン利益を差し引いた後の残余利益が市場国に配分される（OECD 2019b, para.24）。したがって，この場合，ユーザー参加による価値創造は残余利益に反映されるとみなすのである。そしてユーザー参加の貢献度に基づき残余利益が市場国に配分されるが，その貢献度を事前に各国合意の割合として決定することが提案されている[9]。しかしながら，ユーザー参加の貢献度を適正に評価できるかは疑問の残るところである。

　アメリカもまた，残余利益分割法のもとマーケティング無形資産の創造地とみなされる市場国に残余利益（マーケティング無形資産に帰属する利益）を配分する2つの方法を提案している。第1の方法は，現行の残余利益分割法のもと，マーケティング無形資産の利益創出に対する貢献に基づき残余利益を市場国に配分するものである（OECD 2019b, para.45）。第2の方法は，修正残余利益分割法（revised residual profit split）である（OECD 2019b, para.47）。

　ただ，アメリカ提案に関しては，無形資産をマーケティングと非マーケティングに明確に区分できるのか疑問が残る。また，マーケティング無形資産に帰属する残余利益を正確に算定できるのかについても不安がある。これらの課題を取り除くためには，事前に決定された所与の定率のもと，マーケティング無形資産に帰属する利益部分をみなしで捕捉する方法が考えられる。最終合意における残余利益25％の市場国への配分という提言は，まさに予想される課題に向けた対応策となり得るであろう。

　インドは定式配賦方式を提案しているが，これは大変に興味深い。定式配賦方式は独立企業原則の対極にあるため，OECDはこれまでその方式を拒み続けてきた。それがインド提案を尊重したためだとしても，定式配賦方式がOECD公表の課税ベース配分法の選択肢に加えられたのは画期的である。推察するに，経済のデジタル化が進展するなか，独立企業原則が機能しないケースに対処すべく現実的な選択が迫られたのではないだろうか。また，インド提案では，給与や資産を含めずに，売上高のみを配賦要素とする方式があげられている。これは近年アメリカの州政府でみられる形である。

2019年にはOECD事務局提案として統合アプローチ（Unified Approach）が公表されている。統合アプローチの仕組みをみると，残余利益分割法をベースに定式配賦方式のもと市場国に利益を配分する設計となっている（OECD 2019c, para.52）。上記の英米印の提案からみれば，統合アプローチはイギリスとアメリカが提案する残余利益分割法とインドが提案する定式配賦方式を組み合わせた方法であると理解できよう。統合アプローチにより市場国へ利益を配分する手続きは下記のようになる（OECD 2019c, para.53-55及び58-60）。全体的には残余利益分割法を基礎として，ある一定の利益率や売上高を用いて定式的に利益を配分する点において定式配賦方式の概念が組み込まれている。

ステップ1：企業グループ連結財務諸表から連結ベース利益（Z％）の算定
ステップ2：ルーティン利益（X％）と残余利益（Y％）の算定
　　　　　　なお，残余利益はZ％からX％を差し引き算出
ステップ3：残余利益を市場国に帰属する（W％）とその他（V％）に区分
ステップ4：W％に相当する残余利益を市場国間で売上高に応じて配分

統合アプローチで注目すべきは，連結ベースの利益率からルーティン利益率を差し引き求められる残余利益[10]（Y％）を超過利潤と認識する点である（OECD 2019c, para.55）。すなわち，これは残余利益が通常の有形ビジネスでは稼得できないが，ブランドや商標など無形資産による視認できないビジネスから得られることを意味する。また，統合アプローチによる場合，ルーティン利益も残余利益もみなしであり，かつ定率とする点が特徴である（OECD 2019c, para.57-59）。

この形で統合アプローチが提案された背景には，ネットを介したビジネスモデルではPEが必要なく，そのためユーザーが所在しようとも市場国では課税できないという現行の仕組みの欠陥がある。それを取り除くために，PEに関係なくデジタル企業の価値創造に貢献するユーザー参加を根拠に，市場国の課税が可能になる連結ベースの仕組みが求められ，残余利益分割法と定式配賦方式を組み合わせた形で設計されたと推察できよう。この仕組みによれば，PEを必要としないビジネスモデルから生じる利益も市場国への配分が可能になる。

2.3. 世界が合意したデジタル課税の形

2021年10月，デジタル課税は最終合意に漕ぎ着け，その仕組みは統合アプローチを反映する形になっている。企業グループの連結財務諸表から計算される連結ベースの利益からルーティン利益を差し引き，売上高に基づく定式のもと算出される残余利益の一部が市場国に配分される。その手続きは下記の通りであり，市場国Aへの利益配分を考える。

ステップ1：連結ベースの利益－（売上高×利益率10%）＝残余利益

ステップ2：市場国に配分される利益＝ステップ1の残余利益×25%

ステップ3：$\dfrac{\text{市場国Aの売上高}}{\text{企業グループ全体の売上高}}×\text{市場国に配分される利益}$

図2-1が示すように，この仕組みの前半では残余利益分割法，後半では定式配賦方式が活用されている。残余利益分割法のもと算出された残余利益の25%が，定式配賦方式のもと売上高を配賦要素として市場国に配分される。この形であれば，PEが存在しない状況においても市場国での課税が可能になるはずである。

この仕組みをみる限り，デジタル課税のベースに残余利益分割法があるのは明らかであるが，その方法は移転価格税制に既存する。移転価格税制におけるRPS法（Residual Profit Shifting Method）[11]の手続きは図2-2に示される通りであり，これは図2-1の前半と同じである。ただ，市場利益（ルーティン利益）を算定する際に，RPS法では独立企業の利益分割基準が参照されるため，OECDが示唆するように独立企業原則に基礎がおかれる[12]。それに対して，デジタル課税の残余利益分割法は市場の結果を参照することなく，また，みなしの利益率を利用する点から独立企業原則に基づくと認めるのは難しいであろう。

さらに，デジタル課税には独立企業原則の対極にある定式配賦方式が組み込まれている。移転価格税制では，特殊性の高い無形資産の評価において独立企業原則が機能しない状況において，代替的な方法として定式配賦方式がしばしば提案された。しかしながら，後述するように，OECDはそれを頑なに拒み続けてきたのである。それがデジタル課税では定式配賦方式が部分的でも組み込

図 2-1　残余利益分割法と定式配賦方式

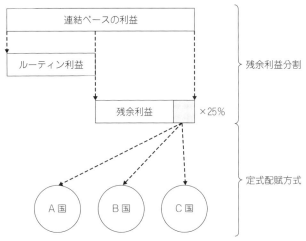

出所：筆者作成。

図 2-2　移転価格税制の RPS 法

出所：OECD（2017, para.2.127）より作成。

まれている。定式配賦方式を否定し続けた OECD の歴史を振り返ればこれはとても興味深いことである。

3. 独立企業原則の限界と残余利益分割法

3.1. 独立企業原則とその限界

デジタル課税においては独立企業原則との関係が問題視されるが，移転価格

税制においても独立企業原則がその基礎にあり，その限界がすでに認識されている。これまで独立企業原則のもと世界協調が進められてきたが，もしそれが機能しなければ，新たな形で世界的な問題に各国が協調して取り組む必要があり，今まさにデジタル課税はその状況にある。

　移転価格税制との関係からみた独立企業原則については，OECD モデル租税条約第 9 条に明記されている。[13] 各国の移転価格税制は独立企業原則に基づき設計されている。後述する独立企業原則に基礎をおく基本三法はいずれの国にも存在し，基本ベースでは主要国の移転価格税制に差異はない。これを実現する背景には，独立企業原則をベンチマークとする世界協調がある。独立企業原則に基づき立場の異なる各国が移転価格税制を設計することで，移転価格に関わる各国共通の問題に対峙する世界的な枠組みが構築されている。もし仮に独立企業原則が機能しなければ世界協調は崩れ，その結果は自国優先的な選択であり，二重課税や多重課税が生じるであろう。

　他方，デジタル課税が基本的に厳守すべきは，OECD モデル租税条約第 9 条の独立企業原則ではなく，国際連盟の 1933 年報告書に明記された独立企業原則である。OECD 租税条約 9 条は関連企業間と独立企業間の取引のパリティを求めるが，1933 年報告書では PE を独立企業として扱うことが要求される。[14] そのため，1933 年報告書の独立企業原則に基づけば，PE を根拠にその所在する国において課税が可能になる。これまでは PE を拠点とする取引が中心であったこともあり，この原則に基づく課税が世界的に認められてきた。この場合も 1933 年報告書の独立企業原則をベンチマークに世界協調が進められたことで，国境の壁を越えて PE を根拠とする各国共通の課税が可能であったのである。

　しかしながら，1933 年報告書の独立企業原則を厳守すると，PE を必要としないデジタル企業には「PE なければ課税なし」[15] が適用されるため，独立企業原則に基づき課税することは困難である。デジタル課税における独立企業原則の限界はこの点にある。移転価格税制では，独立企業原則が無形資産の評価に対応できないことがその限界として認識され，独立企業原則を厳守する基本三法に代わる第四の方法が模索された経緯がある。デジタル課税でも同様に，独立企業原則の域を越える方法が模索され，独立企業原則の限界を乗り越えよう

と世界が奮闘している。

　先述のように，世界が合意したデジタル課税の形は残余利益分割法と定式配賦方式の組み合わせであるが，これらの方法の共通点は合算利益への課税である。デジタル課税では企業グループ全体の利益を合算して課税されるので，独立企業原則に基づく場合のように個々の独立企業の利益を捕捉する必要はない。これによって，ネット上でも売上などの活動実績さえあれば，市場国に PE があるか否かに関係なく課税が可能になる。さらには，残余利益分割法と定式配賦方式を組み合わせることで，デジタル企業のみが得る通常では得られない超過利潤が市場国に配分できる。最終的に各国はこの形を受容したが，デジタル課税の世界協調がこのまま進めば，独立企業原則の限界は打破されると期待できよう。

3.2. 独立企業原則の範囲の拡大

　デジタル課税では独立企業原則が限界にあるためにその域を越える方法の模索が進められてきたが，移転価格税制ではそれに近似する経験がすでに済んでいる。ただ，移転価格税制の場合，独立企業原則の域を越えるのではなく，その範囲を拡大して問題に対処している。

　移転価格税制では，関連企業間と独立企業間の取引のパリティを求める OECD モデル租税条約第9条の独立企業原則のもと，価格に基づく方法（以下「価格ベース法」）が中心にある。中里（1993）では「関連企業との間で取引を行っている企業も，独立企業との間で取引を行っている企業も，ほぼ同じ価格で取引し，同じ水準の利益をあげるべきであるとの価値判断が存在する」と指摘している（中里　1993, p.82）。すなわち，価格ベース法による場合，同一の価格のもと関連企業間の取引もまた独立企業間の取引と同様に処理される。

　ただ，特殊性の高い無形資産の評価には価格ベース法では対応が困難であり，独立企業原則の範囲を拡大させた経験がある。本来，独立企業原則によれば，基本三法と呼ばれる価格ベース法に基づき移転価格の問題が処理される。なお，基本三法とは次の3つの方法の総称である。① 独立価格比準法では独立企業間で取引された同種の資産や役務の価格，② 再販売価格基準法では再販売価

格から独立企業間の取引における独立販売マージンを控除して算定された価格，③ 原価基準法では製造等の原価に独立企業間の取引における独立製造マークアップを加算して算定される価格が基準となる。

しかしながら，移転価格の問題の中心が有形資産から無形資産に移り変わったことで，価格ベース法が機能不全を起こすなか，アメリカでは 1988 年に公表された移転価格に関する白書（以下「88 年白書」）において，利益概念を取り入れた方法（以下「利益ベース法」）が提唱されている。経済学の観点からみれば，88 年白書の提案は市場メカニズムを重視し，また関連企業間と独立企業間の取引のパリティを求めることから，独立企業原則の範囲から外れているとは言えない。88 年白書による利益ベース法の提案は独立企業原則の範囲を拡大させたと認められよう。これが意味するのは，無形資産の評価における独立企業原則の諦めではなく，むしろ独立企業原則を尊重したその新たな範囲の設定である。

その後，アメリカでは 1993 年に新規則案の中で PS 法（Profit Split Method）が初めて提言され，その一つの方法としてデジタル課税にも組み込まれている残余利益分割法が登場する。残余利益分割法のもと，市場利益を各関連企業に配分した後の残余利益が，無形資産に対する貢献度を基準として各関連企業に配分される。もちろんこの当時の問題が無形資産の評価であったため，それに対する解決案として提言されたものであるが，その基本はデジタル課税の残余利益分割法と違いはない。

PS 法はその仕組みから独立企業原則に基づくか否か，疑問視される場合がある。PS 法は合算利益をある一定の基準により関連企業間で配分するため，独立企業原則よりも定式配賦方式に近い方法とする見解がある。しかしながら，PS 法は基本三法に代わる第四の方法として OECD が認める点，及び利益配分基準が独立企業原則に基づく点を勘案すれば，定式配賦方式ではなく独立企業原則の範囲内にある方法として認識されよう。つまり，PS 法は価格ベース法を基礎とする独立企業原則の本来の範囲には入らないが，利益ベース法が含まれる拡大した範囲には収まることになる。

OECD が公表した移転価格ガイドラインのもと各国の移転価格税制は世界

的な調和が図られているが，その中では PS 法に関しても明記されている。移転価格ガイドラインでは PS 法の具体的な形態として，貢献度分析法，残余利益分割法，その他の PS 法があげられているが，デジタル課税では残余利益分割法が選ばれている。それぞれの仕組みをみるとその理由が推察される。

① 貢献度分析法

　貢献度分析法では，比較可能な取引における独立企業による合理的な利益分割に基づき，調査対象の関連者間取引から生じた合算利益が当該関連企業の間で分割される（OECD 2017, para.2.125-2.126）。ただ，それが不可能な場合には，使用した資産や推測されるリスクを考慮して，各関連企業が果たした機能（貢献）の相対的価値に基づく利益分割が認められる。なお，貢献の相対的価値が直接的に評価できる場合には，各関連企業の貢献度の市場価値を推計する必要はない。

② 残余利益分割法

　残余利益分割法では，利益分割のために 2 段階の手続きを踏む必要がある（OECD 2017, para.2.127）。まず第 1 段階として，独立企業であれば得たであろう利益に基づくアームズレングス利益（arm's length remuneration）が通常の貢献に基づき分割される。そのため，この段階では特殊性の高い資産に係る利益の分割は想定されていない。なお，通常の貢献とは，類似の事業活動に従事する独立企業が行う同一又は類似の種類の貢献である。第 2 段階では，独立企業の利益分割及びそれに関わる事実や状況を分析して，第 1 段階の分割後の残余利益が分割される。

③ その他の PS 法

　その他には，比較可能な取引に基づく PS 法や使用資本分割法もある。比較可能な取引に基づく PS 法によれば，類似した比較可能な取引における利益分割の状況に基づき合算利益が分割される（OECD 2017, para.2.139）。他方，使用資本分割法では，関連者間取引に投じた資本に対する収益率に応じて合算利益が分割される（OECD 2017, para.2.151）。なお，この基礎には，資本とリスクとの間には相関関係があり，競争市場であればそのリスクに応じて利益が分割されるという考えがある。

以上のように，PS 法には複数の形態があるが，デジタル課税において残余利益分割法が選択されたのは必然であろう。デジタル課税では企業グループが得る超過利潤の市場国への配分が求められるが，残余利益分割法以外の PS 法ではそれは難しい。貢献分析法などによれば，通常の利益を含む合算利益が対象となるので配分する必要のない利益まで市場国に配分されてしまう。市場国に配分されるべき超過利潤は，無形資産に係る利益と同様に，仕組み上は通常の利益ではなく残余利益に含まれるのだから，それを市場国に配分するためには残余利益分割法による以外に選択肢はない。

3.3. 独立企業原則の域を越える方法

しかしながら，デジタル課税では移転価格税制と同じ形で残余利益分割法を適用するのは困難であり，市場国への利益配分のためにはその域を超える必要があるかもしれない。確かに全体的にみれば，PS 法そのものは合算利益を分割する点による限り定式配賦方式に近い方法である。しかしながら，残余利益分割法による利益分割は独立企業原則に基づかなければならない。これが厳守される限り，デジタル課税において残余利益分割法は失敗する可能性が高い。

その原因は「独立企業間の合意において期待され反映されるであろう利益分割に近似させるような経済的に合理的な基準」（OECD 2017, para.2.114）に従い合算利益が分割される点にある。移転価格税制では，無形資産であろうとも実在する独立企業間の取引が前提となっている。他方，デジタル課税では PE が存在しない状況下における課税を想定している。そのため，PE を独立企業とみなす独立企業原則は機能せず，移転価格税制と同じ基準で残余利益分割法を活用することは難しい。

先述の通り，世界が合意したデジタル課税の形では，残余利益の算定までは残余利益分割法に基づくが，市場国に残余利益を配分するそれ以降の手続きでは定式配賦方式が用いられる。この仕組みであるからこそ，デジタル課税では残余利益分割法が期待される効果を発揮すると言えよう。すなわち，定式配賦方式が組み込まれたことで，懸案の利益分割基準の問題が解決でき，独立企業原則に依拠することなく市場国に残余利益が配分される。

具体的には，デジタル課税では，売上高を配賦要素とする定式に基づき市場
国に利益が配分される。これは個々の独立企業の売上高を参照するわけではな
く，対象となる企業グループの各市場国における売上高に基づくので，1933年
報告書の独立企業原則がその基礎にあるわけではない。また，残余利益の算定
過程において，市場の結果によらず事前に決定された利益率に基づくのも独立
企業原則の要求には合致しない。そのため，デジタル課税における残余利益分
割法は1933年報告書の独立企業原則に準拠するとは言えず，なおその利益分
割基準が定式配賦方式による点からは，OECD租税条約9条の独立企業原則の
範囲の拡大として認めるのも無理があろう。これらの点からデジタル課税の基
礎にある残余利益分割法はむしろ定式配賦方式に近く，独立企業原則の域を超
える方法として認める方が正しいはずである。

4. 売上高を配賦要素とする定式配賦方式

4.1. 定式配賦方式に対する OECD 批判とその検討

デジタル課税の後半部分には定式配賦方式が組み込まれているが，移転価格
税制の検討においては，OECDは移転価格ガイドラインにおいて定式配賦方式
の国際的な利用を批判している。[19] この時点では定式配賦方式は独立企業原則に
代わる手法とは認められてなかったのである。デジタル課税ではOECDは定
式配賦方式を受容する方向に転換しているが，デジタル課税においてもこれら
の批判は該当するのか。

OECDによる主な批判には，①二重課税の可能性がある。関係するすべて
の国が定式配賦方式の国際的な適用に合意しなければ，独立企業原則との二重
基準のもと課税が行われ，その結果は二重課税であると批判している（OECD
1995, para.3.64, 3.65）。②定式の恣意性である。事前に決定された定式は恣意的
であり，市場の状況，企業特有の状況などを無視することから，その取引に係
る特定の事実と関係のない利益が各国に配分される可能性がある（OECD 1995,
para.3.67）。そして，③為替変動への対応である。独立企業原則は企業の特定の
事実や状況を斟酌するため為替変動に対応が可能であるが，定式配賦方式には

それが期待できない（OECD 1995, para.3.68）。

　OECD による批判をデジタル課税との関係から考察すると，①の二重課税の可能性に関しては，その根拠が定式配賦方式に関する世界的な合意の難しさにあるが，しかしながら，デジタル課税に関しては，先述の通り，2020 年 10 月に最終合意が達成されている。この合意には G20 の枠組みだけでなく 130 を超える国が個別に賛同しているため，これを世界的な合意と認めても問題はないであろう。つまり，デジタル課税では世界的な合意が達成されているので，合意の難しさを理由とする二重課税は回避できるであろう。

　次に，②の定式の恣意性に関しては，Avi-Yonah（2009）によれば，画一的に事前決定される定式のもとでは，産業や企業の状況等の相違が課税ベース配分に反映されない点が問題であるが，この批判は完全には間違いとは言えない部分もある。その一方で，独立企業原則には恣意性がないのかと問われれば存在しないと明言するのも難しいと Avi-Yonah（2009）では指摘されている（Avi-Yonah 2009, p.516）。そのため，定式の恣意性に関しては全くないとは言えないが，独立企業原則と比べる限り相対的には問題視する必要はなく，また最終合意の内容からは恣意性よりも簡便性の方が重要な位置にあるように読み取れる。

　そして，③の為替変動への対応であるが，通貨が異なる国家間での執行を考えれば，デジタル課税ではこれが現実的に最も重要な問題かもしれない。為替変動が市場国への課税ベース配分に影響するのは明らかである。OECD が指摘するように，通貨が弱い国よりも強い国に課税ベースが多く配分されるであろう。デジタル課税ではドル換算が基準となるはずであり，配賦要素である売上高をドル換算すると通貨の弱い国では売上高が相対的に小さくなり，アメリカでは売上高が大きくなる。そのため，市場国の通貨がドルに比べ弱ければ，期待されるほどの課税ベースが配分されない可能性は高くなろう。

　OECD による批判に照らしてみると，デジタル課税では世界的な合意が形成される状況にあるため定式配賦方式を導入する枠組みは整備できていると言えよう。ただ，定式の恣意性や為替変動への対応に関しては OECD の批判は否定できない。この他に注視すべきは，売上高の計算に影響する会計基準の国際的な統一が未完成なことであろう。このように，確かに OECD の批判の中に

はデジタル課税においても無視できないものもある。しかしながら，OECDが部分的でも定式配賦方式を受け入れ，また世界各国の合意を得て，OECDの旗振りのもとデジタル課税が実現に向かっているのは新たな展開として評価できよう。

4.2. 定式配賦方式の仕組みと組み合わせの提案

定式配賦方式を実際にその基礎とするのが，アメリカ州政府のユニタリータックスである。ユニタリータックスによれば，複数の州間で事業を展開する企業グループを単一の事業体と仮定して，定式配賦方式に基づきこの事業体の合算利益が各州に配分される。そのうち最も有名なのが，次のような，給与，資産，売上高を配賦要素としたマサチューセッツ方式である。

$$全州の合算利益 \times \frac{各州の給与}{全州給与} \times \frac{各州の資産}{全州資産} \times \frac{各州の売上高}{全州売上高} \times \frac{1}{3}$$

ただ最近では，ユニタリータックスにおける配賦要素も売上高を中心とする傾向がみられ，この現場の経験や知識を活かすとすれば，デジタル課税において売上高を配賦要素とするのは正しい方向なのかもしれない。

1990年代にユニタリータックスを世界的に適用することが検討されたことがある。この時にはユニタリータックスの世界的な適用を支持する見解が一部にはあったが，結局のところ，OECDによる批判もあって世界各国がそれを容認することはなかった。しかしながら，デジタル課税においては状況が異なる。130を超える国が定式配賦方式の国際的な利用に合意している。また，その形式も可動性が低い売上高のみを配賦要素としたり，また残余利益の一部を配分の対象としたり，当時の世界的ユニタリータックスよりも各国が容認する可能性を高める工夫が各所にみられる。

ところで，デジタル課税では残余利益分割法と定式配賦方式の組み合わせが斬新な実現性の高い形として評価されるが，ただこれは特段に新しい発想ではない。移転価格税制では，独立企業原則に代わる方法として定式配賦方式がこれまでにも議論の場に幾度もあがってきたが，そのなかで残余利益分割法と定

式配賦方式の組み合わせはすでに提言されている。

Langbein（1992）では，定式配賦方式を用いて残余利益を国家間で分割する方法が提案されている（Langbein 1992, pp. 720-721）。第 1 段階として，配分可能な費用（allocable costs）に合理的なマージンを加えて事業用の有形資産（tangible business assets）に関連するルーティン利益が算定される。第 2 段階として，第 1 段階の利益を超える残余利益が定式配賦方式により各国に配分される。なお，この場合の基準は利益配分国（デジタル課税であれば市場国）における資本比率（KR）と売上高比率（SR）である。[21]この手続きをみる限り，形だけはデジタル課税のそれに近いと評価できる。ただ内容を詳しくみると，第 1 段階では原価基準法と類似の方法が用いられ，また外部取引（企業グループ外の再販売）による売上高比率に基づくことから，Langbein が提案する方法は定式配賦方式よりも独立企業原則に軸足をおく点には注意が必要である。

Avi-Yonah（2009）でも残余利益分割法に定式配賦方式を組み合わせた方法が提言されている。その仕組みによれば，まず残余利益分割法に基づきルーティン利益が算定され，それを超える利益，すなわち残余利益が定式配賦方式のもと配分される（Avi-Yonah 2009, p. 508）。しかしながら，現行の方法とは異なる特徴的な点がある。それは残余利益の分割が事前に決定されたマークアップを用いて算定された売上高に基づく点である。Avi-Yonah（2009）ではマークアップが 7.5％と推計されるので，売上高はそれに相当する営業利益を企業活動コストに加えて算定される（Avi-Yonah 2009, pp. 540-541）。なお，この場合の売上高は後述する仕向地主義に基づく（Avi-Yonah 2009, p. 509）。この仕組みをみる限り，Avi-Yonah が提案する方法は，実際の取引によらず事前に決定された売上高に基づくため，独立企業原則よりも定式配賦方式に近いと言えよう。

Devereux et al.（2019）では，ルーティン利益の算定には移転価格税制の既存の方法が利用され，新たな概念である RGI（Residual Gross Income）に基づき残余利益が配分される方法論が提案されている。Devereux et al.（2019）では，既存の方法を利用して活動コストに独立企業のマークアップを加算しルーティン利益が求められる（Devereux et al. 2019, pp. 6-7）。そして，残余利益の配分は RGI に基づくが，第三者への売上からそれに係る配分可能な費用を差し引き，

さらにこの費用と関連するルーティン利益を引いて RGI が計算される（Devereux et al. 2019, p. 9）。なお，残余利益は RGI から配分不可能（non-allocable）な費用[22]とこの費用に関連するルーティン利益を差し引き算定される。このように，ルーティン利益の算定には移転価格税制の既存の方法，RGI 及び残余利益の算定には第三者への再販売に基づく点から，Devereux et al. の方法は独立企業原則の範囲内にあると言えよう。

　以上のように，移転価格税制でも残余利益分割法と定式配賦方式の組み合わせは有効性の高い方法論として検討されてきた。そのうち Avi-Yonah の提案は独立企業原則の域を越えるという要求に応えられると考えれば，世界が求めるのは，残余利益分割法と定式配賦方式を組み合わせた売上高を配賦要素とする方法である。

4.3. 売上高を配賦要素とする意義と効果

　デジタル課税において売上高のみを配賦要素とするのは，市場国への課税ベース配分を可能にするための仕掛けであると言えよう。配賦要素としての売上高には，事業活動に基づく売上高と仕向地主義に基づく売上高がある。1930 年代から 1950 年代にかけて，NTA（National Tax Association）が配賦要素のあるべき形を検討している段階では，事業活動に基づく売上高が支持されていた[23]。事業活動に基づく売上高を配賦要素とすると，納税者の事業活動により所得の源泉地が決定され，活動規模に基づき課税ベースが配分される。デジタル企業について考えると，その事業活動がネット上で行われるために源泉地の特定は難しいので，事業活動に基づく売上高を配賦要素として課税ベースを配分するのは困難であろう。

　それに対して，UDITPA（Uniform Division of Income for Tax Purposes Act）が支持する仕向地主義に基づく売上高によれば，この困難を払拭できると期待される。伊藤（2015）では，仕向地主義に基づく売上高を配賦要素とすれば，「消費者が存在する『市場』そのものに焦点を当てた場合には，納税者の営業活動との関係性は問われることなく市場を有する州に所得を配賦することが理論的に可能となる」と指摘している（伊藤 2015, p. 77）。これは州レベルの検討であ

91

るが，市場国に課税ベースを配分する根拠を考える上でも有用な見解である。文中の「市場を有する州」を「市場を有する国（市場国）」に読み替えれば，仕向地主義に基づく売上高のもと，市場国への課税ベース配分が可能であることを示唆する。

　1990年代には代替的な方法として定式配賦方式が検討されるなかで，給与，資産，売上高が伝統的な配賦要素としての位置を維持する一方で，給与と資産を含めずに，売上高のみを配賦要素とする利点が検討されている。

　Avi-Yonah（1993）は，給与と資産が配賦要素に含まれると労働と投資にその影響が生じることから，売上高のみを配賦要素にする合理性を主張している（Avi-Yonah 1993, p. 1513）。つまり，もし仮に給与を配賦要素とすると，企業は低税率国で労働集約的な生産活動を行い，資産を配賦要素にすれば低税率国への投資を増加させる可能性があるが，売上高のみを配賦要素にすればその機会はなくなる。

　また，Coffill and Willson（1993）は，給与と資産の比重が操作される可能性を指摘している（Coffill and Willson 1993, p. 1111）。労働集約国では配賦要素全体における給与の比重が高められ，資本集約国では資産の比重が高められる可能性があるが，売上高のみを配賦要素にすることでこの問題も払拭され得る。

　さらにAvi-Yonah（2009）では，売上高のみを配賦要素にする直接的な利点も指摘されている（Avi-Yonah 2009, p. 509）。第1に，消費者の可動性は低いため，労働や投資に比べて国家間の税制の違いに対して（仕向地主義の）売上高は敏感ではない。第2に，ある国が残余利益の配分のために売上高のみを配賦要素として用いれば，給与や資産を配賦要素に含めないその国に労働や投資が移動するのを防ぐため，他国は売上高のみを配賦要素とする選択に迫られる。第3に，企業は高税率国でも売上高を上げようとする。そのため，売上高のみを配賦要素とすれば，高税率国から租税が逃げることがない。

　実際の状況をみれば，アメリカ州政府のユニタリータックスでは，当初は給与，資産，売上高を配賦要素とするのが多数派であったが，最近では売上高のみを配賦要素として選択する州が増加している[24]。その理由を探ると，関口（2022）では，売上高のみを配賦要素にすれば，労働や投資を州内に呼び込むこ

とが可能になると指摘している（関口 2022, p. 11）。売上高は仕向地である州に課税ベースを配分するためにあるので，売上高のみが配賦要素である場合，Avi-Yonah が指摘する通り，給与や資産を配賦要素として選択する州から労働や投資が流入すると期待できよう。

また，これも Avi-Yonah の見解に合致するが，給与や資産を配賦要素に含めると，高税率州における労働や投資の抑圧が実際に問題視されたのも売上高のみを配賦要素として選択する理由である（関口 2022, p. 11）。さらに，州法人税が労働や投資を抑制することもその理由として指摘されている（関口 2022, p. 15）。租税負担の増加により税引き後利益が減れば，給与や福利厚生など労働条件改善の機会が失われ，また事業拡大や新規事業に着手するのが困難になる可能性は高まるであろう。

ただ，これらは理由の小片に過ぎず，最も重要なのは，関口（2022）が指摘する経済のデジタル化に伴う遠隔地販売の増加であろう（関口 2022, p. 11）。元来，州内における課税は物理的実体を基準としていたが，経済のデジタル化の進展から州内課税の基準は物理的実体から経済的実体に移行している。デジタル化が進む経済のもとでは物理的実体は基準として機能せず課税できない。そのため，州政府は経済的実体に基づき売上高のみを配賦要素として選択することで，デジタル化した商品の仕向地（州）において課税する環境を整えたと理解できよう。

5. デジタル課税に潜在する紛争とその解決

5.1. 課税ベース配分をめぐる国家間の紛争

最終合意の形から明らかなように，売上高を配賦要素とするデジタル課税が世界的に受容されているが，これは「方法」としての有用性から得た合意に他ならない。デジタル課税はまだ実現していないのだから，その「結果」が合意されたわけではなく，課税ベース配分に関しては国家間で折り合いがつくかは不確実である。先述のように，各国は自国優先的な選択をするので，他国よりも自国に課税ベースが多く配分されることを望むはずである。そのため，デジ

タル課税の結果としての課税ベース配分は国家間の紛争の原因となりかねない。この問題は関係する国が多ければ多いほど深刻になるが，130を超える国が賛同するデジタル課税では国家間の紛争はその賛同に比例して大きくなるはずである。

　アメリカと市場国の関係をみれば，市場国では売上高に応じて課税ベースが配分されるが，その反対にアメリカの課税ベースは減少する。この結果をアメリカが受諾するかに関しては疑問が残るところである。トランプ政権はデジタル課税に批判的であったが，バイデン政権はデジタル課税の実現に向けて協調的であるとみるのが一般的な見解である。しかしながら，バイデン政権でも対象企業の範囲の拡大が提案されたが，これはアメリカの自国優先的な選択と認められよう。アメリカも自国に有利な結果を望むことは他の国々と何も変わりはない。したがって，自国優先的な選択のもとアメリカに想定以上に多くの課税ベースが残れば，市場国への課税ベース配分は不十分とみなされ，デジタル課税の意義を欠損するのと同時に，市場国の不満からアメリカとの間で紛争が生じる可能性があろう。

　市場国同士でも課税ベース配分に関する紛争が生じるかもしれない。特に，先進国と発展途上国との間ではその可能性があり得よう。先進国は会計や税務スキルの熟練度が高いが，発展途上国のそれは未熟であることが広く知られている。また，デジタル課税を処理する専門スタッフも十分には存在しないなかで，複雑なデジタル課税の問題に対峙するのは容易なことではない。そのため，この状況を勘案すれば，結果を独自に確認するのは困難であるために，配分された課税ベース配分について発展途上国が不満を爆発させるかもしれない。もしこのような事態になれば，市場国である先進国と発展途上国の紛争はもちろん，アメリカを巻き込んだ多国間の紛争が生じるかもしれない。

　デジタル課税の結果である課税ベース配分に関しては国家間で紛争が生じる可能性は否定できないであろう。移転価格税制の経験では，独立企業原則のもとそれに基づく方法の世界協調が広がっても，結果である課税ベース配分に関しては国家間で紛争が生じている。デジタル課税でも同じく，OECDによる旗振りのもと今の大勢が維持されれば，その方法に関する世界協調は進められよ

う。しかしながら，結果である課税ベース配分に関しては，各国が自国優先的な選択を強く求めれば，国家間の紛争は避けられないかもしれない。

5.2. 多国間協議と国家間の紛争

OECDの動きをみると，2022年10月に公表された「第1の柱の利益Aに係る管理と税の安定性に関する進捗報告」（以下「進捗報告」）の中で税の安定性メカニズムが検討されている。これはデジタル課税に関わる紛争を回避するための試みであり，税の安全性は次の3つの審査により担保される（OECD 2022, pp. 53-54）。

その内容をみると，① 範囲安定性審査（Scope Certainty Review）では，デジタル課税の適用範囲外の企業グループに対して利益Aの範囲外であることが保証される。② 事前安定性審査（Advance Certainty Review）では，利益Aに特有で，かつ関連性のある新規則の対象となる企業グループ内の方法論の安定が図られる。そして，③ 包括的安定性審査（Comprehensive Certainty Review）では，標準化された共通の文書パッケージに基づき，適用範囲の企業グループに対して終了した期間の新規則の適用について多国間の安定性が提供される。

ただ，これらはデジタル課税の「適用」における安定性を求めたものであって，結果である課税ベース配分に関わるものではない。進捗報告では利益Aに関連する問題についても検討が加えられているが，その解決手段として相互協議があげられている（OECD 2022, pp. 156-157）。確かに，移転価格やPE利益の帰属に関する紛争がその対象であるように読み取れるが，デジタル課税の結果に関しても相互協議による紛争の解決は現実的であると言えよう。

相互協議は租税条約に反する課税などに関して国家間で協議する場である。この点からも，デジタル課税の結果に関わる相互協議の役割は期待できよう。移転価格税制においても相互協議は課税ベース配分において重要な役割を果たしている。その仕組みを参照すれば図2-3に示す通りである。日米間において協議をする場合，まず国内協議が実施され，その後に日米企業も交えて国税庁とIRSとの間で相互協議が行われる。このように，関係する国同士が協議する場を提供する相互協議は紛争解決の手がかりになると期待できる。

図 2-3　二国間の相互協議

出所：国税庁資料より作成。

　デジタル課税に関しては，複数の国が関与すると想定される。そのため，協議の形態を考えれば，移転価格税制では中心にあった二国間の協議よりも，デジタル課税においては多国間の協議の方が望ましいかもしれない。ただ，デジタル課税に関する多国間の協議について進捗報告には詳細な説明はないが，その協議においても相互協議が基本となるはずである。

　多国間の協議のあり方を考えるには，OECD が 2023 年に公表した多国間の相互協議及び APA の処理に関するマニュアル（以下「マニュアル」）が役立つ。この対象となるのは，二国間の協議だけでは解決が難しい 1 つ以上の第三国との協議が求められる多国間の問題である（OECD 2023, para.2.1.20）。また，マニュアルの基礎には OECD モデル租税条約第 25 条があり，1 組の相互協議だけでは対処できない場合には他国との別枠の相互協議が認められる。したがって，多国間の協議は，租税条約の締結を前提に，二国間の協議だけでは解決できない第三国との協議が必要な問題に対して実施されることになる。

　BEPS 行動計画 14（紛争解決メカニズムの効率化）にも，OECD モデル租税条約第 25 条の 1 項から 3 項が，租税条約の解釈や適用に関する相違又は困難に関して各国による合意に基づきその解決を可能にするメカニズムを規定すると記されているが，それは明らかに相互協議である。マニュアルでは，BEPS 行動計画 14 ミニマムスタンダードの厳守が求められ，また，BEPS 行動計画 14 でも「相互協議に関する租税条約上の義務の誠実かつ全面的な実施及び相互協議事案の適時解決を確保すべきである」と要求されている（OECD 2015, I. A-1）。これらは紛争が多国間にわたろうとも同様である。

第 2 章　利益 A に係るデジタル課税の意義と課題

図 2-4　多国間アプローチ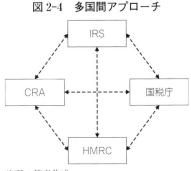

図 2-5　二国間アプローチ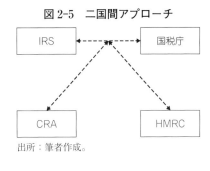

　ところで，マニュアルによれば，多国間の相互協議（以下「多国間協議」）の形態には，多国間アプローチ（multilateral approach）と二国間アプローチ（bilateral approach）がある（OECD 2023, para.3.2.2, 67）。多国間アプローチでは，関係する国すべてが同時にテーブルにつき多国間で協議が行われる。図 2-4 に示すように，例えば，アメリカ（IRS），カナダ（CRA），イギリス（HMRC），日本（国税庁）が協議するケースでは，その 4 カ国すべてが協議に加わる。一方，二国間アプローチでは，まず二国間で 1 組の相互協議が実施され，その結果が他国との複数の相互協議で共有される。図 2-5 の通り，例えば，アメリカは日本との相互協議を通じて合意した内容をイギリスとカナダとの間でも合意する。

　図をみる限り，多国間協議の困難性は容易に想像できる。図 2-4 の多国間アプローチでは，協議の関係を示す矢印から明らかなように，協議が紛糾する可能性は十分にあり得よう。マニュアルでも複数の国が協議に加わるため合意が難しくなる可能性が指摘されている（OECD 2023, para3.2.2, 68）。他方，図 2-5 をみると，二国間アプローチは矢印の複雑な動きもなく簡単な方法にみえるが，二段階の手続きを踏み，また複数の相互協議が行われるため全体での合意形成が難しくなる可能性は否めない。その他，マニュアルでは，情報共有や時間と労力の問題などが指摘されている（OECD 2023, para.3.2.2, 68）。このように，多国間協議には困難が伴うのは明らかであり，国家間の課税ベース配分に関しても，各国が自国優先的な選択をすれば合意は容易には達成されないであろう。

5.3. 仲裁による国家間の紛争解決

　多国間協議では合意は容易には達成されないと予想され，加えて相互協議には合意の義務は課されていない。そのため，自国優先的な選択のもと各国が他国よりも多大な課税ベース配分を求め，多国間協議が紛糾した場合には合意は期待できない。これでは多国間協議の必要性が疑われるが，その点はマニュアルでも確認済みのようである。マニュアルには相互協議が合意に至らなかった場合の措置が明記されている。それが仲裁である。仲裁は，相互協議で合意されなかった事案について独立的な立場から協議を調整して，多国間の合意を形成するために相互協議を補完する手続きであり，進捗報告にも簡単な記述がある。[26]

　仲裁は，マニュアルや進捗報告で登場した新しい概念ではなく，2008年にはOECDモデル租税条約の第25条5項に規定され，2016年に公表されたBEPS防止措置実施条約の第18条から第26条にも仲裁に関する規定がある。また，日米租税条約では2019年の改正で仲裁に関する規定が加えられている。これらの内容をみると，仲裁は相互協議の延長線上にある手続きであり，また合意が義務とされている。この点から，国対国の相互協議の難しさがあるなか，仲裁には合意に向けた補完的な役割が期待されている。

　仲裁によれば，第三者機関としての仲裁委員会が介して協議が調整され，最終的に合意が形成されるが，この手続きには独立意見方式（independent opinion）と最終提案方式（last best offer）がある（OECD 2007, pp. 17-18）。独立意見方式では，当該国の事実や法に関する情報に基づき仲裁委員会が合意案を提示する。つまり，独立意見方式による場合には，仲裁委員会が先導して協議をまとめ合意が形成される。OECDモデル租税条約では独立意見方式が原則であるが（OECD 2007, p. 18），仲裁が相互協議の補完的な手続きとして位置づけられるなら最終提案方式の方が適正かもしれない。最終提案方式によれば，関係する国が提示する合意案から一つが仲裁委員会によって選ばれる。BEPS防止措置実施条約では最終提案方式が原則となっている（BEPS防止措置実施条約第23条）。

　また，仲裁の形については，相互協議の代替的ではなく補完的な手続きである点を踏まえると，任意的仲裁よりも義務的仲裁が望ましく今はその形になっ

ている。仲裁が初めて導入された 1989 年の米独租税条約において任意的仲裁が採用されたこともあり，当初こそ世界的にその形が普及している。しかしながら，今日では，OECD モデル租税条約でも BEPS 防止措置実施条約でも，相互協議において 2 年以内に合意が達成されなかった場合には，仲裁に付託することになっている。つまり，任意的ではなく義務的であり，仲裁は相互協議の補完的な手続きとして機能する。

　移転価格税制の経験による限り，二国間の相互協議であれば合意の可能性は十分にあるが，多国間協議では複数の国が関わるため合意に至るのはかなり困難であると言わざるを得ない。これはデジタル課税においても同様であろう。その場合，多国間協議の形態が多国間アプローチでも二国間アプローチでも合意が難しいのは同じである。移転価格税制では相互協議において合意に至らない場合，仲裁を利用することで合意の可能性が高められるが，デジタル課税に関わる国家間の紛争においても仲裁は有効であろう。

　図 2-6 に示すように，多国間アプローチのもと仲裁が行われると，国対国の協議に仲裁委員会が介入することで，自国優先的な選択が前面に表れる状況を打開できるかもしれない。先の例によれば，4 カ国の相互協議に仲裁委員会が介入すると，矢印が示すようにそれが緩衝材となり，対立的な協議が協調的に反転すると期待されよう。二国間アプローチでも仲裁は有効なはずである。図 2-7 の通り，この場合も仲裁は緩衝材として役立つはずである。先の例で考えると，二国間の協議であれば合意の可能性は高いため，特に日米間の場合には相互協議が合意に至る期待は高まろう。そのため，この場合，仲裁は合意の内容に関して他の 2 カ国との協議をまとめるために有効に機能するであろう。

　理論的に考えても，仲裁（特に二国間アプローチ）は合意を形成する手続きとして有効であると認められる。囚人のジレンマ・ゲームの結論を再び参照すると，X 国も Y 国も非協調ではなく協調を選べば利得が高まるのは明らかであり，相互協議が無限に続くのであれば協調が期待できるはずである。ただ，OECD モデル租税条約では 2 年という期間が設けられているので有限となる。そのため，相互協議においては期限の限られたゲームのように非協調となる可能性が高い[27]。他方，仲裁には期限は設けられていない。また，合意が義務であ

99

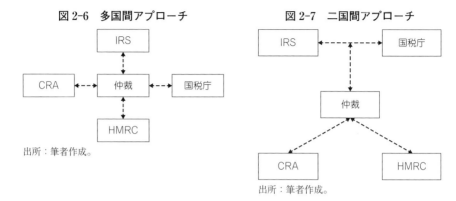

図2-6 多国間アプローチ　　図2-7 二国間アプローチ

出所：筆者作成。

りその内容には拘束力があるため強制性をもって，無限の繰り返しゲームの解，すなわち協調がもたらされると期待できよう。

　以上から，仲裁が，もしデジタル課税に関わる国家間の紛争にも適用されることになれば，その解決策として有効であるのは明らかであろう。

6. デジタル課税に関する所見

　移転価格税制における経験からデジタル課税の意義は明らかになる。移転価格税制においても独立企業原則が限界にあるなかで，残余利益分割法は有用視されてきた。デジタル課税ではルーティン利益には含まれない超過利潤を捕捉する必要があるが，残余利益分割法であればそれが可能である。残余利益として超過利潤が確認できれば，ある基準のもとそれは市場国に配分される。ただこの場合，デジタル課税ではPEが存在しない状況を前提とするため，移転価格税制と同じように，独立企業による利益分割に近似する経済的に合理的な基準によるのは困難である。

　定式配賦方式が組み込まれた意義はこの問題から見出せる。定式配賦方式による場合，独立企業の捕捉は必要ないのでPEが存在しない状況でもその利用は可能である。また，事前に決定された配賦要素に基づくため市場国にPEがなくても問題はない。この利点からデジタル課税に定式配賦方式を組み込むことで，PEが存在しない独立企業原則が限界にあるなかでも市場国への課税ベ

第2章　利益Aに係るデジタル課税の意義と課題

ース配分を可能にする。また，仕向地主義に基づく売上高を配賦要素とすれば，ユーザーが所在する市場国が仕向地とみなされ，ユーザーの消費から生じる売上高に応じて市場国に課税ベースが配分できる。

　移転価格税制の経験を踏まえると，残余利益分割法と定式配賦方式が組み合わされたデジタル課税について，世界が最終合意したのも納得できる。しかしながら，市場国へ課税ベースを配分する方法としてはこの形のデジタル課税は有用であろうが，その結果である課税ベース配分について各国が合意するかは確かではない。もし合意が形成されなければ，国家間の紛争は免れないであろう。この場合，移転価格税制であれば相互協議による解決を試みる。ただ，デジタル課税についてはその協議は多国間となるため合意は容易には見込めないと予想される。

　移転価格税制では相互協議が紛糾した場合には仲裁が利用される。デジタル課税では，多国間協議が中心になると推察されるので，仲裁が果たす役割は大きいはずである。その手続きをみると，多国間アプローチでは多数の国が協議に同時に参加するため仲裁が十分に機能するかは不確実であるが，二国間アプローチは複数の相互協議の連続なので仲裁が介入する余地が大きく合意の可能性は高まるはずである。

　デジタル課税が実現するかは世界が協調するか否か次第である。移転価格税制に関してみれば，各国に税制の違いがあるなか，その仕組みが国際的に広く受容されるのはOECDモデル租税条約第9条の独立企業原則のもと世界が協調するからである。しかしながら，デジタル課税では，PEがない状況が前提になるため1933年報告書の独立企業原則が機能せず，それに基づく世界協調は望めない。そこで，デジタル課税には残余利益分割法をベースに定式配賦方式が組み込まれ，独立企業原則の域を越える方法のもと世界協調が進められている。今後，世界協調のもとデジタル課税が実現すれば，アメリカに偏在する課税ベースが市場国に配分されると期待できよう。

注
⑴　基本的なマーケティング及び販売活動に関連する利益Bに関しては，独立企業原則に

基づく既存のルールのもと対処が可能であるため，新たな課税システムに注目する本稿
では考察の対象外とする。

(2) 英仏のデジタル関連税に関しては，佐藤（2018, pp. 8-10）をもとに最新の情報を反
映。

(3) デジタルサービス税の導入国には，フランス，イタリア，オーストラリア，イギリス，
スペイン，チェコ，トルコなどがある。

(4) イギリスのデジタルサービス税については，溝口（2020, p. 22）を参照。

(5) 日本経済新聞，2020 年 5 月 12 日（朝刊），p. 5。この強化の理由としてコロナ禍にお
ける財政悪化が指摘されている。

(6) 無限に続く繰り返しゲームについては，大澤（2010）を参照。

(7) 囚人のジレンマ・ゲームが無限に繰り返され，X 国と Y 国の間で t 回まで協調 c を選
択し，t 回目に X 国が非協調 d を選べば t + 1 回目から Y 国も非協調を選ぶと仮定する。
なお，X 国と Y 国が協調を選択した場合の利得は（S, S）であり，X 国が非協調で Y 国
が協調を選択する場合の利得が（B, W），X 国と Y 国が非協調を選んだ場合の利得は
（T, T）とする（B ＞ S ＞ T ＞ W）。また，将来的な利得はその不確定さから割り引い
て考えるため，その割引率（割引因子）を p（0 ＜ p ＜ 1）とする。

  ① X 国が協調を選び続ける場合

  $E_{XC} = S + pS + p^2S + \cdots + p^tS + p^{t+1}S + p^{t+2}S$

  ② X 国が t 回目に非協調を選択，t + 1 回目以降 Y 国も非協調を選択する場合

  $E_{Xd} = S + pS + p^2S + \cdots + p^tB + p^{t+1}T + p^{t+2}T$

  すなわち，$E_{XC} ＞ E_{Xd}$ ならば協調が選択される。

  $E_{XC} - E_{Xd}$ を計算すると，$\dfrac{(S - B) + (Y - T)p}{1 - p} \cdot p^t$

  この場合，$E_{XC} - E_{Xd} ＞ 0$ となるには，$(S - B) + (B - T)p ＞ 0$

  したがって，$p ＞ \dfrac{B - S}{B - T}$ であれば，協調が選択され続ける。

(8) OECD の試算は，OECD（2021, p. 5）Revenue impact を参照。

(9) OECD（2019b）para.24. 残余利益分割法の手続き 2 を参照。

(10) OECD（2019c）では，非ルーティン利益率（non-routine profits）と表記されている。

(11) デジタル課税の残余利益分割法と区別するために，移転価格税制の残余利益分割法を
RPS 法と表記する。

(12) OECD（2017, para.2.114）では，RPS 法の利益分割は独立企業間における利益分割に
近似することが要求されている。

(13) OECD（2017, para.1.6）に記される OECD モデル条約第 9 条を参照。独立企業原則で
は，「…関連する企業間において独立企業間で設けられる条件と異なる条件が設けられ
ている場合には，その条件のために一方の企業に生じる利益になり，その条件のために

一方の企業の利益とならなかったものに対して…課税される」と規定されている。

⑭　国際連盟の 1933 年報告書については，赤松（2001, p. 92）を参照。

⑮　「PE なければ課税なし」は，国際連盟の 1928 年条約草案で明記されている。赤松（2001, p. 40）を参照。

⑯　Sec 482 White Paper of Intercompany Pricing（White Paper）を参照。

⑰　88 年白書（White Paper, p. 89）には「ミクロ経済学によれば…その産業が競争的で，生産要素が同次的かつセクター間で可動的であれば，長期的には超過利潤はゼロとなると考えられる。経済的利潤がゼロということは課税所得がゼロということではなく，企業の総収入はその企業のすべての生産要素が獲得する市場での利潤の合計に等しい…」と記されている。

⑱　1993 年の新規則案で提言された PS 法に関しては，小幡・清水（1996, pp. 40-42）を参照。なお，PS 法の形態としては，残余利益分割法（Residual Allocation Rule），使用資本配分法（Capital Employed Allocation Rule），比較利益分割法（Comparable Profit Split Rule）が提言されている。

⑲　定式配賦方式に関する研究の最盛期に公表された 1995 年版の移転価格ガイドラインを参照。

⑳　Avi-Yonah et al.（2009, p. 516）。石油などの産業によっては画一的な定式により損失が生じる可能性は否定できない。

㉑　Langbein（1992, p. 721）によれば，残余利益 Pj は次の式で配分される。

$$P_j = \frac{KR + SR}{2} P_t$$

　なお，P_j は国家間で配分される利益，P_t は企業グループ全体の利益，KR は企業グループ全体の資本に占める利益配分国における資本の割合（資本比率），SR は外部取引におけるグループ全体の売上高に占める利益配分国における外部取引の売上高の割合（売上高比率）である。

㉒　この例として，研究開発費，一般管理費，マーケティング費用がある。

㉓　NTA の検討については，伊藤（2015, pp. 65-75）を参照。

㉔　2022 年時点で売上高のみを配賦要素とするのは，アルバマ州，アラスカ州，カリフォルニア州，コロラド州，デラウェア州，ジョージア州，アイダホ州，イリノイ州，インディア州，アイオワ州，ルイジアナ州，メイン州，メリーランド州，ミシガン州，ミネソタ州，ミズリー州，ネブラスカ州，ニューハンプシャー州（2022 年 12 月 31 日以後の課税に適用），ニュージャージ州，ノースカロライナ州，ノースダコタ州（三配賦要素との選択），オレゴン州，ペンシルベニア州，ロードアイランド州，サウスカロライナ州，ユタ州（三配賦要素が適正ではない場合），ウエストヴァージニア州，ウィスコンシン州，コロンビア特別区である。CCH（2022, pp. 232-234）を参照。

㉕　OECD（2022, p. 162）を参照。利益 A に関連する問題とは，対象グループによる金額

Ａの適用に現在または潜在的な影響を及ぼし，かつ，既存の租税条約（OECDモデル又は国連モデルの第5条，第7条，第9条に基づくもの，あるいは移転価格及びPE利益帰属ルールを規定する条項）の規定でカバーされている問題をいう。

(26) OECD（2022, p.157）のｃを参照。相互協議において未解決の問題を処理するために，仲裁委員会又は類似の紛争解決機関を設置する必要がある。

(27) 大澤（2010, pp.462-463）を参照．有限回の繰り返しゲームでは，最終回のｎ回目のゲームにおいて1回限りのゲームと同じ結果になるので非協調となる。また，最終回の結果を予見してｎ−1回目，ｎ−2回目…1回目のゲームにおいても非協調が選ばれる。

参考文献

赤松晃（2001）『国際租税原則と日本の国際租税法——国際的事業活動と独立企業原則を中心に』税務研究会出版局.

Avi-Yonah, R. S. (1993) "Slicing the Shadow: A Proposal for Updating U.S. International Taxation," *Tax Notes* (March 15): 1511-1515.

Avi-Yonah, R. S., Clausing, K. A., and Durst, M. C. (2009) "Allocation Business Profits for Tax Purposes: A Proposal to Adopt a Formulary Profit Split," *Florida Tax Review*, 9(5): 497-553.

CCH (2022) *State Tax Handbook 2023*, New York: Wolters Kluwer.

Coffill, E. J. and Willson Jr., P. (1993) "Federal Formulary Appointment as an Alternative to Arms's Length Pricing: From the Frying Pan to the Fire," *Tax Notes* (May 24), pp.1103-1117.

Devereux, M. P., Auerbach, A. J., Oosterhuis, P., Schoch, W., and Vella, J. (2019) "Residual Profit Allocation by Income," *Oxford University Center for Business Taxation Working Paper* (Murch); 1-99.

藤枝純・遠藤努（2019）「デジタル課税に関する近年の国際的動向——2019年2月13日付けパブリック・コンサルテーション・ドキュメントにおける議論を中心に」『国際税務』39(5): 73-83.

伊藤公哉（2015）『国際租税法における定式所得配賦法の研究——多国籍企業への定式配賦法適用に関する考察』中央経済社.

Langbein, S. I. (1992) "Modified Fractional Apportionment Proposal for Tax Transfer Pricing," *Tax Notes* (February 10): 719-731.

溝口史子（2019）「諸国におけるデジタル課税制度の状況——暫定的措置としてのデジタル・サービス・タックスを概観する」『税務弘報』9月号：18-26.

森信茂樹（2019）『デジタル経済と税——AI時代の富をめぐる攻防』日本経済新聞出版社.

Musgrave, P. B. (1972) "International Tax Base Division and the Multinational

Corporation," *Public Finance*, 27: 394-413.

中里実（1993）「移転価格とリスクの関係に関する Wills の議論」『一橋論叢』110(1): 81-98.

OECD（2007）*Improving the Resolution of Tax Treaty Disputes*（Report adopted by Committee on Fiscal Affairs on 30 January 2007), Paris: OECD.

OECD（1995）*Transfer Pricing Guideline for Multinational Enterprises and Tax Administration*, Paris: OECD.

OECD（2015）*Making Dispute Resolution Mechanisms More Effective, Action14-2015 Final Report*, OECD/G20 Base Erosion and Profit Shifting Project,（Paris: OECD).

OECD（2017）*Transfer Pricing Guideline for Multinational Enterprises and Tax Administration*, Paris: OECD.

OECD（2019a）*Addressing the Tax Challenges of the Digitalisation of the Economy-Policy Note*, Paris: OECD.

OECD（2019b）*Addressing the Tax Challenges of the Digitalisation of the Econom-Public Consultation Document*, Paris: OECD.

OECD（2019c）*Secretariat Proposal for a "Unified Approach" under Pillar One*, Paris: OECD.

OECD（2020）*Tax Challenges Arising from Digitalisation-Report on the Pillar One Blueprint*, Paris: OECD.

OECD（2021）*Addressing the Tax Challenges Arising from the Digitalisation of the Economy*, Paris: OECD.

OECD（2022）*Progress Report on the Administration and Tax Certainty Aspects of Pillar One*, Paris: OECD.

OECD（2023）*Manual on the Handling of Multilateral Mutual Agreement Procedures and Advance Pricing Arrangements*, Paris: OECD.

小畠信史，清水孝（1996）『移転価格の税務と管理』税務経理協会.

大澤淳（2010）「国際政治における協調関係の創発と維持に関するゲーム論を用いた考察 ——小集団における模擬実験と政策分析への応用可能性」『法学研究』83(3): 455-487.

佐藤良（2018）「デジタル経済の課税をめぐる動向」『調査と情報』1010: 1-12.

関口智（2022）「デジタル経済下のアメリカ州法人税と州売上税——なぜ合算課税と売上高を重視する定率配賦率を採用する州が多くなったのか？」『地方財政』11 月：4-19.

Treasury Department（1988）*Sec 482 White Paper of Intercompany Pricing.*

第3章
グローバル・ミニマム課税における
所得合算ルール（IIR）
——税法と会計の関係——

中嶋美樹子

1. IIR と会計

　2021年10月8日，OECD/G20のBEPS包摂的枠組み（Inclusive Framework on BEPS）の会合において，デジタル経済と課税の問題に対処することを目的とした新しい国際課税原則である2つの柱のうち，第2の柱（Pillar Two）であるグローバル・ミニマム課税についての合意が実現した（OECD 2021a）。

　2021年12月20日，BEPS包摂的枠組みは，グローバル・ミニマム課税のモデルルールを公表した。グローバル・ミニマム課税は，所得合算ルール（IIR：Income Inclusion Rule），軽課税所得ルール（UTPR：Undertaxed Profits Rule）により構成されている。

　IIRは子会社等の所在地国の実効税率（ETR：Effective Tax Rate）が15％の最低税率を下回る場合，子会社等の所得を親会社等の所在地国で上乗せして最低税率まで課税（トップアップ課税）するものであり，その計算において会計の数値が用いられるが，税法上の目的において会計の数値を用いることの問題がしばしば取り上げられるようになった。

　わが国においては，令和6年度以降，IIRが「各対象会計年度の国際最低課税額に対する法人税」として国内法化されており，このような問題の顕在化について現実味を帯びるようになってきた。

　そこで，本稿では，とりわけIIRを対象として，グローバル・ミニマム課税において，なぜ会計の数値を用いることになったのかを明らかにし，会計の数値を用いることによって生じうる問題点を整理・検討する。

2. グローバル・ミニマム課税における所得合算ルール

2.1. グローバル・ミニマム課税
2.1.1. グローバル・ミニマム課税の枠組み

グローバル・ミニマム課税は IIR 及び UTPR により構成されており，GloBE ルール（GloBE Rule：Global Anti-Base Erosion Rule）と呼ばれる。

IIR は，「国際的な活動を行う企業グループ（MNE グループ）に属する子会社等の所在する国・地域（所在地国）における ETR が最低税率（15%）を下回る場合に，親会社等の所在地国で，当該親会社等に対して，その税負担が最低税率相当に至るまで課税する仕組み」（財務省 2023, p.746）である。

他方，UTPR は，「MNE グループの親会社等の所在地国における ETR が最低税率を下回る場合に，子会社等の所在地国でその税負担が最低税率相当に至るまで課税する仕組み」（同上）である。多国籍企業が親会社等の所在地国を軽課税国に移転することで IIR の適用を逃れようとしても，UTPR が子会社等の所在地国で親会社等の ETR と最低税率との差額部分を課税するものとして機能するので，UTPR は IIR を補完する役割を果たすものといえる（同上）。

このように，グローバル・ミニマム課税は IIR と UTPR の両規定により，MNE グループ全体で 15% の最低税率での課税を確保し，国内外の子会社等との取引において公平で適切な課税を実現するための仕組みを提供するものとして期待される。

GloBE ルールはコモン・アプローチとして合意されていることから，IF の加盟国・地域は GloBE ルールを国内法化することを強制されない一方，これを採用する場合には，2021 年 12 月に公表された GloBE ルールに関するモデルルールをはじめ，これらに関連するコメンタリーに定められた結果に整合する形でこれを実施・運用しなければならない。

2.1.2. これまでの議論[1]

2015 年 10 月，OECD は，BEPS（Base Erosion and Profit Shifting：税源浸食と

利益移転）問題に係る最終報告書（以下，「BEPS 最終報告書」という。）を公表した（BEPS1.0）。BEPS 最終報告書では，15 に区分された BEPS 問題に対して，それぞれ具体的な処方箋（行動計画 1 ～15）が提示された。

　ところが，行動計画 1 「デジタル経済の課税上の課題への対処」では，デジタル経済が急速に発展する中で，その課税のあり方について，いくつかの方向性が示されたものの，具体的な処方箋は提示されなかった。これらの問題は継続的に審議され，最終報告書の公表が 2020 年を目標として先送りされたのである（OECD 2015, p. 138）（BEPS2.0）。

　2018 年 3 月，OECD は，「デジタル化に伴う課税上の課題」（OECD 2018）と題した上記の問題に関する中間報告を公表した。そこでは，この課題についての論点整理及び各国・地域の見解が整理された。また，2020 年の BEPS 包摂的枠組みの加盟国・地域による合意を目指して，2019 年には，この課題についての最新の情報を公表する予定であることが示された（OECD 2018, p. 166）。

　2019 年 1 月，OECD は，ポリシーノート（OECD 2019a）を公表した。ポリシーノートは，BEPS 最終報告書で残された課題に対処するため，2 つの柱アプローチを採用することが示された。2 つの柱のうち，第 1 の柱は，BEPS 問題の行動計画 1 で残されたデジタル経済に係る広範な課題につき，とりわけデジタル経済から生じる所得に関して，ネクサス問題を含む課税権の配分に焦点を当てるものである。これに対して，第 2 の柱は，企業の利益が非課税又は低税率の国・地域に移転し続けるリスクに対処するため，所得合算ルール（income inclusion rule）及び税源浸食支払課税（tax on base eroding payments）を採用することが示された（OECD 2019a, pp. 1-2）。ポリシーノートは，「初めて 2 つの柱について検討することが包摂的枠組（Inclusive Framework on BEPS）で承認された」（松田 2021, pp. 20-21）点で重要なものとして位置づけられる。

　2020 年 10 月，OECD は，ブループリント（OECD 2020）を公表し，第 2 の柱についての詳細な制度設計を示した。ブループリントでは，ポリシーノートで示された所得合算ルール及び税源浸食支払課税が，それぞれ IIR（Income Inclusion Rule）及び UTPR（Undertaxed Payments Rule）と定義づけられた上で，租税条約特典否認ルール（STTR：Subject to Tax Rule）がこれらの規定を補完す

るものとして用意されることが示された。そこでは，IIR は，連結財務諸表における売上高が7億5,000万ユーロ以上の MNE グループを対象として，子会社等の所在地国・地域での ETR が最低税率を下回る場合，その子会社等の所得を MNE グループの親会社の所在地国・地域で合算して最低税率に達するまで課税すること，この計算の基礎となる数値を会計の数値を基に算出すること，実質的な事業活動から生じる所得をこの計算の対象外とすること，ETR の計算を国・地域ごとに行うことなど具体的な内容が示された（松田 2021, pp. 26-28）。

　2021年10月，BEPS 包摂的枠組みの会合において，第2の柱であるグローバル・ミニマム課税が，これに参加する140の国・地域のうち137カ国・地域の合意により取りまとめられた。同年12月，BEPS 包摂的枠組みは，GloBE ルールに関するモデルルール（以下，「モデルルール」という。）を公表した（OECD 2021b）。モデルルール公表後，2023年2月のモデルルールに関するガイダンス（OECD 2023）（以下，「2023年2月ガイダンス」という。）をはじめとして，モデルルールの実際の運用にあたってのガイダンスやコメンタリーが次々に公表されている[2]。

2.2. IIR の概要

　以下では，モデルルールに沿って，IIR の具体的な中身を概観する。

2.2.1. モデルルールの構成

　モデルルールは，IIR 及び UTPR（Undertaxed Profits Rule）を GloBE ルールと定め，MNE グループに対して，その事業を展開する国・地域において生じる所得に対する ETR が15％の最低税率に満たない場合に，最低税率での課税を行うことを確実なものとするため，以下の10章にわたりその詳細な枠組みを提示している。

　第1章は，GloBE ルールの適用対象を定めている。第2章は，最低税率に至るまでのトップアップ税額（Top-Up Tax）を負担する MNE グループ内の構成事業体及びトップアップ税額の配分方法を定めている。第3章及び第4章は，GloBE ルールにおける ETR の計算方法を定めている。このうち，第3章は，

MNE グループの構成事業体の各事業年度の所得・損失の概念及び計算方法を明確化しており，第4章は，当該所得に対する税額を特定している。第5章は，同じ課税管轄内にあるすべての MNE グループの構成体の所得及び税額を集計し，同課税管轄内の ETR とトップアップ税額を計算する方法を定めている。第6章は，企業買収・売却とジョイントベンチャーに関する GloBE ルールの適用について定めている。第7章は，課税中立性を確保するための制度や分配時課税制度に関して必要なルールを定めている。第8章は，情報申告義務とセーフハーバーについて定めている。第9章は，モデルルールの導入に際して，移行期間中における具体的な処理を定めている。最後に，第10章は，用語の定義を定めている。

2.2.2. トップアップ税額の計算

　ここでは，IIR におけるトップアップ税額の計算方法を取り上げる。トップアップ税額は，第3章に定められた MNE グループの構成事業体の各事業年度の所得・損失（以下，「GloBE 所得・損失」という。）と第4章に定められた税額（以下，「各国・地域の調整後対象税額」という。）をもとに，第5章に定められた各国・地域の ETR を求め，これと最低税率15％との差（以下，「トップアップ税率」という。）の部分に値する。トップアップ税額を算出するに至るまでの計算過程は非常に複雑であり，詳細にまで触れることはできないが，その枠組みについて簡単に説明する。

　まず，MNE グループ内の構成事業体の所在地国・地域における ETR を算出する。ETR は，各国・地域の調整後対象税額を当該国・地域の GloBE 純所得（Net GloBE Income）で除して算出される。各国・地域の調整後対象税額は，各国・地域において租税として課されている税額に，GloBE 純所得から除外される所得に係る税額の控除，繰延税金に係る調整，CFC 税制に係る税額の調整などが加えられたものをいう。他方，GloBE 純所得は，構成事業体の財務会計の純損益（Financial Accounting Net Income or Loss）に様々な調整を加えたものをいう。構成事業体の財務会計の純損益は，最終親事業体（Ultimate Parent Entity）の連結財務諸表に含まれるグループ内項目を相殺する前（before any

consolidation adjustments eliminating intra-group transactions）の純損益の金額をい
うものとされる。GloBE 純所得は，これに会計と税務との取扱いから生じる差
異のうち，永久的に解消されない差異（永久差異等）について加算又は減算を
したものである。

　次に，トップアップ税率（Top-up Tax percentage）を計算する。これは，最低
税率 15% から構成事業体の所在地国の ETR を控除したものである。

　最後に，トップアップ税額を算出する。具体的には，トップアップ税率を構
成事業体の所在地国・地域における超過利益に乗じたものから，追加トップア
ップ税額及び適格国内ミニマム課税（QDMTT：Qualified Domestic Minimum Top-
up Tax）を控除したものとなる。このとき，超過利益とは，GloBE 純所得から
実質ベースの所得除外を控除したものであり，実質ベースの所得除外（以下，
「カーブアウト」という。）は，各所在地国・地域における実質的活動から生じ
る所得をいう。モデルルールでは，人件費や有形資産の帳簿価額の 5% 相当額
が控除されることとなる。カーブアウトを設けることにより，税務上の誘因に
基づき歪みを引き起こしやすい所得に対して GloBE ルールを効果的に適用す
ることができるものとされる。

　これらのステップにより算出されたトップアップ税額は，各所在地国・地域
の各構成事業体に対して，GloBE 所得の金額に応じた割合により，比例的に配
分される。

2.2.3. 許容される会計基準

　なお，モデルルールでは，トップアップ税額の計算において，現地会計基準
が許容される会計基準（Acceptable Financial Accounting Standard）である場合に
は，これを使用することが認められている（モデルルール 3.1.3）。許容される会
計基準は，モデルルールに具体的に示されており，IFRS のほか，オーストラ
リア，ブラジル，カナダ，EU，欧州経済領域（EEA），香港（中国），日本，メ
キシコ，ニュージーランド，中国，インド，韓国，ロシア，シンガポール，ス
イス，英国，米国と 18 の国・地域において認められる会計基準とされている
（モデルルール 10.1）。さらに，モデルルールでは，適格会計基準（Authorised

Financial Accounting）の利用も認められている。適格会計基準とは，各構成事業体の所在地国において一般的に受け入れられている会計基準を意味するものとされる（モデルルール10.1）。

現地会計基準が許容される会計基準ではなく，「重要な競争上の歪み」を引き起こす場合には，IFRSに従い調整される（モデルルール3.1.3, 10.1）。このことは，現地会計基準が許容される会計基準ではなくとも，「重要な競争上の歪み」を引き起こさない場合にはそれを使用することが認められることを意味するが，「重要な競争上の歪み」の具体的な内容や基準はモデルルールに示されていない。

3. 法人税法におけるグローバル・ミニマム課税の導入

3.1. 国際最低課税額に対する法人税の導入

3.1.1. 経 緯

わが国においては，令和5（2023）年度税制改正において，GloBEルールの内容及び「制度の詳細に係る国際的な議論の進展や，諸外国における実施に向けた動向等を踏まえ」（財務省 2023, p.751），グローバル・ミニマム課税のうちIIRのみ国内法化された。日本法においては，IIRは法人税法上，「各対象会計年度の国際最低課税額に対する法人税」として制定され，令和6年4月1日以降に開始する事業年度から適用されている。

財務省の説明では，上記のようにIIRの国内法化の理由は簡単に触れられているのみであるが，新聞報道などでは次のように説明されている。すなわち，従来，日本の多国籍企業は積極的な租税負担の軽減を図ってこなかった。その結果として日本の多国籍企業の租税負担は増加し，積極的な租税負担の軽減を図っている外国の多国籍企業との租税負担の差が拡大した。その差が研究開発費の差につながり，国際的な競争力において負の影響をもたらしていた。今回，グローバル・ミニマム課税が導入されることにより，日本の多国籍企業と外国の多国籍企業との租税負担の差が縮小することで，国際的な競争力にプラスの影響を与えるのではないかというものである。他方，グローバル・ミニマム課

税の導入により追加的な事務負担（吉村 2022, p.33），CFC税制との併存の問題が指摘されており（宮本 2023），これについては事務負担の軽減及びCFC税制との調整が求められている（佐藤 2022）。[4]

3.1.2. 法人税法上の位置付け

わが国の法人税は，単体の法人の各事業年度の所得に対して課税するものである。他方，グローバル・ミニマム課税は，低税率国にある子会社等の所得を親会社等の所在地国で上乗せして課税するものである。いずれにおいても法人の所得に焦点を当てている点で類似性を有するものの，法人税が単体の所得を対象としている一方，グローバル・ミニマム課税は複数の子会社の所得を対象としている点で異なる。つまり，グローバル・ミニマム課税は企業グループの所得を重視する点で異なる性質を有する（財務省 2023, p.752）。

さらに，グローバル・ミニマム課税は，国際課税ルールを見直すために導入され，国際的な最低税率の確立を目指すものであるから，特定の状況に対処するための臨時的な特別措置ではなく，一般的に基本的な制度と位置付けられている（同上）。

したがって，日本法においては，グローバル・ミニマム課税を租税特別措置法ではなく，法人税法の本法に導入された。ただし，グローバル・ミニマム課税が企業グループの所得を対象としていることから，従来の法人所得課税の体系とは異なるものとして位置付けられた。すなわち，法人税法上，第2編第1章においては単体の法人に対する所得課税として「各事業年度の所得に対する法人税」が規定されているが，グローバル・ミニマム課税は第1章の中に設けられるのではなく，新たに第2章「各対象会計年度の国際最低課税額に対する法人税」として単体の法人に対する所得課税とは別に導入されることとなったのである。

他方，グローバル・ミニマム課税のうち，UTPRは，令和5（2023）年度税制改正においては導入されなかった。これについては，「国際的な議論も踏まえながら，令和6年度以降の法制化を検討」（同上, p.751）するものとされている。

3.2. 国際最低課税額に対する法人税の概要

3.2.1. 枠組み

　国際最低課税額に対する法人税の枠組みは非常に複雑であるが，ここでは大枠のみ説明する。国際最低課税額に対する法人税とは，特定多国籍企業グループに属する内国法人に対し，国際最低課税額を課税標準として課されるものをいう。特定多国籍企業グループ等とは，直前の4対象会計年度のうち2以上の対象会計年度の総収入金額が7億5,000万ユーロ以上であるものをいう（法法4条1項，6条の2，82条4号）。

　国際最低課税額は，各対象会計年度の国際最低課税額を課税標準として，これに対して，100分の90.7の税率（地方法人税の100分の9.3と合わせて100％となる）を乗じて計算される。課税標準である各対象会計年度の国際最低課税額は，構成会社等である内国法人が属する特定多国籍企業グループ等に係るグループ国際最低課税額のうち，当該特定多国籍企業グループ等に属する構成会社等又は共同支配会社等の個別計算所得金額に応じて配賦される会社等別国際最低課税額につき，その帰属割合を乗じて計算した金額の合計額をいう。ここでグループ国際最低課税額とは，構成会社等に係るグループ国際最低課税額と共同支配会社等に係るグループ国際最低課税額とを合計した金額をいう（法法82条の2第1項）。

　構成会社等（及び共同支配会社等）に係る国際最低課税額は，国別実効税率が基準税率15％を下回り，かつ，その所在地国に係る国別グループ純所得の金額がある場合には，当期国別国際最低課税額に再計算国別国際最低課税額と未分配所得国際最低課税額から自国内最低課税額に係る税額を控除したものとなる（法法82条の2第2項1号）。

　ここで，当期国別国際最低課税額がトップアップ税額であり，国別実効税率が基準税率15％を下回る場合の，国別グループ純所得の金額からカーブアウトを控除した金額に基準税率15％と国別実効税率の差，すなわちトップアップ税率を乗じて計算したものとなる（法法82条の2第2項以下）。

　このように，国際最低課税額に対する法人税は，特定多国籍企業グループ等につき，グループ全体の所得に基づいて15％の課税を行うものであり，基本的

第3章　グローバル・ミニマム課税における所得合算ルール（IIR）

な枠組みはモデルルールに沿ったものとなっている。

3.2.2. 国別国際最低課税額の計算

　以下では，国別国際最低課税額の具体的な計算について，モデルルールと比較しながらみていくことにしたい。

　まず，特定多国籍企業グループ等の構成会社等の所在地国・地域における国別実効税率を算出する。国別実効税率は，各国・地域の調整後対象租税額を国別グループ純所得の金額で除して算出される。各国・地域の調整後対象税額とは，モデルルールと同様，各国・地域において租税として課されている税額に，国別グループ純所得から除外される所得に係る税額の控除，繰延税金に係る調整，CFC税制に係る税額の調整などが加えられたものをいう。他方，国別グループ純所得とは，当該所在地国を所在地国とする全ての構成会社等の当該対象会計年度に係る個別計算所得金額の合計額から当該所在地国を所在地国とする全ての構成会社等の当該対象会計年度に係る個別計算損失金額の合計額を控除した残額（法法82条の2第2項第1号イ(1)）とされており，モデルルール同様，構成会社等の会計の純損益に，親会社等の連結財務諸表に含まれるグループ内項目を相殺する前の純損益の金額に永久差異等について加算又は減算がなされた後の金額とされる（法令155条の18）。

　次に，トップアップ税率を計算する。これは，基準税率15％から構成会社等の所在地国における国別実効税率を控除したものである。

　最後に，国別国際最低課税額を算出する。具体的には，国別グループ純所得の金額から実質ベース所得除外額，いわゆるカーブアウトを控除した金額に基準税率15％と国別実効税率の差分を乗じたものになる。実質ベース除外額は人件費等及び有形固定資産等の5％相当額となっており，モデルルールにおけるカーブアウトと同様の規定となっている。

　これらのステップにより算出された国別国際最低課税額は，所在地国・地域の構成会社等に対して，国別グループ純所得の金額に応じた割合により，比例的に配分される。

　国別国際最低課税額を計算する要素は，モデルルールにおけるトップアップ

115

税額の計算要素と比較すると，国別グループ純所得の金額は GloBE 純所得に相当し，実質ベース除外額はカーブアウトに関連し，国別実効税率は各国・地域の ETR に対応するなど，その中身もモデルルールに沿ったものとなっている。国別国際最低課税額の計算は，モデルルールにおける具体的な要素を反映しており，MNE グループに対する国際最低課税制度を確立するための手法として導入されている。

3.2.3. 許容される会計基準

　国際最低課税額の計算においては，上記のとおり，構成会社等の会計の数値が用いられている。そこで問題となるのは，許容される会計基準がどのようなものかということである。法人税法上，国際最低課税額の計算において許容される会計基準は，特定財務会計基準及び適格財務会計基準と規定されている（法法82条）。また，それぞれ具体的な基準は財務省令に示されている。

　法人税法施行規則 38 条の 4 によると，特定財務会計基準とは，以下の基準をいうものとされる。すなわち，国際会計基準，アメリカ合衆国，インド，英国，オーストラリア，カナダ，シンガポール，スイス，大韓民国，中華人民共和国，ニュージーランド，ブラジル，香港，メキシコ，ロシア，欧州連合の加盟国，欧州経済領域の加盟国で一般に公正妥当と認められる会計処理の基準である。

　また，適格財務会計基準は，親会社等の所在地国において一般に公正妥当と認められる会計処理の基準であり，特定財務会計基準を除くものが該当するとされている。

　法人税法における特定財務会計基準及び適格財務会計基準は，モデルルールと一致している。モデルルールでは，現地会計基準が許容される会計基準ではない場合において「重要な競争上の歪み」が生じるときは，IFRS に従い調整する旨が記載されている。しかし，法人税法においては，これについての規定は存在しない。その理由について，財務省は，モデルルールにおいて，IIR の計算が「特定財務会計基準に従って作成されていない場合には『重要な競争上の歪み』を調整しなければならないこととされていますが，重要な競争上の歪

第3章 グローバル・ミニマム課税における所得合算ルール（IIR）

みの詳細及びその調整方法が明らかにされていないため，今般の改正においては，重要な競争上の歪みがある場合の調整については規定されていません。今後，重要な競争上の歪みの調整方法等について国際的な合意に至った後に，その合意を踏まえた対応を行っていく」（財務省 2023, p. 756）としている。

　このように，日本法は許容される会計基準についてモデルルールとの整合性を図る一方で，「重要な競争上の歪み」が生じる場合の規定を導入しなかった。この点，日本法においては，一定の条件下での IFRS への調整に関する具体的な規定が欠如しているといえよう。

4. 会計情報の利用と問題

4.1. 会計情報の利用

　IIR の目的は，税負担の著しく低い子会社等を有する多国籍企業に対して，少なくとも 15％の租税負担を確保することで，公平で適切な課税を実現するものである。これは多国籍企業による国際的な租税回避に対する税制における対応の一つといえる。

　これまでも，国内外の租税法においては，多国籍企業における国際的な租税回避への対応が行われてこなかったわけではない。例えば，昭和53（1978）年に日本に導入されたタックス・ヘイブン税制（現 CFC 税制）もその一つである。タックス・ヘイブン税制は，多国籍企業の租税回避への対応として導入された（税制調査会 1997, p. 6）。当初，軽課税国として同制度が適用される国・地域を大蔵大臣が告示によって指定し（軽課税国指定制度，いわゆるブラックリスト方式），その国・地域に内国法人又は所在者が全体として発行済株式総数（出資総額）の50％を超える株式（出資）を直接又は間接に保有する海外子会社等を有している場合，その海外子会社等に留保された所得のうち，その持分に対応する部分を親会社の所得に合算して課税することとなっていた。[6]その後，平成4（1992）年度税制改正において軽課税国指定制度の廃止及び実質的な判定基準（いわゆるトリガー税率）の導入，平成22（2010）年度税制改正においてトリガー税率の引下げ，適用除外基準の見直し，特定外国子会社等の部分課

117

税対象金額の益金算入制度の創設及び二重課税の調整規定の導入，平成 27 (2015) 年度税制改正においてトリガー税率の更なる引下げ，平成 29 (2017) 年度税制改正においてトリガー税率の廃止，経済活動基準の導入など種々の改正が行われてきたものの，一貫してその計算ベースは税法基準をベースとした所得であり，親会社の所得に合算する所得を計算するために会計の純損益までさかのぼるような手続きではなかった。

　軽課税国における子会社等の所得を親会社等の所得に合算して課税する仕組みといった点では，IIR は CFC 税制とその目的において類似性を有する。しかしながら，IIR は会計の純損益にまでさかのぼって GloBE 純所得を計算し，そこからトップアップ税額を算出する仕組みを採用する点で計算の仕組みが大きく異なる。このことは，多国籍企業等にとって，追加的な事務負担を課すこととなる。

　図 3-1 はわが国の法人税と IIR の計算枠組みを簡単に比較したものである。まず，法人税は，個別企業ごとに計算することとなっている（単体ベース）。個別企業の単体での会計の純損益を出発点として，会計の目的と税法の目的の違いから生じる差異につき，加算又は減算の調整を加えて各事業年度の所得の金額（課税標準）を計算する。これに法人税率を乗じて納付すべき法人税額が算出される仕組みになっている。このとき，単体での会計の純損益は，「一般に公正妥当と認められる会計処理の基準」（以下，「公正処理基準」）に従って計算される。

　他方，IIR における GloBE 純所得は，該当国・地域を所在地国・地域とする全ての構成会社等をまとめて計算する（連結ベース）。ここで使用されるのは，各構成会社等の単体の純損益ではなく，親会社等の連結財務諸表を作成する上での純損益である。親会社等の連結財務諸表を作成する上で依拠する会計基準は，許容される会計基準，適格会計基準又は許容される会計基準ではない場合に「重要な競争上の歪み」が生じていないときのその会計基準のいずれかである。その上で，会計の目的と税法の目的の違いから生じる差異につき，加算又は減算の調整を加えて GloBE 純所得が計算される。

　多国籍企業は，IIR の導入により単体ベースの会計の純損益から調整を加え

第3章　グローバル・ミニマム課税における所得合算ルール（IIR）

図3-1　法人税とIIRの計算枠組みの比較

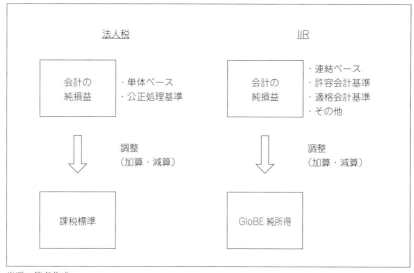

出所：筆者作成。

て算出した課税標準をもとに納付すべき法人税を算出することのほか，子会社等の所在地国・地域ごとに連結ベースの会計の純損益から調整を加えて算出したGloBE純所得をもとにトップアップ税額を算出しなければならない。つまり，IIRは公平で適切な課税の実現のために，多国籍企業に，より詳細な情報とデータを提供させ，広範で複雑な計算を要求することになる。これにより，多国籍企業は，コンプライアンス・コストの増大と追加的な事務負担を負うこととなる。

　トップアップ税額の計算過程において，法人税の課税標準など税法基準をベースとした所得ではなく，会計の純損益にまでさかのぼって計算する意味はどこにあるのだろうか。また，トップアップ税額の計算において会計の純損益を利用することで何ら問題は生じないのであろうか。モデルルールでは，トップアップ税額の計算において18もの国・地域における会計基準を使用することが認められている。そうすると，会計基準間の違いがトップアップ税額の計算結果に何らかの影響を及ぼす可能性はゼロではないだろう。

以下では，トップアップ税額の計算において会計の数値を利用することになったのか，GloBE ルールが提案されたポリシーノートにまでさかのぼり，その理由を探りたい。また，IIR の計算に会計の数値を利用することについての問題点を，米国の議論に基づいて明らかにした上，日本法においても同様の問題が生じうるのか検討する。

4.2. 米国の GILTI 税制との関係

　GloBE ルールの嚆矢となる第 2 の柱が初めて提案されたのがポリシーノートによることはすでにみたとおりであるが，IIR については，当時の米国税制改革と関連しており，とりわけ，米国における米国外軽課税無形資産所得（GILTI：Global Intangible Low-Taxed Income）合算課税（以下，「GILTI 税制」という。）との関係が重要である（（松田　2021, p. 22），IIR と GILTI 税制の関係につき，篠田　2023）。

　GILTI 税制は，米国の株主に一定割合を所有されている外国子会社等の適格事業資産投資（QBAI：Qualified Business Asset Investment）の 10％を超過する部分の所得を GILTI と定義して，米国の株主に対してその持ち分に応じた GILTI を同株主の総所得に合算させるものである（伊藤　2021, p. 465）。

　GILTI はその 50％が株主の所得から控除されることから，QBAI の 10％を超える部分の所得に対する適用税率は，実質的には 10.5％〜13.125％となる（篠田　2022, p. 162）。GILTI 税制は，外国子会社等の「超過利益に対する 10.5％〜13.125％の税率でのグローバル最低税率」（同上）であるという点，また，「最低税率が適用されるのは，…超過利益に対してのみである」（同上）という点，さらには，「超過利益は…無形資産と直接の関係はなく，定式で通常利益を算出し，その超過分として定義されている」（同上）点において IIR と類似している（同上）。

　他方で，GILTI 税制の最低税率は 13.125％（2026 年からは 16.4％超）と IIR の最低税率 15％を下回っていること，カーブアウトは有形資産の価値のみであり人件費をこれに含める IIR とは超過利益の認識が異なること，GILTI の計算においては米国の税法を基準として全世界ブレンディング方式を採用してい

第3章　グローバル・ミニマム課税における所得合算ルール（IIR）

るのに対して，IIR では会計の数値を出発点として国・地域ブレンディング方式を採用しているなど，相違点も指摘されている（Wardell-Burrus 2023, pp. 6-12）。IIR が GILTI 税制を参考にしたかについては不明であるが，少なくともその計算における出発点は全く異なる。

　GILTI 税制と IIR との類似点により，GILTI 税制は IIR として認められる（以下，「適格 IIR」という。）か否かが議論されてきた。モデルルールでは，適格 IIR とは，モデルルール第 2.1 条〜第 2.3 条に含まれる規則と「同等」の一連の規則と定義された（モデルルール第 10 条 1 項）。また，各国において導入されている規定が適格 IIR とされるためには「GloBE ルールとコメンタリーに規定された結果（outcomes）と一致する方法で，実施および管理される」必要があると定められた（モデルルール第 10 条 1 項）。しかし，この定義は明確なものではなく，「同等」とみなされるために，どの程度の類似性が求められているのか，また，「結果（outcomes）」を判断すべき水準についても明らかでなかった。したがって，モデルルールにおいて GILTI 税制がこの定義に当てはまるかどうかについての結論は持ち越された。

　その後，これについての結論が 2023 年 2 月ガイダンスで出されるまでの間の米国の動きを少し述べておく。米国は，2021 年 5 月，米国財務省はホワイトハウス予算案及びバイデン政権増税案の詳細を説明したグリーンブック（Treasury Department's General Explanations of the Administration's Fiscal Year 2023 Revenue Proposals）[7] を公表した。グリーンブックでは，米国の法人税率をそれまでの 21％から 28％に引き上げることが提案された。その後，2021 年 11 月，米国の下院において，BBBA（Build Back Better Act）[8] が可決された。当時の法律では，GILTI の 50％所得控除及び外国税額の 80％控除（I.R.C.§250）により，GILTI の最低税率は 10％〜13.125％となり，IIR の最低税率 15％を下回っていた。そこで，BBBA では，所得控除を 28.5％に引き下げることにより GILTI の最低税率を約 15％に引き上げる修正案が提出された[9]。仮に，グリーンブックの修正案に基づき法人税率が引上げられ，所得控除が BBBA の提案どおりに引き下げられた場合には，GILTI の最低税率は約 20％になる。また，BBBA では，国・地域ごとに GILTI を計算する国・地域ブレンディング方式が提案された[10]。

121

これら一連の法案は，全て IIR と GILTI 税制との差異をなくし，GILTI 税制が IIR と「同等」であることをアピールするための動きであったといえよう[11]。しかしながら，これらの法案は上院で可決されず，米国は，GILTI 税制と IIR との差異を埋めることはできなかった。

　OECD は，2023 年 2 月ガイダンスにおいて，GloBE ルールの下で米国の GILTI 税制を Blended CFC 税制として扱うこととした（OECD 2023, Para. 4）。Blended CFC とは，CFC 税制に基づく税額が複数の構成事業体の所得，損失，控除税額をブレンドしたものを基礎に計算される CFC 税制の一つとされる（Para. 2）。すなわち，GILTI 税制は GloBE ルールにおいて，適格 IIR ではなく CFC 税制として位置づけられたのである。

　GILTI 制度が IIR と「同等」であると認められなかったのはなぜか。これについては明らかにされておらず，モデルルールにおける適格 IIR の定義も明確なものではないことから，「同等」とみなされるための要件等の明確化については課題が残ることとなった。

4.3. 共通の課税ベース採用の困難性

　IIR のトップアップ税額を計算する過程において，会計の数値が利用された理由については，ポリシーノートには明確に述べられていない。モデルルールより前に公開された文書によると，コンプライアンス・コストを低く抑え，執行可能性を高めるのと同時に，課税ベースを計算する上での差異をなくすためには，適正な財務諸表ルールから出発し，調整を行うことが簡便措置として有効であるとされている（OECD 2019b, Paras.15-23）。また，IIR の計算においては，会計の純損益から GloBE 純所得を算出するまでの調整を最小限に抑えられているとされており，その背景には，「コンプライアンス・コストと執行コストを必要以上に大きくしないという観点がある」と指摘するものもある（渡辺 2021）。ただし，すでに指摘したとおり，IIR の計算において，会計の数値から出発した後のその後の調整は膨大なものであり，最小限に抑えられているといっても，その手続きは非常に複雑なものとなっている。したがって，会計の数値の利用は，多国籍企業のコンプライアンス・コストを増大させ，追加的な事

第 3 章　グローバル・ミニマム課税における所得合算ルール（IIR）

務負担を負わせることにつながっている。

　IIR で使用される連結財務諸表は多くの場合，法定監査の対象となっており，無限定適正意見を受けている場合には，これは正しい情報とみなすことができる（Eberhartinger and Winkler 2023, p. 135）。連結財務諸表の数値は，グループ内取引や移転価格の影響を受けず，各国の会計基準の差異もある程度調整されるため，IIR の計算結果に大きな違いをもたらさない。他方，IIR は多くの国・地域において導入されることが予想されるため，GILTI 税制のように，各国・地域の税法を基準として導入した場合には，それぞれの国・地域における税法上の違いが，IIR の結論に大きな違いをもたらすことになり，多国籍企業間で透明でバランスの取れた状況を作り出すという GloBE ルールの目的を損なう可能性がある（Ibid., p. 136）。

　このような結論は，政治的な理由によるものであるとの見方もある。IIR において会計の数値を利用する背景は，実用主義の観点からくるものである（Ibid., p. 135）。BEPS 包摂的枠組みの下で，137 もの国・地域がこれに合意したのは，他に利用可能な普遍的な課税ベースが見当たらなかったからである。つまり，これらの国・地域の全てが納得できる共通の課税ベースを確立することが困難だったということであろう。共通の課税ベースを確立することの難しさは，過去の EU の議論においてもみられた（Ibid., p. 135）。EC が提案した EU 加盟国による域内の共通統合法人税課税ベース（CCCTB：Common Consolidated Corporate Tax Base）の導入は，結局，加盟国全体の合意を得ることができなかった[12]。この経験が示すように，多くの国・地域が共通の課税ベースに合意することは容易ではない。そこで，IIR においては，会計の数値を利用し，そこからの調整を最低限に抑えることで国際合意を形成しやすくするという実用的な判断がなされたといえよう。

　政治的な理由は，モデルルールにおいて複数の会計基準が認められていることにも表れている。2018 年及び 2019 年時点では，EU に本社を置く多国籍企業のうち約 2,500 社が IIR の対象であった（Eberhartinger and Winkler 2023, p. 137）。これらの企業が連結財務諸表に適用している会計基準は IFRS が約 53% と半数を超えているものの，他の企業は現地の会計基準である（Ibid.,

123

p. 141）。IIR の計算において一つの会計基準を採用することは，共通の課税ベースを確立することと同様に難しい問題であろう。そのため，IIR の計算においては，「重要な競争上の歪み」が生じない限り，どの会計基準でも許容される可能性を残さざるを得なかったといえよう。

5. 米国と日本での議論

5.1. 米国での議論

　IIR の計算に会計の数値を利用することについては，2021 年 11 月，266 人の米国における会計・税法の学者が，BBBA における法人代替ミニマム課税（Corporate Profits Minimum Tax）に係る法案につき，米国議会に対して法案の変更を求めた書簡（以下，「公開書簡」という。）（Hanlon and Hoopes, 2021）を公表した。

　法人代替ミニマム課税は，2022 年 8 月 16 日に成立したインフレ抑制法（The Inflation Reduction Act of 2022871）において提出法案に近い形で，代替ミニマム課税制度（CAMT：Corporate Alternative Minimum Tax）として導入された。CAMT は，一定の利益を有する多国籍企業を対象に，税負担が低い場合，「会計上の調整後利益に対して 15% のミニマム税を課すもの」であり，税法の所得ではなく，会計の数値を用いる点で GILTI 税制と異なる[13]。

　公開書簡では，法人代替ミニマム課税の計算において会計の数値を利用することの問題点が指摘された。また，公開書簡を提出した学者らの代表である Hanlon は，別の論文（Hanlon and Nessa 2022; Hanlon 2023）において，公開書簡と同様の主張を GloBE ルールにあてはめて展開し，残された BEPS 問題は IIR によるのではなく，既存の CFC 税制などを改善することにより対処すべきとの結論を出した。

　公開書簡は，法人代替ミニマム課税において会計の数値を利用することの問題を次のように指摘している。まず，投資家への情報提供を目的とする会計と公平な租税負担を目的とする税務申告との目的の違いから生じる問題である。このような違いは，会計が課税ベースの一部として利用される場合，それを制

定する財務会計基準委員会（FASB）に事実上，課税ベースを支配する能力を与えることになりかねない。逆に，FASB が政治的な圧力を受けるリスクを有することもある。次に，多国籍企業による会計の数値の恣意的な操作についての問題である。会計の数値が租税負担に結びつくと，多国籍企業は，会計の数値を歪めて，租税負担を低下させる可能性がある。最後に，税法の複雑化の問題である。課税ベースに会計の数値を取り入れることで，会計と税務申告の目的の差異を調整するため，税法がさらに複雑になることが予想される。Hanlon らは，これらの問題は会計基準の質及び会計の数値の質の低下をもたらし，資本市場への提供される情報の減少，その結果として資本の適切な配分が妨げられる可能性があると指摘した。

　Hanlon らの別の論文（Hanlon and Nessa 2022）では，IIR の計算において会計の数値を課税ベースとして利用することについての問題点が指摘された。例えば，多国籍企業が意図的に売上の減少を行い，課税の適用を回避する，収益を少なく費用を多く計上することにより ETR を引き上げトップアップ税率の低下を図る，あるいは，カーブアウトを創造することで超過利益を減少させトップアップ税額を減少させるといった利益操作の可能性を指摘している。その他，例えば，多国籍企業の親会社が本国から外国へと移転するといった会計基準を使い分ける会計基準ショッピング（GAAP shopping）や，その結果として投資誘致のために各国間で会計基準競争が発生する可能性も指摘されている。これらは，財務諸表の歪みを生み出し，投資家に対する情報の不正確性を招くこととなる。その結果，資本の適切な配分が妨げられ，市場の効率が低下する可能性がある。

　Eberhartinger らは，公開書簡及び Hanlon らの主張についての検証を行った。利益操作について，企業が税の最適化のために会計基準を選択していると示した上で，IIR が連結財務諸表及び個別財務諸表の特定の項目を使用することから，多国籍企業が連結財務諸表において売上高 7 億 5,000 万ユーロの基準を回避し，個別財務諸表において 15% の ETR のベンチマークを回避するといった税を最適化する方法での会計基準の適用及び解釈を行う可能性があると結論づけた（Eberhartinger and Winkler 2023, p. 143）。つまり，税の目的のために会計基

準を選択するという逆基準性の問題が生じうるとした。

　他方，会計基準ショッピングについても，EU 内の多国籍企業につき，IFRS
を採用する企業と非採用企業の数がほぼ同規模であり，各国の会計基準間にも
ばらつきがあることを鑑みると，会計基準の違いが IIR の計算結果に重大な役
割を果たす可能性，とりわけ，多国籍企業が異なる国の会計基準を巧みに利用
する可能性は否定できないとした（*Ibid.*, p. 136）。その上で，多国籍企業が会計
基準ショッピングを行うと，各国・地域は海外からの直接投資を引き寄せるた
めに，会計基準競争を展開する可能性があることも指摘した（*Ibid.*, p. 142）。

　さらに，平等を要請する税法においては，会計の重要な概念である「真実か
つ公正な概観（true and fair view）」が限定解釈されるか，これが否認されるこ
とにより，会計基準を離脱することが許容又は強制されることから，会計にお
けるこのような概念は IIR に組み込まれるべきではないと主張した（*Ibid.*,
p. 144）。

　最後に，民主的な正当性を有さない民間の会計基準設定者による課税ルール
の決定は法的又は憲法の原則に抵触する可能性があるとして，立法プロセスを
経ない会計基準をベースに課税することについて，課税の平等という基本原則
が侵害される恐れを指摘し，IIR の計算において会計の数値を利用すべきでは
ないとした（*Ibid.*, p. 145）。

　GloBE ルールが合意されている状況で，米国における議論が依然として有益
であろうか。Hanlon や Eberhartinger らは，多国籍企業の国際的な租税回避へ
の対応は GloBE ルールではなく，より精緻化した CFC 税制で十分であると主
張した。GloBE ルールはモデルルールが公表された時点で完結しておらず，そ
の後も追加のガイダンスが出されており，進化中である。さらに，各国が
GloBE ルールを国内法化していく中で，このような問題が実際に生じれば，モ
デルルールが修正される可能性はあろう。Hanlon や Eberhartinger らの指摘は，
そのような問題の可能性を示唆した点で重要である。多くの国・地域が GloBE
ルールを国内法化し，IIR の目的を達成するためには，そこから生じる問題を
見極めた上で議論を進めていくことが必要なのではないかと考えられる。

第 3 章　グローバル・ミニマム課税における所得合算ルール（IIR）

5.2.　日本での議論

　日本における議論をみてみると，GloBE ルールの国内法化にあたって，米国で指摘されたような会計の数値を利用することの問題は活発に議論されていないように思われる。むしろ，日本における会計の議論は，GloBE ルール導入後の運用上の論点が中心となっている。

5.2.1.　追加的な事務負担

　国別国際最低課税額の計算において，国別グループ純所得の金額は，会計の数値である各構成会社の税引後当期純損益金額を出発点として，会計と税法の違いを考慮した多くの調整が加えられて算出されることとなっており，その調整は多岐にわたり複雑な計算を要する。さらに，現行法における調整はこれらの違いを全て網羅したものではなく，これらに関しては，「実務上の対応の検討が必要」とされている。これにより，多国籍企業は，さらなる追加的な事務負担を負うこととなろう。

　IIR における追加的な事務負担については第 4 節ですでに指摘したとおりであるが，IIR における会計の数値を使用する目的が多国籍企業間の課税ベースの計算における差異をなくす方に焦点が当てられているとすると，このような目的を達成するためには，追加的な事務負担は仕方のないことであろう。

　国側は，多国籍企業への追加的な事務負担をできる限り抑えることができるよう，モデルルールに沿った法令解釈や文書の発出が求められよう（吉田 2023, p. 40）。

5.2.2.　税効果会計

　国別国際最低課税額の計算において，国別グループ純所得の金額は，会計の数値である各構成会社の税引後当期純損益金額を出発点として，会計と税法の違いを考慮した多くの調整が加えられて算出されることは，税効果会計の問題を惹起する。これに関して，会計の利益の差異をどのように扱うのか，国際最低課税額を法人税等と同様に扱うのかといった問題が指摘されているものの，日本の会計基準はこれを明確化していない。

127

会計の利益の差異については，企業会計基準委員会が 2023 年 3 月 31 日に実務対応報告第 44 号「グローバル・ミニマム課税に対応する法人税法の改正に係る税効果会計の適用に関する当面の取扱い」を公表し，同実務対応報告では，税効果会計について，「税効果適用指針の定めにかかわらず，グローバル・ミニマム課税制度の影響を反映しない」（実務対応報告第 44 号 13）ことを明らかにした。すなわち，当面の間，国際最低課税額によるトップアップ税額の影響による会計の利益の差異は認識しないこととなった。

　その理由として，企業会計基準委員会は，税効果会計基準が，「企業会計上の資産又は負債の額と課税所得計算上の資産又は負債の額に相違がある場合において，法人税その他利益に関連する金額を課税標準とする税金（以下『法人税等』という。）の額を適切に期間配分することにより，法人税等を控除する前の当期純利益と法人税等を合理的に対応させることを目的とする」手続きであるものの，国際最低課税額によるトップアップ税額は，構成会社等の所在地国における国別実効税率が 15％に満たない場合に 15％に至るまでの税額を親会社等が納付するものであり，「上乗せ税額の課税の源泉となる純所得（利益）が生じる企業と，納税義務が生じる企業が相違することとなり，このような場合，現行の枠組みにおいて税効果会計を適用すべきか否かが，税効果会計基準及び税効果適用指針等において明らかではない」（実務対応報告第 44 号 10）ことを挙げている。また，これらの差異を認識するための会計処理を行うにあたって，「(1) グローバル・ミニマム課税制度の適用によって，企業が，既存の税法の下で認識した繰延税金資産及び繰延税金負債を見直す必要があるかどうか，(2) 上乗せ税額を加味すると，税効果会計に使用する税率がどのような影響を受けるか，(3) グローバル・ミニマム課税制度に基づき，追加的な一時差異を認識すべきかどうか」（実務対応報告第 44 号 11）といった点が明らかでないことから，当面は会計の利益の差異については調整を行わないこととした。

　このような扱いは，本来の税効果会計の目的を歪めることになりかねない。本来，企業会計基準委員会は，税効果会計の目的に沿って，国際最低課税額を加味するか否かを判断すべきであるものである。にもかかわらずそれができないということは，米国での議論で指摘されたように，GloBE ルールが会計基準

第 3 章　グローバル・ミニマム課税における所得合算ルール（IIR）

委員会の決定に間接的に影響を与えているということができるのではないだろうか。すなわち，GloBE ルールが企業会計の目的を歪める可能性を秘めているといえるのではないだろうか。

5.2.3. 国際最低課税額の扱い

　最後に，国際最低課税額は法人税等と同様に扱われるべきか否かについて検討する。これについて，企業会計基準委員会は，2023 年 11 月 17 日，実務対応報告公開草案第 67 号「グローバル・ミニマム課税制度に係る法人税等の会計処理及び開示に関する取扱い（案）」を公表した。

　実務対応報告公開草案第 67 号では，国際最低課税額は，連結損益計算書において，「法人税，地方法人税，住民税及び事業税（所得割）を示す科目（法人税等会計基準第 2 項なお書き及び第 9 項）」に表示するものとされた（実務対応報告公開草案第 66 号 9）。つまり，国際最低課税額は法人税等と同様に扱われるとの方向性が示された。

　その理由として，企業会計基準委員会は，「子会社等において当該子会社等の所在地国の税率に基づいて法人税等が計上され，さらに親会社等において基準税率（15％）と子会社等の所在地国の税率との差に基づいて，グローバル・ミニマム課税制度に係る法人税等が計上されることにより，その合計が連結財務諸表における税金等調整前当期純利益に対するグローバル・ミニマム課税制度の基準税率（15％）に相当する法人税等として計上されることとなる。このため，連結財務諸表における税金等調整前当期純利益とグローバル・ミニマム課税制度に係る法人税等との対応関係の観点から，連結損益計算書において，グローバル・ミニマム課税制度に係る法人税等は，法人税，地方法人税，住民税及び事業税（所得割）を示す科目に表示することとした」（実務対応報告公開草案第 66 号 BC16，17）としている。

　また，国際最低課税額は，個別損益計算書では「課税の源泉となる各子会社等の個別計算所得等の金額は，親会社等の個別財務諸表上，法人税等会計基準第 4 項(7)の所得の定義には含まれないことから」（実務対応報告公開草案第 66 号 BC21）他の法人税等と区分して表示されるものの，連結財務諸表においては

129

「グループの利益（所得）に対する課税額という点では，他の法人税，地方法人税，住民税及び事業税（所得割）と同様であるため」（実務対応報告公開草案第66号BC19），区分表示されないこととされた。

これらについては，今後，公開草案に対するコメントを踏まえて今後の扱いが決定されるため，その議論の行方を見守りたい。

6. 残された問題

これまでの議論から明らかなように，日本における問題は実務的であり，短期的に解決されるべき問題である。しかしながら，米国の議論で指摘された問題はより根本的な問題であろう。その中でも，とりわけ重要だと考えられるのは，会計における選択可能性の問題と会計ショッピングの問題である。

6.1. 会計における選択可能性

公開書簡では，会計の数値が課税ベースとして利用される場合の多国籍企業による会計の数値の恣意的な操作可能性が指摘された。多国籍企業は，会計処理に選択肢がある場合，税負担を軽減するために本来の選択ではなく，別の選択を行う可能性がある。

日本における会計基準では，減価償却方法について複数の処理が認められている。複数の会計処理が認められる主な理由としては，異なる企業や業界が異なる特性や事業環境を有しており，これらに対応する柔軟性を提供するためである。例えば，企業の業種や契約等に適切に対応するため収益認識や費用計上の方法が異なることがある。

複数の会計処理が認められる中で，企業は自らの業種や契約に応じて適した会計処理を選択する必要がある。しかしながら，このような選択可能性は，企業にとって，これを選択して恣意的な利益操作をする可能性が生じることを意味する。そこで，企業会計においては，企業に適した処理を選択させ，それを継続適用させるために，一般原則において継続性の原則が設けられている。継続性の原則は企業の恣意的な利益操作に一定の役割を果たすものと考えられる

130

が，完全なものではない。

　日本においても，この点につき，CbCR のために「財務会計情報を使用する場合とは異なり，課税ベースや税率計算に直結するルールにおいて会計のデータが利用される意味は大きいように思われる。……納税者の選択が許される点は無視できない」（渡辺 2021，p. 704）と指摘されているところである。

6.2.　会計基準ショッピングと会計基準間の競争

　モデルルール及び国際最低課税額に対する法人税においては，課税ベースに会計の数値を利用することが前提とされている。いずれにおいても利用が認められる会計基準は，IFRS をはじめとした 18 の許容される会計基準と，親会社等の所在地国において一般に公正妥当と認められる会計処理の基準，さらにモデルルールにおいては，許容される会計基準以外の会計基準についても「重要な競争上の歪み」を生じさせない限り，それが認められる。このように，IIR において認められている会計基準は広範囲にわたる。その背景には，137 か国・地域の合意を得るために多くの会計基準を認めざるを得なかった事情がある。

　しかし，これにより，多国籍企業にとっての恣意的な利益操作の範囲は広がることになろう。既述のとおり，多国籍企業は，国内における会計基準において複数の会計処理が認められている中で利益操作を行う可能性がある。それに加えて，IIR において広範囲にわたる会計基準が認められているということは，多国籍企業が自らにとって有利な会計基準を有する国・地域に親会社を設置するという可能性があるということを意味する。これは多国籍企業における会計基準ショッピングに他ならない。

　多国籍企業における会計基準ショッピングは，国・地域における会計基準間の競争を引き起こす可能性もあろう。会計基準間における競争は，会計において古くからある問題であり，IIR 導入に際して新たに生じた問題ではない。会計基準間の競争は，多国籍企業に利益操作を認めることで企業を誘致するようなマイナスの行動を引き起こすものだけではなく，「会計基準間で常に競争が行われるので，より高品質な会計基準が選択されることとなり，会計基準の品

質の維持向上が図れるというメリット」（岩崎 2014, p. 37）もある。

本質的に，多くの会計基準を許容することが，本来 GloBE ルールが目指していた目的を本当に達成できるのかが問われることとなろう。

6.3. 今後の方向性

GloBE ルールによる新たな国際課税原則の導入により，国際課税において透明性が求められつつ，税法と会計の調整に関するさらに複雑な問題が発生することが予想される。また，許容される会計基準が極めて多岐にわたるため，基準の違いによる問題が GloBE ルールの透明性や公平性に悪影響を与える可能性があれば，BEPS 包摂的枠組みは，その縮小を模索する方向での議論を進めるかもしれない。

こうした問題における議論の行きつく先はどのようなものになるのであろうか。正しく予想することは困難であるものの，短期的には IIR における会計基準の縮小であり，長期的には世界的な会計基準の IFRS への収れんではないだろうか。

注

(1) この部分は，以下の文献を参照した。松田（2021），吉村（2022）。

(2) 公表されているガイダンスやコメンタリーは OECD のホームページ上で公開されている（https://www.oecd.org/tax/beps/tax-challenges-arising-from-the-digitalisation-of-the-economy-global-anti-base-erosion-model-rules-pillar-two.htm）。

(3) 「利益 14 兆円分に課税の網」日本経済新聞 2021 年 10 月 10 日朝刊 3 頁。

(4) 2018 年時点の国別報告事項のデータによると，GloBE ルールが適用される日本企業は 861 社とされている（OECD 2022, p. 36）。

(5) ただし，令和 6（2024）年 4 月 1 日から同年 12 月 31 日までの間に開始する対象会計年度においては，それぞれ 9.8％及び 7.8％が控除され，その後，令和 15（2033）年中に開始する対象会計年度に 5％になるまで逓減する。

(6) 導入当初の指定された国・地域は 28 であった。ただし，その所在地国において独立企業としての実体を備え，かつ，それぞれの業態に応じ，その地において事業活動を行うことに十分な経済合理性があると認められる海外子会社等は適用除外とし，租税回避目的で設立されたものではない海外子会社等にまで同制度の適用が及ばないための措置

第3章　グローバル・ミニマム課税における所得合算ルール（IIR）

(適用除外基準）も講じられていた（当時の租特措法第40条の4，第40条の5，第40条の6，第66条の6，第66条の7，第66条の8，第66条の9）。

⑺　U.S. Department of the Treasury（March 28, 2022），（https://home.treasury.gov/system/files/131/General-Explanations-FY2023.pdf［最終確認日：2024年6月21日]）

⑻　H.R. 5376, 117th Cong.（2021），（https://www.congress.gov/bill/117th-congress/house-bill/5376［最終確認日：2024年6月21日]）。

⑼　BBBA Section 138121(a).

⑽　BBBA Section 138126(a).

⑾　GILTIの最低税率を15％となるよう所得控除や税額控除を設定すれば，GILTI税制が適格IIRとして受け入れられる可能性があると指摘したものとして，New York State Bar Association Tax Section（2022, p.28）。

⑿　CCCTB指令案やその後の動向について，以下の文献に詳しい。増井（2011），中村（2018）。

⒀　CAMTは，会計数値を利用する点，最低税率を15％と設定した点においてIIRとの類似性が認められるものの，その他の相違点によりこれが適格IIRとして扱われることはないだろうとされている。KPMG税理士法人（2023）「令和4年度内外一体の経済成長戦略構築にかかる国際経済調査事業（諸外国等における経済の電子化を踏まえた課税の動向及びそれを踏まえた我が国の国際課税制度の在り方等に係る調査研究事業）調査報告書」242頁以下（https://www.meti.go.jp/meti_lib/report/2022FY/000010.pdf［最終確認日：2024年6月21日]）。

⒁　実務の観点から，「最終親会社等でまとめて作成しているGAAP調整や連結会計処理における精算仕訳を個社ごとに配分することの実務負荷に配慮した文書が発出されるかなど，実務への負荷に配慮した法令の解釈や執行も期待される」との要望が出されている（吉田 2023, p.40）。

参考文献

Eberhartinger, E. and Winkler, G.（2023）"Pillar Two and the Accounting Standards," *Intertax*, 51(2): 134-154.

Hanlon, M. and Hoopes, J.L.（2021）"Open Letter of Concern from 264 Accounting Academics Regarding Including Financial Accounting Income in the Tax Base," UNC Tax Center.
https://tax.unc.edu/index.php/news-media/open-letter-of-concern-from-264-accounting-academics-regarding-including-financial-accounting-income-in-the-tax-base/［最終確認日：2024年6月21日]

Hanlon, M. and Nessa, M.（2022）"The use of financial accounting information in the

OECD BEPS 2.0 Project: A Discussion of the Rules and Concerns," National Tax Journal, *MIT Sloan Research Paper*, 6888(23): 1-52.

Hanlon, M.（2023）"The use of accounting information in the tax base in the Pillar 2 global minimum tax: a discussion of the rules, potential problems, and possible alternatives," *Fiscal Studies*, 44: 37-52.

伊藤公哉（2021）『アメリカ連邦税法（第8版）』中央経済社。

岩崎勇（2014）「経済のグローバル化と会計基準の多様性の現状と課題」『国際会計研究学会年報』2014(1): 25-39。

KPMG税理士法人（2023）「令和4年度内外一体の経済成長戦略構築にかかる国際経済調査事業（諸外国等における経済の電子化を踏まえた課税の動向及びそれを踏まえた我が国の国際課税制度の在り方等に係る調査研究事業）調査報告書」。

中村繁隆（2018）「国際的組織再編税制における対象取引の定義——EU合併租税指令とCCCTB指令案からの検討」『現代社会と会計』12:55-71。

New York State Bar Association Tax Section（2022）"Report on The OECD Global Anti-Base Erosion Model Rules（Pillar Two）," *Tax Section Report*, 1465.

増井良啓（2011）「法人税制の国際的調和に関する覚書」『税研』27(3):30-37。

松田有加（2021）「税源浸食と利益移転プロジェクト行動1　第2の柱における国際課税原則と課税権の変容」『彦根論叢』429:20-33。

宮本十至子（2023）「デジタル課税——『第二の柱』の国内法化の課題」『立命館経済学』71(5):161-168。

OECD（2015）*Addressing the Tax Challenges of the Digital Economy, Action 1: 2015 Final Report, OECD/G20 Base Erosion and Profit Shifting Project*, OECD Publishing, Paris.

OECD（2018）*Tax Challenges Arising from Digitalisation - Interim Report 2018: Inclusive Framework on BEPS, OECD/G20 Base Erosion and Profit Shifting Project*, OECD Publishing, Paris.

OECD（2019a）*Addressing the Tax Challenges of the Digitalisation of the Economy-Policy Note: As approved by the Inclusive Framework on BEPS on 23 January 2019*.

OECD（2019b）*Public Consultation Document: Global Anti-Base Erosion Proposal（"GloBE"）- Pillar Two, 8 November-2 December 2019*.

OECD（2020）*Tax Challenges Arising from Digitalisation Report on Pillar Two Blueprint: Inclusive Framework on BEPS, OECD/G20 Base Erosion and Profit Shifting Project*, OECD Publishing, Paris.

OECD（2021a）*Statement on a Two-Pillar Solution to Address the Tax Challenges Arising from the Digitalisation of the Economy, 8 October 2021*, OECD, Paris.

OECD (2021b) *Tax Challenges Arising from the Digitalization of the Economy Global Anti-Base Erosion Model Rules (Pillar Two), Inclusive Framework on BEPS, OECD/G20 Base Erosion and Profit Shifting Project*, OECD Publishing, Paris.

OECD (2022) *Corporate Tax Statistics-Fourth Edition*, OECD.

OECD (2023) *Tax Challenges Arising from the Digitalisation of the Economy-Administrative Guidance on the Global Anti-Base Erosion Model Rules (Pillar Two), February 2023, OECD/G20 Inclusive Framework on BEPS*, OECD, Paris.

佐藤良（2022）「経済のデジタル化に伴う国際課税ルール見直しの動向――デジタル課税とグローバル・ミニマム課税の新たな枠組み」『レファレンス』859:83-107。

篠田剛（2022）「経済のデジタル化と課税をめぐる国際協調と米国の税制改革」日本租税理論学会『災害・デジタル化・格差是正と税制のあり方』財経詳報社，152-169。

篠田剛（2023）「アメリカの税制改革と国際課税」河音琢郎ほか編『21世紀のアメリカ資本主義――グローバル蓄積構造の変容』大月書店，183-196。

Wardell-Burrus, H. (2023) "GILTI and the GloBE," *Oxford Centre for Business Taxation WP*, 23(1).

渡辺徹也（2021）「企業会計・会社法と法人税法に関する一考察――最近のルール改正案や最高裁判決を題材として」『税法学』586:685-704。

吉田貴弘（2023）「6月政省令によるグローバル・ミニマム課税の計算の全体像と重要規定」『国際税務』43(9): 30-40。

吉村政穂（2022）「法人税の最低税率――GloBE ルールの概要および課題 -」『ジュリスト』1567:29-34。

財務省（2023）『令和5年度　税制改正の解説』
https://www.mof.go.jp/tax_policy/tax_reform/outline/fy2023/explanation/index.html ［最終確認日：2024年6月21日］

税制調査会（1997）「昭和53年度の税制改正に関する答申」
https://www.soken.or.jp/sozei/wp-content/uploads/2019/09/s5212_s53zeiseikaisei.pdf ［最終確認日：2024年6月21日］

第4章

TCJA2017におけるアメリカ法人税の国際課税方式の変更に関する議論とその影響

吉弘憲介

1. アメリカにおける国際課税の独自の背景

アメリカにおける法人税の主要な議論の対象は，1990年代まで主に加速度償却制度による企業の購入資本による税制上の非中立性と，株式配当への二重課税による資金調達における非中立性（株式に対して債権による調達が有利となる）であった。

2000年代に入り，アメリカの連邦法人税に関するアジェンダは，上記の2つの問題点に加えて国際化の影響を強く受けるようになる（Desai & Hines 2003）。国内における実物投資の量が減少していくなかで，法人税の租税特別措置においては，長らく最も大きいボリュームをもっていた加速度償却制度は2000年代に入り，外国子会社の課税対象所得の繰り延べ措置にその地位を譲っていく。

2010年代以降のアメリカ連邦法人税および事業者課税の課題は，① 法人税制を通じた国際競争へのキャッチアップ，② 課税方式の全世界課税から域内課税方式への転換，③ 課税ベース漏出の抑制策，の3つに絞られていった（Toder & Viard 2016）。

以上の論点を意識して実施された税制改革が，2017年にトランプ政権のもとで成立したTax Cuts and Jobs Act of 2017である。

国際課税の大規模な改正の一方で，トランプ政権下のアメリカはOECDを中心とした国際課税協調の議論から退出し，反目したとされる。ミシガン大学のAvi-Yonah教授は，このような理解は間違っており，OECDとアメリカにおける国際課税に関する制度的応答性を指摘している（Avi-Yonah 2020）。Avi-

Yonah の指摘は興味深い論点ではあるものの，その根拠は TCJA2017 において取られた BEAT や GILTI といった国際課税方式の方針が，新たな国際課税の指針として同氏が強調する「一回限りの課税の原則（Single Tax Principle）」と整合的であることに依拠している。STP は，OECD が進める BEPS の理論的根拠でもあるため，同じ原則に従って同じような時間軸の中で展開した 2 つの改革の帰結に，ある種の共通性を読み取っているものと考えられる[1]。

2000 年代にアメリカで国際課税が問題となったのは，国際協調の論点というよりも実際の法人税制度の大きな問題，特に課税ベースの漏出という点で，それまでの制度がそぐわなくなって来たことが大きかった。

本稿では，2017 年税制改革につながる 2000 年代及び 2010 年代の法人税改革提案を，主にアメリカ連邦議会における議論と，アメリカ経済の実態的な変化から考察することを目的としている。同時に，Avi-Yonah の指摘に戻るとすれば，そのようなアメリカ個別の事情が先進国を中心とした法人税の国際的な動きと連動する政治経済的な背景の共通性についても注目していくこととする。

2. 2017 年改革の概要

2017 年税制改革法は，レーガン政権下で成立した 1986 年税制改革法（Tax Reform Act of 1986）以来，最大規模の改革となった。本項では，2017 年税制改革法の概要と，法人税・事業者課税に関わる国際課税方式の変更点の要点を，それぞれまとめる。なお，変更内容の全てを記述するのは，紙幅の関係上難しいため，ここでは，Gale, Gleford, Krupkin, Mazur, Toder（2018）がまとめた 2017 年税制改革法の概要を元に，同法案のサマリーおよび本文で内容を適宜補完していく方法をとる。

2.1 個人所得税の変更概要

個人所得税に関する税制の変更のほとんどは，後述する法人税と異なり，2025 年までに失効予定のサンセット法である。

名目税率のブラケットの数は税制改革前と変わらず 7 段階とされ，最高限界

税率を含め5つの税率が引き下げられた。最低税率である10％と，6つ目のブラケットの名目税率である35％は変更されなかった。2017年税制改革法による各課税所得に対する名目税率の変化をみると，2017年改正の個人所得税の減税による恩恵はほとんどのブラケットで生じている（Gale et al., 2018, p. 27, Figure.1を参照）。一部，課税所得40万ドルから42万4,950ドル間の差24,950ドル部分に対しては，改正後に適用税率が高くなっている。

名目税率の低下幅が最も大きいのは，23万7,950ドルから31万5,000ドル未満の課税所得の部分であった（4％マイナス）。全体に恩恵を与える減税措置であったが，名目税率のみで見ても，アッパーミドル及びハイクラスの所得階層に特に軽減効果が大きい。課税ベースの影響も加味して分析しているSammartino, Stallworth & Weiner（2018）がまとめた2017年税制改革の所得階層別の影響に関する報告でも，減税の効果は所得5分位の中で第5・4分位が最も大きいとされている（Sammartino et al. 2018, p. 3, Table.1を参照。）。

基礎控除は，額が単身者12,000ドル（前6,500ドル），世帯合算24,000ドル（前13,000ドル），世帯主18,000ドル（前9,550ドル）と，改革前のほぼ倍に引き上げられた。

項目別（所得）控除は，適用上限が設定されることで，高額所得者の利用へ一定の制限が講じられた。このうち，州地方税の支払いに対する連邦所得税の課税ベースからの控除は，当初，下院提出案で撤廃が示唆されたが，共和党を含め高税率の州を地元に持つ議員たちから強い反発が生じた。医療費控除や住宅ローン利子控除も，上限額が引き下げられるなど，これまで高額所得者の利用も可能であった減税制度の適用幅を狭める変更が実施された。各種の項目別控除が引き下げられる一方，調整後課税所得の一定額を超えると適用される減額措置が撤廃された。

税額控除では，児童税額控除の還付可能部分を，児童一人当たり1千ドルから2千ドルに倍増させた。非還付部分については，扶養者に対して一律500ドルの児童税額控除が新設されている。この内容は，上院の共和党議員であるRubioとLeeから，行政府が主張してきた法人税率20％への減税を，22％に引き上げることで確保した財源で拡充すべきとの主張が反映されたものである。

児童税額控除の拡充提案の背景には，民主党のみならず共和党議員の一部陣営からも，2017年税制改革法による減税の恩恵が高額所得者に著しく集中しているとの批判があったとされる（WSJ 2017/11/29）。

その他，個人に対する課税では，健康保険法に基づくペナルティ課税が恒久的に撤廃された。各種インフレ調整の指標を連鎖式CPIに変更することも，恒久法として定められた。

2.2　パス・スルー団体に対する新たな制度

アメリカの事業者課税方式の一つに，パス・スルー団体（S法人など）への課税がある。パス・スルー団体と一般の企業（C法人）の大きな違いとして，通常の法人（C法人）では団体に帰属する減価償却控除や借入金利子控除などの「タックス・ベネフィット」を，投資家である株主に帰属させることはできないが，パス・スルー団体では事業に関連した各種の「タックス・ベネフィット」と企業利潤などの「ファイナス・ベネフィット」を投資家に直接，通過（pass through）することができる（本庄　2003，pp. 16-25）。

パス・スルー団体における課税は事業課税としながらも，適用される税率やブラケットは個人投資家の個人所得税になる。事業所得と各種控除を個人所得に合算する際，損益通算を通じて，各種の「タックス・ベネフィット」を個人投資家にもたらすことが，パス・スルー団体の税制上の「うまみ」といえる。このため，アメリカでは，高額所得者の節税手法としてパス・スルー団体への投資が利用されている。1990年代の景気拡大期には，税務申告におけるパス・スルー事業形態の増加が，法人税収の伸び悩みの一因ともなった（関口　2015，pp. 76-79）。

2017年税制改革法では，パス・スルー団体課税に関連して，個人所得税に複雑な控除が創設されている。

夫婦合算の課税ベースを選択する場合には，その所得が31万5千ドル以下である場合，事業内容にかかわらず適格事業収入（qualified business income）の20％を所得控除できる。

31万5千ドル以上の場合，主に貿易とビジネス向け特別サービス業

（specified service trade or business）からの事業収入に対する控除に制限が生じる。41万5,000ドル以上では，貿易とビジネス向け特別サービス業からの事業収入に対するこの特別控除は消失する。また，その他の事業では，事業からの支払い給与（Form W-2給与）の50%，あるいは支払い給与の25%に事業資産に対して2.5%を乗じた額の和が，控除の上限となる。

　減価償却制度に関しては，一般のC法人と同様の変更となっている。まず，加速度償却制度のボーナス償却制度として，2022年まで購入資本の初年次即時償却（初年次償却率100%）が設けられた。この初年次ボーナスは，2022年以降，20%ずつ減少し，2027年以降は消失する。また，主に小規模事業者を念頭に実施されているSection179による即時償却制度は，適格資本の購入金額の上限が100万ドルに引き上げられた。

　一方で，「タックス・ベネフィット」への制限も講じられている。事業粗利益が2500万ドルを超える団体については，利払い費控除は調整後課税所得の30%を上限とされた。また，控除可能な事業損失をその年の純利益の80%に制限することとした。損失控除の繰り戻しは廃止し（前制度では2年間の繰り戻しを可能としていた），後年への繰り越しは無期限可能に改めた（前制度では20年間に制限されていた）。この事業損失を，投資家が受け取った際に事業損失以外の収入と損益通算できる制度についても，その措置を撤廃することとされている。パス・スルー団体に関する変更は，即時償却制度以外，全て恒久法としてされる。

2.3　法人税の変更概要

　法人税の変更は，2017年税制改革の中で最も影響額の大きいものとなった。特に，法定税率の最高限界税率は35%から21%の単一税率（改革前は15%から35%までの累進的な構造をもっていた）に変更された。また，代替ミニマム課税が廃止された。利払い控除や事業損失に関する控除の変更は，先に述べたパス・スルー団体と基本的に同様である。この点で，負債を通じた「タックス・ベネフィット」に一定の歯止めをかけたのが，本改革の骨子の一つと言えよう。

その他の改革として，内国生産活動控除（IRS Section 199: Domestic Production Activities Deduction）が廃止された。これは，2004 年のブッシュ減税の際に創設されたもので，国内製造業を念頭に特定産業部門の事業所得の一定程度（廃止前は事業所得の 10%）を所得控除するものであった。また，希少薬開発に関する控除の廃止，研究開発支出の即時償却が，2022 年から 5 カ年の複数年度償却に変更されている。

名目税率と償却制度において，法人負担の軽課を図るとともに，負債利子や事業損失，研究開発支出を通じたループホールを一定程度成約する方針が示されていると言えよう。

2.4　国際課税方式の変更

法人税に付随して，国際課税に関するルールも大幅に変更された。最も大きな変更点と言えるのが，全世界課税方式（Worldwide Tax System）から，域内課税方式（Territorial Tax System）への変更である。これにより，アメリカ国内の企業が 10% 以上の株式を保有する被支配海外子会社からの配当をアメリカの法人税の課税対象としないこととなった。現在，多くの先進国で採用される課税方式は，ほとんどが域内課税方式（あるいはその変形型）であり，アメリカは数少ない全世界課税方式の採用国であった。[2]

なお，この変更に際してこれまで課税を留保されてきた所得の全てが免税となるわけではない。2017 年税制改革法の 14103 条により，移行期清算課税（Deferred Foreign Income upon Transition to the Participation Exemption System of Taxation）が作られている。これは，1986 年から 2018 年 1 月 1 日の期間に海外子会社に留保されてきた課税ベースに対して，1 回限りの課税を行う制度である。現金に対しては 15.5%，流動資産の合計に対しては 8% が適用され，支払い期間は 8 年となっている。

課税方式の変更に伴い，海外子会社等の生産活動と，それに対する課税方式に幾つかの複雑な制度が新設されている。[3]その一つが，「米国外軽課税無形資産所得（Global Intangible Low-Taxed Income 以下，GILTI）」である。

この制度は，低税率国に流失する課税ベースに対して一種のミニマム課税を

行う制度といえる。そのため，アメリカ国外にある外国子会社の超過利潤を，国内の課税ベースに統合して課税する。すでに存在する海外子会社所得の国内企業所得への合算措置を採るサブパートF所得に近いシステムと言える。

　その算定方法であるが，海外子会社が所有する実物資産の10％を通常所得とし，海外での税引き後利益から通常所得を除した部分を超過所得と定義する。この超過所得の50％は控除可能であり，残り半分がアメリカ国内の株主の課税ベースに参入される。控除率50％は2025年までであり，以降は37.5％にその率が引き下げられる。なお，海外で支払った法人税の80％は外国税額控除として支払い税額から控除することができる。

　このため，GILTIに対する実効税率は，2025年までは10.5％，以降13.125％となる。さらに，海外の法人税率が2025年まで13.125％（13.125％×80％＝10.5％），以降は16.40625％（16.40625％×80％＝13.125％）以上の場合は，GILTIに対する課税分の支払いを外国税額控除が相殺するため，基本的に租税負担が生じないといえる。

　こうした制度設計から，GILTIの合算課税の目的は，アメリカの法人税率よりも大幅に低い国へ利益等が留保されることや，企業活動が実施されることへの制限をかける法律といえる。GILTIにより，国外所得へ一定の網をかけており，2017年税制改革は，純粋な意味での域内課税方式とはいえないことが浮かび上がってくる。

　GILTIの課税ベースへの合算措置の他に，域内課税移行後の海外所得への課税強化策として，「税源浸食濫用防止規定（Base Erosion Anti-Abuse Tax，以下，BEAT）」がある。これは，大企業向けのミニマム課税であり，1）アメリカ法人から国外関連者（foreign parties）に対する各種支払い費用を合算した「調整後所得（Modified Taxable Income）」に10％（2018年は5％，2019-25年は10％，26年以降12.5％）を乗じた額が，[4] 2）当該年度の法人税額（一定の税額控除を適用する前）を超過する場合，その差額が追加徴収される。

　つまり，海外関連組織への利払いや支払いを通じた節税行動への抑制策ということになる。ただし，適用される企業は3カ年の平均の粗売上が5億ドル以上の企業であり，税源侵食割合（Base Erosion Percentage）が3％以上の場合に

適用される。税源侵食割合とは，当該年度の損金控除総額に対する，先にも述べた税源侵食支払の当該年度の額の割合で計算される。

　GILTI や BEAT のような政策上の「ムチ」の一方で，「アメ」といえるのが，海外分配無形資産源泉所得（Foreign-Derived Intangible Income）に対する特別税率の設定である。これは，輸出製品の生産特許をアメリカ国内の企業が持つ場合，その売却により生じた利益に対して 2025 年まではその 37.5％を，26 年以降は 21.875％を控除する制度となる。例えば，アメリカ国内の製薬会社が持つ特許により製造され，ヨーロッパや日本など他の国に輸出して得られた収入などに適用される。

　以上のように，2017 年税制改革では，1986 年税制改革以来，最大規模の連邦税制の変更が実施された。特に，本稿の関心事である国際課税スキームは，1) 域内課税方式への変更，2) 全世界課税方式採用時に留保された課税への清算課税，3) 課税ベース漏出問題への対応策，4) 知的財産への課税に関するインセンティブの設定，という性格を持つものであった。これに，法人税の名目税率の大幅な引き下げが組み合わされた形で，アメリカの連邦法人税制は，国際的な租税競争に歩調を合わせた改革を実施したと言える。

　加えて，Avi-Yohna（2020）は，GILTI や BEAT といった国際課税の強化が，他の法人税の負担引き下げに際して生じる減収相殺のために重要視されたことを指摘している。一方，課税ベースの改革では特に利払い控除を中心に，そのタックス・ベネフィットとしての性格を削ぐ改革が実施された。

　TCJA2017 において，連邦法人税は制度的に大きく改革された。この改革は，ドナルド・トランプ政権において実施され，法定税率の大幅な引き下げなどが組み込まれたため，一部では保守派の劇的な改革という印象をもたらやすい。しかし，実際には国際課税の制度変更はそれまでのアメリカにおける税制改革の議論を引き継いで成立したものである。では，こうした改革内容は，過去の制度改革議論のいかなる部分を引き継ぎ，どのような違いを有したのか，節を改めてこれまでの議論を追うことで，その点を明らかにしていこう。

3. 2010年代のアメリカ法人税の変更にまつわる議論の推移

2000年代に入ってのアメリカの法人税制の制度上の課題点について，これまで数多くの改革案が提示されてきたが，租税政策の専門家である Toder & Viard（2016）は，次の3点にこれを整理している。

① 海外利益のロックイン効果へ対応するための目税率の引き下げと全世界課税方式から域内課税方式への移行（海外利益の非課税措置）

② いわゆるパテントボックス税制の導入（知的財産からの利益への軽課措置）

③ 全世界課税下で繰り延べられてきた海外子会社所得への一定期間を通じた取り戻し課税の実施

すでに見たように，2017年税制改革において，上記のいずれもが改革内容に盛り込まれた。ここでは，2013年，14年，15年，16年に行われた議会提案や提案法について，国際課税の改革方針をまとめる。それにより，2017年税制改革がトランプ政権下で短時間にアドホックな形で提案された内容でなく，少なくともオバマ政権以降の法人税制改革の流れを引き継いでいることを示す。

3.1. 2013年上院財政委員会国際課税方式会議資料（Baucus プラン）

上院財政委員会委員長である Max Baucus（民主党：モンタナ州選出）は，オバマ政権下で法人税の国際課税方式に関する変更を議論するために，超党派議論のドラフトを作成した。同資料の前提は，1960年代の成立後，しばしば小規模な修正を繰り返してきたアメリカの連邦法人税制を，2000年代の国際環境に時代即応させようとするものである。法人税改革の方針として，課税ベースを広げ名目税率を引き下げる，全体としての歳入中立など既存の改革パッケージを支持している。

被支配海外子会社（CFC）への課税方法については，2つのプランを提案している。基本的には，全世界課税方式を維持し，アメリカの法人税を被支配海

外子会社にも適用するものとなっている。

プラン1は，海外子会社の利益に対して，即時にミニマム課税（米国法定税率の80％）を実施し，海外法人税税額控除を完全適用する。プラン2は，実態のある事業取引によりもたらされた所得に対しては，全額を米国法人税率の60％でミニマム課税するというものである。この場合は，海外税額控除を適用しない。

Baucusプランでは，海外子会社所得に対して，外国税額控除を認める点で全世界課税方式を維持したものとなっている。海外子会社所得へのアメリカ国内の法人税率を基礎としたミニマム課税と，外国税額控除の適用という点では，2017年度改革のGILTIへの課税方法と重なる面を持っていると言える。[5]

また，同改革は，全世界課税の維持を念頭においてはいるものの，海外子会社所得については減税を行うこととなる。このため，減税前に海外子会社内に繰り延べられてきた所得への清算の有無が焦点となるが，すでに述べたように2013〜15の改革法案・提案の全てがその必要性を支持もしくは内容に盛り込んだものとなっている。

Baucusプランでは，清算課税について一例としつつ，税率を20％，支払期間を8年間としている。

課税ベースの漏出に対する対抗策として明示されているものとしては，海外子会社の負債利子による控除を認めず，国内企業に対してはこれにレバレッジを効かせて実施することで国内投資の喚起と，課税ベース漏出の2つの政策目標を達成することが目指されている。また，顧問料などを通じて海外子会社を利用した節税スキームを規制するなど，いわゆるearning stripping改革が盛り込まれている。

その他の法人税の国際化に関連した改革として，チェック・イン・ザ・ボックスの国外子会社における節税目的での非同意部分の削除，国外法人税の税額控除の簡素化，貸付ファンドに対する利払いの分割清算方式の導入，アメリカ国内の資本形成を促進するための利子控除制度の改革などが提案されている。[6]

3.2. 2014年税制改革法案（Campプラン）

2014年には，下院歳入委員長 Dave Camp を中心に税制改革法案がまとめられた。同法は成立には至らなかったが，改革方針を探る上で重要なものといえる。法案では，法人税率の引き下げと被支配海外子会社からの配当に対する課税について，事実上の域内課税方式への変更方針が示されている。

法人税率は，5年間かけて段階的に25％まで引き下げるとされた。税率引き下げ理由は，先進国間では相対的に高いアメリカの法人税率を引き下げ，企業競争力を強化し，国内へ投資を還流させることが目指されている。

並行して，被支配海外子会社からの配当利益に対する新たな所得非参入措置が議論されている（同提案法 Sec.4001）。被支配海外子会社（国内企業が株式の10％以上を保有しているもの）から，国内の親会社に配当された利益については，その95％を所得非参入とするものである。これに応じて，海外法人税税額控除も，同法案に関わる所得への適用廃止が盛り込まれた（Section. 4101）。

Baucus プランと同様に，国際課税方式の変更に伴う清算制度も提案されている。提案では，1986年以降に発生し，アメリカの法人税課税を繰り延べられている被支配海外子会社の所得に対して，現金及び流動性資産には8.75％，海外子会社で再投資された分には3.5％を1回限り課税するとしている。納税は8年間の分割納入が提案されている。それぞれの割合は，最初の5年間が総額の8％ずつ，次の年に15, 20, 25となっている。清算課税による歳入は，高速道路特別会計に直入することが提案されている。これにより，10年間で1265億ドルの歳入が見込まれ，同特別会計の資金不足を2021年までに解消することが提案されている。

サブパートF所得に関連する措置として，興味深いのは2017年税制改革におけるGILTIとほぼ同等のForeign Base Company Intangible Income（FBCII）が提案されている点である。FBCIIは，サブパートFの新たなカテゴリーであり，調整済み減価償却資産の10％を超える海外子会社の粗売上として定義されている。この内，外国子会社が海外での事業に供した資産に対する割合分のFBCIIと，子会社でなく直接的に海外の否定形資本から受ける所得に対しては，一定の控除が適用される。同所得に対する所得控除の割合は，時間経過に伴い

第 4 章　TCJA2017 におけるアメリカ法人税の国際課税方式の変更に関する議論とその影響

減じられ、最終的に 40％が課税ベースから差し引かれる。

　ミニマム課税の範囲として超過所得を設定すると同時に、アメリカ国内の企業が所有する不定形資産からの収入に対しては、ほぼ半分を控除することで、知的財産を通じた節税行動を抑制すると同時に、知的財産からの所得への課税を優遇する措置が講じられている。別の表現で言えば、被支配海外子会社の知的財産（特許やのれん代等）を用いたアメリカ国内企業の節税行動を抑制し、同時にアメリカ国内企業が知的財産を通じて行う経済活動を奨励する方法といえる（Senate Committee on Finance 2015, p. 59）。

　その点で、FBCII や GILTI は、アメリカにとっては租税回避抑制策である一方、他の先進諸国との租税競争的側面を有した制度と言えるだろう。

　以上が 2014 年税制改革案における、国際課税方式の変更提案である。すでに見たように、その相当程度が 2017 年改革と共通していることが見て取れる。

　国際課税方式に対する議論について、2010 年代以降の議論をもとに、アメリカ上院財政委員会（United State Senate Committee on Finance）は超党派による税制改革に向けた報告書を 2015 年にまとめた。続いて、同報告書により共有された改革方針について確認することとしよう。

3.3. The International Tax Bipartisan

　上院財政委員会では Portman と Schumer の二名により、国際課税方式の変更に向けた超党派の報告書がまとめられている。

　前提として、既存の制度、及びその問題点、近年の改革案として 2014 年税制改革案、2016 年度大統領提案予算の 2 つが取り上げられ、国際課税方式の議論が整理されている。

　報告書の最初には、アメリカが国際競争上、不利な租税制度（全世界方式と高い法定税率）を維持していることが問題視されている。[7]

　加えて、直近の制度的問題として指摘されているのが（Portman & Schumer 2015, pp. 7-10）、国際的な企業合併を用いた節税手法（tax inversions/ foreign acquisitions）と BEPS プランへの対応である。企業合併を用いた節税手法とは、低税率の他国企業との合併及び、本社の登記を移転することで、アメリカ国内

147

の法人税負担を軽減・回避する仕組みである。有名な事件として，アメリカの製薬会社であるファイザーが，アイルランドのアレルガンと合併を試みた事例や（America for Tax fairness 2015），同じく製薬会社の Salix がアイルランドの Cosmo と節税目的の本社移転を行おうとした事例が挙げられる[8]。

　上記の問題に対応する抜本的方法として，以下，5 点の具体的検討事項と基本方針が示された。

　第 1 に，租税のロックイン効果を解消することである[9]。

　すなわち，時代遅れの全世界課税方式と，高い法定税率により，被支配海外子会社に留保された課税繰り延べ所得の国内還流を促すための，抜本的な改革の必要性である。具体的には，国際課税方式を，他の OECD 諸国及び G 7 に合わせて，調整型の域内課税方式へ転換し，併せて一定の課税ベース漏出防止策を組み合わせる方針が示されている。この変更方針は，2000 年代初頭からの主要な改革提案とほぼ共有されたものとなっている。

　この点で，国際課税方式の変更において，アメリカ国内の議論は，租税制度を通じた国際競争を強く意識している。

　第 2 に，知的財産に対する課税の軽減措置の導入の必要性についてである。

　同報告書（*Ibid.*, p. 74）の表でも整理されているが，欧州各国は特許等知的財産を源泉とする利益に対し，法人税と別の軽減税率を講じている。ベルギーは 33.9％の法人税率に対し知的財産からの収入には 6.8％，マルタ島に至っては知的財産収入に適用される税率は 0 ％である。国際的な租税協調プログラムである BEPS プロジェクトとの兼ね合いも意識しつつ，それでも加熱する同分野の租税競争に対して，報告書では知的財産課税へのアメリカ独自の優遇措置を講じる必要性を強い姿勢で述べている[10]。

　第 3 に，課税ベースの漏出への対抗策である。課税方式の変更に伴い，法定税率の低い国へ企業や所得の移転が加速する懸念に対し，一定の歯止めの必要性が示されている。

　具体的手段としては，今後の議論の進展の必要性が示唆されているが，2014 年の Camp プランや 2016 年度大統領予算で提案された，被支配海外子会社に対するミニマム課税方式を採用すべきとしている。さらに，国際的なミニマム

課税を通じて課税ベースの漏出を防止する一方，アメリカの企業の競争力を維持するシステムとすべきとされている。2017 年税制改革で導入された GILTI は，この問題意識を具現化した制度であると言えよう。

第 4 に，利払い控除のグループ間での利用，いわゆる Earning Stripping への制限についてである。

これは，多国籍企業の，グループ企業間での相互持合い負債の利払い費を用いた節税スキームに対して，一定の制限を設けるべきとの議論である。同報告書では，具体的方針については述べられていないが，何らかのミニマム課税を行うべきとの考えは共有されている。2017 年度改革では，負債利子の計上総額に規制を設ける形の改革が実施された。

第 5 に，移行期清算制度についてである。

全世界課税方式から他の制度への変更に伴い，海外の課税繰り延べ所得に対して一定の清算が必要となる。

基本的な制度設計として多く見られるのは，課税繰り延べ所得に対してアメリカ国内還流時に 1 回限りの課税を行うものである。海外税額控除の適用の有無，適用率，課税ベースの選択については一定の議論があるが，清算課税の実施の必要性については報告書内で合意されている。

上院財政員会が作成した，この報告書は，2010 年代の国際課税方式の変更を巡る論点をまとめたものとなっている。

4. 上院議会公聴会（115-284）「国際課税方式の変更」に関する論点

2010 年代におけるアメリカの連邦法人税に関する各種の改正提案について，先の節でまとめた。続いて，2017 年 10 月 30 日に，上院金融委員会が国際課税方式の改革に関する議論を行うために開いた公聴会での論点を，発言者別に整理しておく。

公聴会では，ヒューストン大学法学部のブレット・ウェルズ（Bret Wells），リード大学のキンブリー・クルージング（Kimberly A Clausing），ハーバード大学ロースクールのステファン・シェイ（Stephen E Shay），ジョージダウン大学

のイタイ・グリンバーグ(11)(Itai Grinberg)の4名が招かれてコメントを行っている。

上院金融委員会の議長であるハッチ(Orrin G Hon. Hatch)は，アメリカにおける TCJA2017 以前の国際的利益に対する課税問題を次の2つに整理している。

第1に海外事業所得の海外事業所におけるアメリカ法人税の繰り延べ措置である。全世界課税を導入している際のアメリカ法人では，海外子会社において得られた事業所得は，アメリカに還流するまでは課税が留保されることとなる。

第2に海外保有株式や債権を海外に移し，そこから得られる利子配当所得に対しては，アメリカはサブパートF規定に基づいて即時，この所得をアメリカ法人税の課税ベースに統合することとしている。しかし，アメリカ企業の多くはサブパートF規定を回避し，低税率の外国に収益を留保する複雑なタックスプランニングを数多く行っているとしている。

以上の理由から，アメリカに還流しない所得(ロックアウト効果)によって，アメリカの雇用や投資が妨げられているというのが，ハッチの強調するアメリカにおける国際課税の問題点である。この場合，重要なのはアメリカにおける再投資資金を還流させる上で，アメリカの国際課税方式が障壁になっているという認識である。

ハッチは，返す刀で完全な形での全世界課税についても否定的である。理由は，仮にアメリカ国外の利益に対する即時課税を実施した場合，アメリカの多国籍企業の多くが海外に本社を移し，株式持ち分の調整によるインバージョン(外国親会社設立)を行う危険性があるためである。

上記のように，共和党上院議員として，ハッチが国際課税に対して持つ関心は，あくまでアメリカ国内への投資還流，アメリカ企業のアメリカに対する貢献度合いの上昇に主眼がおかれていると理解できる。

ハッチは，国際課税改革については，共和党と民主党は妥協的な協力点を見つけやすいことを強調している。アメリカ国内への投資の還流を現状の国際課税が阻んでいるのなら，その改革は民主党や共和党という党派を超えたアメリカの利益になるではないか，というのがその主たる主張の根拠といえる。

第 4 章　TCJA2017 におけるアメリカ法人税の国際課税方式の変更に関する議論とその影響

これに対して，同じく同委員会の委員である民主党ワイデン議員は，自身が超党派で共和党ダン・コーツ上院議員（トランプ政権メンバー）とまとめた「2010 年超党派公平簡素税制法案」（ワイデン＝コーツ法案）が 2017 年時点の民主党における議論の根底にあることからも，党派対立を乗り越える可能性に言及している。一方，返す刀で TCJA2017 の税制改革が，全体として中間層のためでなく富裕層のための減税政策であることを批判している。

4.1.　ブレット・ウェルズのコメント

ウェルズは，他の G 7 国が領土主義税制を採用している場合には，全世界課税が，居住国（ここではアメリカのこと）の多国籍企業にとって国際的な競争優位性を引き下げる懸念があることを指摘している。結果的に，以上のような懸念がある中では，アメリカだけが全世界課税を採用することは非合理であり，アメリカも域内主義税制に移行する必要性を主張する。

一方で，アメリカ議会においては，ことにアメリカの利益を守る上では，域内主義税制への移行によってアメリカの課税基盤が損なわれることは避けなければならない。また，サブパート F 規定は，アメリカ国籍の多国籍企業に対して，ある種の競争劣位をもたらしていることから，サブパート F 規定対象のアメリカ源泉所得の移転に対して，各国における源泉課税を通じて対処することが合理的であるとの見方を示している。

この場合想定されているのは，アメリカ国籍の多国籍企業とアメリカ外の多国籍企業との競争条件の中立性である。

この他，ウェルズはアメリカの多国籍企業の競争優位性を守るためにも，アメリカ企業のインバージョンや外国籍多国籍企業の活動利益に対して，アメリカ籍の多国籍企業が不利になるような利益移転措置につながる税制を変更していく必要性を強調している。

具体的な対策としては，税源侵食対策超過税（A Base-Protective Surtax）が有効であることを指摘している。[12]

4.2. キンブリー・クルージングのコメント

クルージングは国際課税における論点は税制上の競争力と企業の基盤保護の２つであると指摘する。

このうち，税制上の競争力において，アメリカ籍の多国籍企業はアメリカ国内の中小企業よりも遥かに低い実効税率しかかかっていないことから，改革の影響で多国籍企業に対する実効税率が上がったとしても企業の競争力に重大な瑕疵が生じることは考えられないと指摘する。

また，域内主義課税への移行は，端的にはアメリカの法人税課税ベースの縮小を意味するため，強力な課税基盤侵食防止策を組み合わせて運用する必要性が強調されている。

クルージングは利益移転の防止には，国ごとの最低税率の導入（ヘイブン国においても導入を強制する形で）が効果的であるとする。

彼女の主張は，ある程度，既存の税制改革の路線に近い。つまり，課税ベースを簡素化し，低い税率を適用することでヘイブン国への利益移転のインセンティブそのものを無くすか，あるいは低めることにある。

同時に，法人負担を適切に課税することでアメリカの中間層や低所得層への租税負担の軽減，インフラ等への新規投資の安定財源の確保こそ財政政策上，重要であるとの認識を示している。

4.3. ステファン・シェイのコメント

シェイもまた，アメリカ連邦財政の健全性のためには適切な歳入増加策を確保する必要があると主張している。

国際課税の方向性については，2011 年のワイデン＝コーツ法案（The Bipartisan Tax Fairness and Simplification Act of 2011）に準拠した，広い課税ベース，低い法定税率を組み合わせた改革案を指示している。この点を含め，シェイはクルージングに近い判断を示している。

また，収入性と実効性のある国際法人税のためには，アメリカ国内の平均税率の６割ないし８割のミニマム課税の税率が必要であることや，共和党提案の税制改革案に含まれている全世界課税から領土課税主義への変更による課税ベ

第4章　TCJA2017におけるアメリカ法人税の国際課税方式の変更に関する議論とその影響

ースの縮小への懸念が示されている。

4.4. イタイ・グリンバーグのコメント

　アメリカにおける法人税とその国際課税について，国内法定税率の引き下げ，域内主義への移行，国際課税方式における種々の非合理な制度の廃止がオバマ政権最後においても，超党派的な合意があったと指摘している。

　グリンバーグは，法定税率の引き下げと域内主義への移行だけでは，アメリカの国際税制における改革において十分ではないと主張する。

　グリンバーグの主張は，主にアメリカ籍多国籍企業と，インバウンド多国籍企業（アメリカにとっての外国籍多国籍企業）との競争条件が，現行の国際税制の元では不公平かつ，アメリカ籍企業に不利であるという点の強調である。この結果，アメリカ籍の多国籍企業が税制上の優遇措置を利用するために，インバウンド多国籍企業とのインバージョンや買収されるケースが増えていることに危機感を持っている。

　グリンバーグはアメリカに対する外国企業の投資そのものは歓迎するものの，アメリカ籍の多国籍企業の海外移転については，アメリカ国内の雇用や直接投資へのネガティブな影響を懸念して否定的である。グリンバーグが主張するアメリカ籍の多国籍企業が持つ，競争劣位は，主にサブパートFによる海外利益への課税制度が国籍の違いによって適用される点を起点としている。

　サブパートFは全世界課税方式において，租税回避を行うアメリカの多国籍企業に一定の歯止めをかけるシステムである一方，ハッチ上院議員のコメントでもあったように，それ自体が複雑なタックスプランニング商品を開発させる動機であり，かつ回避を行うために戦略的に外国籍に転籍する行動を合理化してしまう。

　グリンバーグは，上記の理由から国際最低税率（Pillar 2に相当）がアメリカ籍と外国籍の多国籍企業のアメリカにおける企業活動上の競争力に対する中立化をもたらすと主張している。

　これに関連して，上院議員の数名からインバージョンの回避策としての国際課税の改革の必要性に関する質問が4人の専門家に付された。

153

これに対して，専門家 4 名はいずれも競争条件の平準化のため，つまりアメリカ籍多国籍企業がおかれている中立性問題が国際課税変更における大きな理由であることを指摘している。以上の議論は，国際的な秩序や国家対多国籍企業という対立軸よりも，アメリカ籍の多国籍企業における優位性の維持をどのように保持するかという，極めて一国中心主義的視点が国際課税の変更においてもアメリカ国内では重視されていたことを示す根拠の一つといえる。

　多国間協調の一環として進められる BEPS プロジェクトにおいて，アメリカにおける国際課税の方針や議論が影響を与える一方，アメリカ国内におけるこのような「アメリカの利益」を重視した議論があることは議論を評価する上でも重要な論点だと考えられる。

　実際，法案提出に際してアメリカの企業側の圧力団体から出されたコメントでは，TCJA による法人税改革が支持された。もちろん，TCJA は連邦法人税の法定税率を大幅に引き下げたことがあり，それが企業側圧力団体の支持に繋がったことは明らかである。ただし，全米商工会議所が出している TCJA の議論に際して，上院財政委員会委員長のハッチ委員長に付した意見書においては（U.S Chamber of Commerce 2017/7/11 を参照），法人税引き下げと同時に国際課税の全世界課税方式から域内課税方式への変更を支持する内容が書かれている。

　また，域外所得への課税については，産業のディスインセンティブにならないように慎重な対応を求めてはいるが，明確な反対を示していない。TCJA の法人税改革に関して，産業界が国際課税方式の変更を含んで，一定の支持を示していることは同法案がアメリカ産業界の内部論理を考慮していた点を示す傍証といえよう。

　投資，雇用，企業利益の還流の観点から，以上のアメリカの利益への意識は，TCJA2017 という制度変更後に実際にどのようなマクロ経済的インパクトをもたらしたのか，節を改め確認することとする。

5. 法人税の国際課税の変更はアメリカに何をもたらしたのか

　BEAT 及び GILTI などの税源侵食に対する措置は，アメリカの法人税に対

第4章　TCJA2017におけるアメリカ法人税の国際課税方式の変更に関する議論とその影響

図4-1　近年の連邦政府の法人税収の推移（左軸100万ドル，右軸対GDP比）

出所：The White House Home Pages, *Historical Tables: Table 2.1 — Receipts by Source: 1934-2028* より筆者作成．

してどの程度の影響をマクロ的に及ぼしたのか。また，それぞれの産業構造や資本金別ではいかなる違いを見せたのか。ここでは，2018年度の税務データに対する報告資料をもとに，TCJAによる国際課税の変更がアメリカの法人税収に与えた影響を検討する。

まず，法人税収全体のマクロ的な額について言及しておく。

2015年から2022年までのアメリカの連邦法人税収の対GDP比の推移をみると，TCJAが施行された2018年の税収は対GDP比で0.5％も減少した。実額でも，920億ドルの減少と大幅に減少し，2047億ドルとなっている。

2018年のアメリカ歳入庁の報告によれば，アメリカ国内の株主による申告ベースで，アメリカにおける総所得のうち，3,420億ドルのGILTI（アメリカのグローバルミニマムタックス対象所得）が含まれていたとされる。この所得の殆どは，大規模企業によるもので，GILTI所得の約91％が総資産25億ドル以上の企業に帰属したものだった。これらの企業の総収入は14兆8,000億ドルにのぼり，同年の企業収入の42％以上であるとされる。GILTIの申告は，ほとんどが大企業によって申請されたことがわかる。

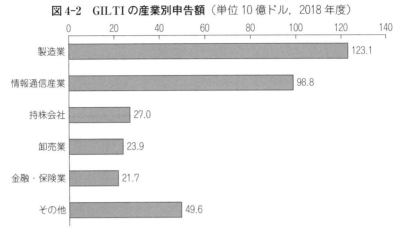

図4-2 GILTIの産業別申告額（単位10億ドル，2018年度）

出所：IRS Web Pages, "Table 2. Form 8992: U.S. Shareholder Calculation of Global Intangible Low-Taxed Income (GILTI), Selected Items, by Sector and Selected Major Industry of Parent" より筆者作成。

　GILTIはFDIIとGILTIに対する250条控除により課税ベースを縮小されるので，概ねGILTI所得の半分に相当する額が所得控除としてGILTIから取り除かれる。2018年度の規模では，GILTI控除は1630億ドルであり，GILTIの純所得は1790億ドルとされる。

　この額がアメリカ国内の課税ベースに参入されて，21％の税率で課税される。その額は単純に計算すると，約376億ドル，同年度の連邦法人税収の2割弱と推定される。ただし，GILTIについては海外で支払った外国税額の80％を税額控除として認められているので，純粋な税収はさらに小さくなることとなる。

　GILTIの申告所得を産業構造別にみると，図4-2のようになる。

　興味深いのは，GILTIによるグローバルミニマム課税の対象所得を最も計上しているのは，いわゆるプラットフォーム資本と呼ばれるような情報通信産業でなく，製造業によるものであるということである。これは，アメリカにおける大規模製造業が，国内の生産や雇用を減らしている一方で，必ずしも特許や技術，生産活動という企業におけるグローバルな活動が小さくなっていないことを表していることといえる[14]。

　一方で，製造業についてGILTI所得を最も計上しているのは，情報通信産業

第4章 TCJA2017におけるアメリカ法人税の国際課税方式の変更に関する議論とその影響

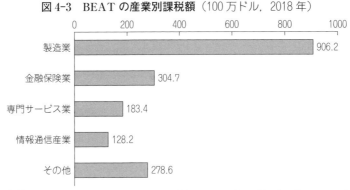

図 4-3 BEAT の産業別課税額（100万ドル, 2018年）

出所：IRS Web Pages, "Table 1. Form 8991: Tax on Base Erosion Payments of Taxpayers With Substantial Gross Receipts, Selected Items, by Sector" より筆者作成。

であり，製造業と同時に新たな資本主義の様相とされる非物質的基盤を置く産業の割合もそれ以外の金融等の産業の3倍以上の額を計上していることも特徴的である。

GILTI以外の国際課税における課税強化策としては，BEAT（Base Erosion and Anti-Abuse Tax；税源浸食濫用防止規定）がある。すでに3節で説明した通り，BEATは外国の関連企業についての支払いによって生じた控除（利子や特許使用料などの支払いを通じたアメリカ国内での控除）が，控除総額の3％を超えた企業（特定の銀行や登録証券ディーラーの場合は2％以上）に対して，ミニマム課税として追徴課税が行われる。

2018年度においてBEATによる追徴課税の対象となった企業は，479社あり，課税額の総額は18億ドルであった。その規模は，同じく国際課税による漏出防止策であるGILTIと比較すると小さいが，それでもアメリカ法人税の1％程度には相当する。

なお，BEATについても最も大きな額を計上したのは製造業であり，次いで金融保険業となる。情報通信産業は産業別では4位であり，製造業の7分の1程度の規模にとどまる。これも，情報通信産業よりも製造業のような実物取引やパテント取引を，実際の生産と関係して行う企業の方が，より多くの節税スキームを利用していることを示すものと考えられる。

以上，TCJA 以降に導入された国際課税の課税強化として，グローバルミニマム課税である GILTI と，これを補完する外国子会社との節税目的取引に対する控除の乱用を防止するための BEAT について，その規模を 2018 年度のデータから明らかにした。グローバルミニマム税制として実行された GILTI は法人税収に対して少なくない割合を計上する規模となっている。

TCJA は，全世界課税から域内課税方式に変更する代わりに，海外での無形資産を利用した節税方法等に対して，一定の枠をかけることを試みた。これにより，アメリカ企業の投資行動はマクロ的には増加したとされる研究報告もなされている（McBride & Durante 2023）。その経路であるが，海外投資による課税上のディスインセンティブが解消され，中立的になった結果，アメリカの多国籍企業が持つ海外資本が 2018，19 年には 10〜14％増加し，これを呼び水に国内資本についても 1.5％が増加したとの分析結果が報告されている。

6. 国際課税の論理とアメリカ内部の論理

以上，2017 年に行われた税制改革によって，大幅に変更されたアメリカの国際課税の背景について，主にアメリカ内部の論理から議論を説明してきた。

Avi-Yonah の興味深い指摘の一方で，GILTI や BEAT といったアメリカの国際課税の制度変更そのものは，アメリカにおける多国籍企業の経済活動のボリュームの拡大，それに伴う法人税制度の制度的矛盾点を出発点にしている。

多国籍な企業活動は，アメリカ国内に起因する生産の必要性を低下させる一方で，全世界課税方式によりアメリカに籍をおく企業は別国籍の企業に対して相対的に税制上のストレスに晒される。そうした状況も手伝って，低税率国への税源や投資の流出はますます深刻となる中で，抜本的な制度変更の必要性が結実したのが TCJA の背景にあった。

TCJA は 2000 年代以降に提案された法人税の変更提案と共通した性格を持ち，トランプ政権における単純なビジネス界優先の議論とは別に，それまでの議論の積み重ねを背景に持っている。それは，アメリカ企業における経済活動が，アメリカ国内でとどまるものでなく，さらに投資される資本が実物だけで

なく特許や無形資産に比重を移していく実態への対応策でもあった。

　以上のような経済活動は，たしかにある意味で全世界的に進行していったものであるから国際課税への対応の実際の対応策が，国家間での包括的対応と近似するのは，ある意味で必然的な性格を持つとも考えられる。

　ただし，OECD の Pillar2（グローバルミニマム課税）が，アメリカの GILTI と本当に近似したものかについては，慎重な判断も必要となる。そして，この 2 つの制度の違いがあるからこそ，アメリカ国内でも GILTI の制度的変更について現在，議論が行われているともいえる。

　最も問題となるのは，GILTI が OECD における GloBE ルールを満たしているのかという点である。実際，GILTI では Pillar2 において認められている超過した外国税額控除の繰越が認められていない。それ以外にも，GILTI は外国税額控除の適用をその額の 80％に制限する措置が行われているなど，Pillar2 で想定されているモデルルールとの乖離が存在する（Coal & Kallen 2023）。

　法人税や GILTI 改革の方向性によっては，アメリカは QDMTT の追加支払いの可能性などが生じるが，こうした制度変更がアメリカの企業活動に与える影響は無視できない。国際協調路線をとるバイデン政権においては，Pillar2 や GloBE を前提とした国際課税に対する制度変更が提案される可能性は少なくない。しかし，2023 年時点でアメリカ議会の多数派は上院が民主党，下院が共和党のねじれの状態にあり，経済活動にネガティブな法人税制改革が通るのには一定の圧力が存在する。

　大統領選挙を控えつつ，アメリカ国内において国際課税が OECD の議論から，やはりアメリカ国内議論に引き戻される可能性は無視できないものといえよう。それは，GILTI を含む近年のアメリカの国際課税制度の変更が，OECD における国際的な課税制度における協調の議論というよりも，国内の経済活動の議論を強く意識して生まれたことを考えれば必然とも言える。そう考えれば，BEPS のような国家間協定の議論は，決して一国論理を飛び越えるものではなく，依然，各国の経済的構造や，政治的不安定性を無視して構築できるものではないことを我々に示しているとも言えよう。

注

⑴　あくまで，2020 年エッセイにおける Avi-Yonah の指摘を読む限りでは，政治的プロセスにおいて両者にどのような関係性があったのかは必ずしも明白とはいえない。

⑵　ただし，海外子会社繰り延べ制度という形で海外の子会社が利益を留保する状態に対しては，その課税を繰り延べてきたため，純粋な全世界課税方式とも言えない面を持つ。また，変更後のアメリカも同様であるが，域内課税方式を採用する国の多くは，海外利益を全額控除するわけではなく一定の制約をかけることが一般的である。その点で，Clausing（2016: 1651f）が指摘するように，全世界，域内，いずれにしてもその純粋な姿を採用する国はなく，両極のグラデーションの中で折衷的な制度を形成することが一般的である。

⑶　こうした制約は，結局，海外に流失した各種の資金や生産資源（特に知的財産）をアメリカ国内に還流させる目的にあるといえる。

⑷　棚卸資産の売上原価と一定のサービス支払いについては除外される。この際，連邦歳入法 482 条により計算されるサービス支払いについては，除外対象となっている。この点で，移転価格税制による節税行動を抑制する役割については，同濫用防止規定の役割は限定的であることが予測される。

⑸　Baucus プランの法人税改革のパターンは，オバマ政権による 2016 年，2017 年の大統領予算提案でのプランと共通性がある。

⑹　被支配海外子会社の所有する資本の購入のための負債を国内企業が保有することで，利子控除を通じてグループ全体の租税負担を軽減する事が可能となる。その一方，バランスシート上，負債超過の状態を起こし，国内企業の「資本の希薄化」が問題視されている。

⑺　国内企業の競争力というテーマは多元的な意味を有している。これを批判的に整理した文献としては，Clausing（2016）を参照されたい。

⑻　いずれのケースも，財務省から禁止命令が出された。

⑼　ここでのロックインという言葉は，企業利潤がアメリカ国内に還流せず据え置かれているという意味で用いられている。

⑽　例えば，p. 76 の次のような表現にあらわれているといえる。「我々は，アメリカにおいて他国の取り組みと戦い（to combat），アメリカの法人の流動性の高い所得を引きつける法的取り組みを速やかに実施すべきだと合意した。また，アメリカ独自のパテントボックス課税を通じて，アメリカの法人による知的財産の所有と発展を，国内製造業とともに，進めていくべきである。

⑾　グリンバーグは，2021 年から 23 年初頭までのアメリカ財務省租税政策局の次官補（多国籍間交渉担当）を務めており，21 年の G20 首脳会議でのグローバル最低税率（Pillar 2）のアメリカ側首席交渉官であったよう。

第4章　TCJA2017 におけるアメリカ法人税の国際課税方式の変更に関する議論とその影響

⑿　税源侵食対策超課税の起源は，ウェルズとロウェル（Wells & Lowell 2011）における提案とされる。第2次世界大戦後の国際課税秩序において生じた基本原則が，根本的に Homeless Income（帰属先のない所得）が移転価格税制を通じて生み出されてしまうことを批判している。この問題解決について，ウェルズらは税源侵食対策超課税として，居住国の企業が他国への支払いを行う場合に，持ち出し分に対して精算的な税を付与することを提案している。その税率は，支払い国（ここではアメリカ）の平均税率を基準とすることを提案している。

⒀　例えば，アメリカ下院の 2017 年 11 月 8 日のブログ記事において，保守系や産業団体系の支持が紹介されている。

⒁　吉弘（Forthcoming）でも指摘しているように，情報化され非物質化してきているとされる資本主義経済の中でも，物質や製造という分野の重要性や，その経済的利益の大きさは必ずしも小さくなっていないことが，こうした企業所得の国際的活動の内容からも見て取れるということであろう。山川（2023）も指摘するように，情報通信産業を基軸としたプラットフォーム資本主義は，その存続のためには大規模なインフラや物質的生産を基盤としなくてはならない。本稿のテーマとは離れるが，このような非物質的資本主義の物質的回転は，今後の資本主義社会のありようを考える場合，重要な論点となると考えられる。

参考文献

American for Tax Fairness（2015）"Pfizer's Tax Dodging RX: Stash Profits Offshore" https://americansfortaxfairness.org/issues/corporate-tax-dodgers/pfizers-tax-dodging-rx-stash-profits-offshore/（Latest access: 2018/09/25）

Avi-Yonah, R. S.（2022）"The Single Tax Principle," U of Michigan Public Law Research Paper No. 22-024.

Avi-Yonah, R. S.（2020）Symposium on Ruth Mason, "The Transformation of International Tax", A Positive Dialectic: BEPS and The United States, AJIL Unbound.

Baucus, Max（2013）Summary of Staff Discussion Draft: International Business Tax Reform, U.S. Senate Committee on Finance.

Clausing, Kimberly A.（2016）"Competitiveness, Tax Base Erosion, and Essential Dilemma of Corporate Tax Reform," Brigham Young University Law Review.

Cole, A & C. Kallen（2023）"Risks to the U.S. Tax Base from Pillar Two" Tax Foundation https://taxfoundation.org/research/all/federal/global-minimum-tax-us-tax-base/z（last day:2024/01/23）.

Committee for a Responsible Federal Budget.（2013）"Baucus Releases International Tax Reform Draft"

http://www.crfb.org/blogs/baucus rcleases-international-tax-reform-draft
(Latest access: 2018/09/25).

Committee on Ways and Means (2014) Tax Reform Act of 2014 Discussion Draft Section-by-Section Summary.

Congress.gov, H.R.1 -An Act to provide for reconciliation pursuant to titles II and V of the concurrent resolution on the budget for fiscal year 2018
https://www.congress.gov/bill/115th-congress/house-bill/1?r=5
(Latest access: 2018/09/25)

Desai, Mihir and James R. Hines (2003) "Evaluating International Tax Reform," *National Tax Journal*, 56, 487–502.

Department of the Treasury (2016) General Explanations of the Administration's Fiscal Year 2017 Revenue Proposals.
http://www.treasury.gov/resource-center/tax-policy/Pages/general_explanation.aspx

Gale, William G. Gelfond, Hilary Krupkin, Aaron. Mazur, Mark J. Toder, Eric (2018) Effects of the Tax Cuts and Jobs Act: A Preliminary Analysis, Tax Policy Center.

Gravelle, Jane (2004) "The Corporate Tax: Where Has It Been and Where Is It Going?" *National Tax Journal*, **52**(4).

Gravelle, Jane (2014) "International Corporate Tax Rate Comparisons and Policy Implications" CRS Report.

本庄資 (2003)『アメリカン・タックス・シェルター　基礎研究』税務経理協会.

今村隆 (2019)「Avi-Yonah 教授の『国際法としての国際課税』を読んで」『日本大学法科大学院法務研究』**16**: 115-141.

Joint Committee on Taxation, 2017 Estimated Budget Effect of the Conference Agreement for H.R.1, The "Tax Cuts and Jobs Act".

Kleinbard, Edward D. (2011) "Stateless Income," *Florida Tax Review*, **11**(9).

McBride, W. & A. Durante (2023) "New Study Finds TCJA Strongly Boosted Corporate Investment"
https://taxfoundation.org/blog/tcja-corporate-tax-economic-effects/
(last day:2024/01/23)

Office of Management and Budget. (2016) Budget of the U.S. Government Fiscal Year 2017, U.S. Government Printing Office.

Portman, Rob & Schumer, Charles (2015) International Tax Reform Working Group: Final Report, U.S. Senate Committee on Finance.

関口智 (2015)『現代アメリカ連邦税制――付加価値税なき国家の租税構造』東京大学出版

会.

Smmartino, Frank. Stallworth, Philip. & Weiner, David. (2018) "Tax Provisions Across Income Groups and Across the States" Tax Policy Center.

Toder, Eric & Viard, Alan D. (2016) A Proposal to Reform the Taxation of Corporate Income, Tax Policy Center.

United States Senate Committee on Finance (2015) "The International Tax Bipartisan Tax Working Group Report."

https://www.finance.senate.gov/imo/media/doc/The%20International%20Tax%20 Bipartisan%20Tax%20Working%20Group%20Report.pdf)

U.S. Chamber of Commerce, "Comment Letter on Tax Reform to Chairman Hatch" (2017/07/12)

https://www.uschamber.com/taxes/https-www-uschamber-com-letter-comment-letter-tax-reform-chairman-hatch (last day: 2024/01/23).

U.S. House Ways and Means Committee, "What America's Job Creators, Conservative Leaders, and Editorial Boards Are Saying about the Tax Cuts and Jobs Act," (2017/11/18)

https://waysandmeans.house.gov/americas-job-creators-conservative-leaders-editorial-boards-saying-tax-cuts-jobs-act/ (last day: 2024/01/23).

U.S. Senate Committee on Finance (2017) "Hearing before the Committee on Finance United State Senate: International Tax Reform," United States Senate.

Wells, B & C. Lowell. (2011) "Tax Base Erosion and Homeless Income: Collection at Source is the Linchpin," *Tax Law Review*, 535.

Wall Street Journal, "GOP Faces Pressure to Slow Tax Bill's Progress in Senate" (Nov/20/2017).

山川俊和 (2023)「プラットフォーム資本主義の環境的基盤」『プラットフォーム資本主義を解読する』ナカニシヤ出版.

吉弘憲介 (2018)「アメリカにおける産業構造の変化と法人税向け租税支出の変遷」『収縮経済下の公共政策』慶応大学出版会.

吉弘憲介 (Forthcoming)『アメリカにおける産業構造の変化と租税政策』ナカニシヤ出版。

"Sens. Rubio, Lee Pitch Expanding Child Tax Credit by Setting Corporate Tax Rate at 22%" (Nov/29/2017).

"Senate Bill Exceeds House One-Time Tax Rates on Foreign Income" (Dec/01/2017).

第5章
グローバルタックスガバナンスへの
アメリカのパワーの影響
――「BEPS2.0」第2の柱を素材として――

松田有加

1. 目的と背景

　本章では，「BEPS2.0[1]」第2の柱を素材として，グローバルタックスガバナンスへのアメリカのパワーの影響について検討する[2]。なお，「グローバルタックスガバナンスは，国境を越える取引を含む又は他の国際的関与を有する課税に関する課題を統治する一連の制度から成る」（Dietsch and Rixen 2016, p. 3）と定義される。

　「BEPS2.0」第2の柱については2021年10月に国際的に合意され，各国の国内法への導入が進められてきている。日本でも2023（令和5）年度税制改正において導入され，2024年4月以後に開始する会計年度から所得合算ルール（Income Inclusion Rule：IIR[3]）が適用されている。また，2022年12月にEUでミニマム課税指令が採択され，2024年1月1日以降に開始される事業年度よりIIRの適用を開始している。そこで本章では，「BEPS2.0」第1の柱より早い時期に各国で実施されつつある「BEPS2.0」第2の柱について検討したい。

　第2次世界大戦後，アメリカの選好が国際課税制度に反映されることを目撃してきた。具体的には，1960年代のControlled Foreign Company（CFC）税制の各国への普及や，1995年のOECD移転価格ガイドラインの改定で利益分割法を導入したことが挙げられる。最近でも，自動情報交換についてアメリカにおけるForeign Account Tax Cooperation Act（FATCA[4]）導入が，非居住者に係る金融口座情報を税務当局間で自動的に交換するための国際基準である「共通報告基準（Common Reporting Standard：CRS）」導入につながっており，アメ

164

リカのマーケットパワーに基づくパワーの利用がそのブレイクスルーだったと考えられている。[5]

　では，「BEPS2.0」第2の柱に関してアメリカのパワーの影響はどうだろうか。BEPSプロジェクト行動1については2015年以降も継続審議とされたが，当初なかなか議論が進まなかった。しかし，2017年トランプ税制改革においてGlobal Intangible Low-Taxed Income（GILTI）税制[6]が導入されると，この影響から当該行動1についての議論は前進し始めた。ここでもアメリカのパワーが重大な影響を与えたと考えられるのである。

　アメリカ産業界は，GILTI税制がGlobal Anti-Base Erosion（GloBE）ルールにおける適格IIR[7]として取り扱われることを当初望んでいたが（White 2021），2023年2月に出されたガイダンス[8]では，GILTI税制は適格IIRと認められず，「ブレンドされたCFC税制[9]」として扱われることが明記された。またそれだけでなく，アメリカがGloBEルールを導入しないなら，アメリカ多国籍企業に対しUndertaxed Profit Rule（UTPR）[10]が適用される可能性がある。UTPRは，最終親会社の所在地国における実効税率（ETR）が最低税率を下回る場合に，最終親会社に係るトップアップ税額をその多国籍企業グループの各構成事業体の所在地国で課税するものである。つまり，UTPRはIIRの補完として，IIRによる課税が十分に実施できない場合，UTPR導入国において代わりに課税を行うルールである。したがって，アメリカがGloBEルールを導入しなくても，アメリカ多国籍企業に対して他国がUTPRを適用する可能性があり，アメリカはかつて経験したことがないほど，国際課税制度に関する国際的合意に従うようプレッシャーをかけられているのである。

　アメリカでは政権によって第2の柱に対する対応も異なることからドナルド・トランプ（Trump, Donald）政権とジョー・バイデン（Biden, Joe）政権とに分けて，アメリカがかかる状況に陥ったのはなぜか，また，そもそも第2の柱の実施についてなぜ国際的合意が得られたのか，そして，アメリカのパワーは第2の柱にかかるグローバルタックスガバナンスにどのような影響を及ぼしたか，FATCAおよびCRSと比較しつつ分析していく。

2. FATCA から CRS へ

　本節では，アメリカで 2010 年に承認された FATCA が，CRS にどのように
つながったかにかかるグローバルタックスガバナンスにおける先行研究につい
て考察したい。本節ではとくに本章と関連の深い Grinberg（2016）と
Hakelberg（2016）そして Lips（2019）について取り上げる。なお，FATCA と
はアメリカ人等が外国金融機関に保有する口座を利用して租税回避することを
防止するため，アメリカ金融市場で事業を行う外国金融機関にアメリカ人等の
金融口座情報を集めさせ，内国歳入庁と共有させるものである。もし外国金融
機関が協力しない場合には，当該機関のアメリカ源泉所得へ 30％で課税する
という制裁が含まれている。外国金融機関はアメリカ金融市場に大いに依存し
ているため，金融分野におけるアメリカのパワーは非常に強い。

　Grinberg（2016）では，第 1 にオフショア租税回避の分野における国際的協
調を達成するためのメカニズム，具体的には多国間自動情報交換システムはど
のように機能し，なぜそれは有効なのか，そして，第 2 にこのメカニズムは主
権国家間の国際課税関係の他の分野に応用できるのか検討している。

　まず，多国間自動情報交換システムへ最も影響力のあった出来事としてアメ
リカによる一方的な FATCA の実施を挙げ，外国金融機関に先に述べたような
な強制的なプレッシャーを適用したこと，およびこれを可能としたアメリカの
金融市場におけるパワーが重要であったことを指摘している。多国間解決の交
渉がなされるよりむしろ，アメリカが一方的に FATCA を実施したことによっ
って国際的議論に大きな変化をもたらしたとし，そして，最終的に CRS へ発
展したと述べている。また，当該システムが主要国間において共通の利益を生
み，国家間での分配上の問題を生じなかったことも重要な要素として指摘され
ている。

　しかしながらかかる FATCA の話が，国際課税のその他の分野における協
調へ応用できるかというと不確かだと述べている。一般的に多国籍企業に関し
て協調が試みられたならば，国家間で分配上の問題が生じるであろうし，

FATCA のときのようにどこかの国が強制的なプレッシャーを課すことは難しいことを指摘している。

かかる Grinberg（2016）における分析は興味深いが，国際課税のその他の分野における協調への応用が難しいという指摘に留まっており，にもかかわらずなぜ第 2 の柱にかかる国際的合意がなされたのかについては検討されていない。

続いて Hakelberg（2016）では，租税回避を防止するため銀行と税務当局との間で非居住者の資本所得に関する自動情報交換が望ましいとされてきたにもかかわらず，緊密な国際協調が必要なためそれが長い間実現してこなかったことを踏まえて，2014 年 10 月の自動情報交換にかかる国際的合意を驚くべきことと評している。そして，なぜこれが可能であったのか検討している。

Hakelberg（2016）では，Grinberg（2016）とは対照的に，FATCA とその後の自動情報交換システムは必ずしも共通の利益を生じるわけではなく，むしろ，スイスやルクセンブルクといった相対的に弱い国の負担でアメリカを有利にしていると結論付けている。

アメリカは世界最大の金融市場であることから強いパワーを有しているが，EU にも多くの外国ポートフォリオ投資が行われており，EU も一定のパワーを有していることが示されている。しかし，EU では税および制裁に関する決定について満場一致を要することから，その市場規模をパワーに変えることができていないと指摘している。

スイスは FATCA へ抵抗したが，アメリカでスイスのあるプライベートバンクが起訴され倒産すると協力せざるを得なくなった。こうしてアメリカは多くの国々と二国間合意を結んでいき，さらに OECD を中心として多国間自動情報交換が国際的に合意されるに至った。

アメリカが自動情報交換を他国に強制した結果，再分配はどのような影響を受けたのか。この点について，非居住者にかかるスイス等における銀行預金残高を用いて分析し，スイスおよびルクセンブルクの金融サービス業にマイナスの影響があったことを明らかにしている。また，CRS に参加しなかったアメリカには外国預金の莫大な流入が見られたとしている。

したがって，FATCA そしてその後の自動情報交換にかかる多国間協力は，

共通の利益を提供したのではなく，スイスおよびルクセンブルクの負担で，グローバルな金融上の富をアメリカへ再分配したようだと述べており，先のGrinberg（2016）とはこうした点について見解を異にしている。しかしHakelberg（2016）においても，Grinberg（2016）と同様に第2の柱については分析されていない。

　次に，Lips（2019）では，グローバルタックスガバナンスにおけるグレイトパワーとしてのアメリカの役割を検討し，これが自動情報交換とBEPSプロジェクトとにどのような影響を及ぼしたか検討している。

　自動情報交換に関して，アメリカは経済面において極めて大きな国内市場を有していることから，また，金融制度においてドルは欠くことのできない立場にあることからグレイトパワーを有している。そして，BEPSプロジェクトに対しても，GDP等の経済指標からアメリカはグレイトパワーである。一方で，自動情報交換の適用は多国間租税協力における重要な改善と広く考えられているのに対し，他方，BEPSプロジェクトは移転価格税制と独立企業原則といった法人の租税回避を基本的に可能にするものに対処していないと批判されている。

　そこで検討を行い，自動情報交換および銀行機密廃止の成功と，BEPSプロジェクトにおける独立企業アプローチを廃止することの失敗は，前者ではアメリカのイニシアティブがあり，後者ではそれが欠如しているというアメリカによる一方的な行動によってのみ説明されるものではないとしている。自動情報交換についてはアメリカのパワーが「ゲームチェンジャー」として広く捉えられているが，これに加えてアメリカからの明確な制裁があったこと，G20諸国の利害が一致したこと，既存の国際課税制度への追加だけでその変更を含まないため分配上の重大な対立が生じなかったことから，CRSにつながったと分析している。なお，アメリカは先に述べた通りCRSを導入していない。したがって，アメリカの金融機関は他国へ情報提供をしないため，アメリカ国内金融機関の競争力は他国のそれに比して高まり，アメリカへの外国ポートフォリオ投資を増加し，さらに，アメリカ市民による外国投資から税収を増やしていると考えられ，アメリカの国益に適う状況が作り出されている。

しかしながら，BEPS プロジェクトについては制裁のような強制メカニズムが存在しておらず，また，独立企業原則の変更ということになると利益再分配についてアメリカと EU など大国間で激しい対立があり，アメリカがもし BEPS 議論から一方的に脱退すると源泉地国課税強化などアメリカ多国籍企業の不利益につながる恐れのあることから，BEPS プロジェクトへの参加を継続して内側から源泉地国課税を制限することを選択したため，ユニタリータックスではなく，アメリカの国益に適う独立企業原則が継続されたと考察している。[11]

以上のように Lips（2019）では，アメリカのグレイトパワーがグローバルタックスガバナンスへ及ぼす影響について興味深い考察がなされている。しかしながら，自動情報交換と「BEPS1.0」についてのみで，「BEPS2.0」第 2 の柱についてはここでも検討されていない。そこで，本章ではこの点について分析していく。

3. 第 2 の柱における GILTI 税制の取り扱い

初めに，3.1 で GILTI 税制の概要等について説明し，3.2 では第 2 の柱に関する議論において GILTI 税制はこれまでどう扱われてきたのか，そして，3.3 ではガイダンスでの GILTI 税制の取り扱い方法について簡潔に説明する。

3.1. アメリカにおいて GILTI 税制が導入された背景とその概要[12]

2017 年トランプ税制改革における国際課税改革について河音教授は「これまでのアメリカ国際課税ルールに対して抜本的な転換を迫るものであった」（河音 2020, p. 122）と述べている。とくに本章と関連が深い改革としては，アメリカ企業に対して従来は全世界所得課税が適用されていたが，他の先進諸国と同様に領土内課税原則へ転換されたこと，および，欧州諸国等でパテント・ボックスが採用され，知的財産権や研究開発費およびマーケティング資産をはじめとした無形資産に対する優遇税制が導入されたことに対応するため，GILTI 税制が創設されたことが挙げられる。

GILTI 税制はアメリカ CFC の課税対象所得のうち，CFC の事業資産から生

じる通常レベルの所得を超える所得を，無形資産所得という超過所得と捉え，これを米国株主において毎期合算課税するもので，ここでは全世界所得課税を適用している。トランプ税制改革において法人税率は21％まで引き下げられ，また，2018年1月1日から2025年12月31日以前に開始する事業年度においては，当該超過所得，すなわち，GILTI所得の50％が控除され，2026年1月1日以降開始される事業年度ではGILTI所得の37.5％が控除されることから，事実上GILTI税率は，先の期間において10.5％，後の期間において13.125％となる。したがって，GILTI税制は無形資産所得への税負担を軽減するものである。

　アメリカはトランプ税制改革までCFCの課税対象所得に対してアメリカでの課税の繰り延べを容認してきた。これは従来はアメリカの国益に適うものであった（Lips 2019, p. 113参照）。なぜなら，課税繰り延べを認めることでアメリカ多国籍企業は税負担なく再投資が可能となり，アメリカ多国籍企業の競争力を高めるからである。また，外国間タックスプランニングを行うインセンティブをアメリカ多国籍企業へ与えることから，アメリカ以外の国へ支払われる税が減じられ，アメリカでの外国税額控除がより少なくなり，アメリカの税収を増加させるからである。したがって，課税繰り延べ容認からGILTI税制という毎期課税への変更は大幅な方針転換となっていると言えよう。

　なお，トランプ税制改革前の2016年にアメリカ財務副次官補であったロバート・スタック（Stack, Robert）氏は，「アメリカ自体を害する風変わりな方法の1つは，この繰り延べ利益をオフショアに留保させ，そして，他のすべての国が『おやまあ，これは私のものに違いない。アメリカは課税していないのだから』と考えることだ」（Martin 2016）と述べている。アメリカが当時の国際課税の状況をこのように考えていたこともGILTI税制につながったと考えられる。

3.2. 第2の柱におけるGILTI税制の取り扱いの変化

　2015年にBEPS最終報告書が出されたが，先に述べた通り行動1については継続審議とされた。その後しばらく議論はあまり進展しなかったが，2017年

末にトランプ税制改革が行われると，2018年3月に中間報告が出され議論が進展した。そして，2019年1月のポリシーノート[13]以降，BEPS行動1は第1の柱と第2の柱の2つの柱を検討することとされた（松田 2021 参照）。本章では，この第2の柱について考察している。なお，ポリシーノートにおいて，第2の柱はアメリカ税制改革といった最近の発展を反映していると書かれており[14]，GILTI税制が第2の柱へ影響を及ぼしたと考えられる。

その後，2020年10月ブループリント[15]では，GloBEルールとGILTI税制との共存について「その共存が合理的に同等の効果を達成するなら，GILTI税制をGloBEルール目的のための適格IIRとして取り扱う理由はある[16]」としながらも，技術的にはGILTI税制とGloBEルールとの調整についてさらなる検討が必要と述べている。また，2020年10月声明[17]では，「アメリカのGILTI税制は，ブループリントで設けられたIIRに準拠する第2の柱として扱われる」（p.4）とされている。したがって，この時点では，GILTI税制が適格IIRとして認められる方向性であったと判断できる。

しかし，2021年7月声明[18]で「第2の柱は国別に最低税率を適用すると合意された」とし，「平等な競争条件確保のために，アメリカGILTI税制がGloBEルールと共存する条件が検討されるだろう」（p.5「GILTI共存」）と書かれていることから，包摂的枠組みではGILTI税制を適格IIRとして認めることを否定したことが見て取れる。ここでは，実効税率の算定について，GILTI税制のように全世界ベースで高税国の実効税率と低税国の実効税率をブレンドする全世界課税方式ではなく，国別に実効税率を算定することが確かめられている。しかしながら，なぜこのようにGILTI税制の扱いは変更されたのだろうか。この点については第4節で考察したい。

その後，2021年10月声明[19]に「GILTI共存」について2021年7月声明と全く同じ文章が記載されている。さらに，2021年12月モデルルール[20]でも，GILTI税制の取り扱いについて2021年7月声明とほぼ同じ内容が記載されている。

そして，2023年2月ガイダンスで，GILTI税制は適格IIRではなく，ブレンドされたCFC税制として扱われることが公表された。この取り扱いに対して，アメリカ財務省は「この合意されたガイダンスを歓迎する」（U.S. Department of

Treasury 2023）とのコメントを公表している。それまで GILTI 税制の下で支払われる税額が第 2 の柱の下でどのように扱われるのが明確でなかったため，二重課税となることが懸念されていたからである。かかる取り扱いが明らかになったことで二重課税が回避され，確実性が提供されたとしている。

3.3. ガイダンスでの GILTI 税制の取り扱い方法

　「ブレンドされた CFC 税制とは，所有権が構成事業体所有者（または単一の税務申告書を提出する多数の構成事業体所有者達）によって保有される多数の CFC の利益，損失，および/または，税額控除可能な税額のブレンドに基づいて，CFC 税制の下での税負担が計算される税制である。」（ガイダンス　2.10.1 パラグラフ 2）アメリカの現行の GILTI 税制はこのブレンドされた CFC 税制として扱われ，2025 年 12 月 31 日以前に開始し，2027 年 6 月 30 日までに終了する事業年度に期間は限られてはいるが，GILTI 税額について特別な配分方法が認められている。なお，この期間終了後，かかる特別な配分方法を継続するか否かの判断は包摂的枠組みによって判断されるとのことである。

　それでは，ガイダンスに示されている例を用いて GILTI 税額，すなわちブレンドされた CFC 税額の各国への配分方法について説明していく（ガイダンス 2.10.4　Example 4.3.2-1 参照）。先に述べたように GILTI 税制は全世界所得課税方式で算定されているので，各国にいくら税額を配分するかが問題となる。

　X 国に最終親会社のある多国籍企業グループが，同国でブレンドされた CFC 税を課されるとする。この最終親会社は A 国に A 社を，B 国に B 社を，そして，C 国に C 社を有しており，A 〜 C 社は CFC である。最終親会社が A 〜 C 社を 100％所有し，各 CFC の所得はすべて最終親会社の帰属所得である。ある事業年度において A 社は帰属所得 100 を生み，B 社は帰属所得 50 を，C 社は帰属所得 25 を生んだとする。A 国の GloBE 国別実効税率は 10％，B 国のそれは 20％，C 国のそれは 5％である。ブレンドされた CFC 税制の下で最終親会社に 20 の税負担が生じ，これを各 CFC へ配分する。

　ブレンドされた CFC 配分キーに基づいて各国へ配分されるため，初めにこれを算出する必要がある。各 CFC のブレンドされた CFC 配分キーは表 5-1 の

第5章　グローバルタックスガバナンスへのアメリカのパワーの影響

表 5-1　各 CFC のブレンドされた CFC 配分キーの算定

事業体	配分キー計算	ブレンドされた CFC 配分キー
A 社	100 × (13.125% − 10%)	3.125
B 社	50 × (13.125% − 20%)	配分なし
C 社	25 × (13.125% − 5%)	2.031
すべてのブレンドされた CFC 配分キー合計		5.156

出所：OECD（2023a）ガイダンス，p.70 より一部改変。

ように計算される。A 社のブレンドされた CFC 配分キーは，帰属所得 100 に，X 国におけるブレンドされた CFC 税制，ここでは GILTI 税制で実際に課される税率である 13.125％から A 国の GloBE 国別実効税率 10％を差し引いたものに帰属所得 100 を乗じて 3.125 と算出される。B 社のブレンドされた CFC 配分キーについては，B 国の GloBE 国別実効税率は 20％であり，13.125％を超えていることから配分なしとされる。したがって，GloBE 国別実効税率が相対的に高い国に税額は配分されず，それが相対的に低い国へ集中的に税額は配分される。それゆえ，アメリカの GILTI 税制による税負担は二重課税を回避できるだけではない。各国へ配分された税額は，その各国の GloBE 国別実効税率算定時に税に含まれることから，GloBE ルールにおける税負担軽減にも資するアメリカにとって有利な方法となっている。そして，C 社のブレンドされた CFC 配分キーは，A 社のそれと同様に計算され 2.031 と算出され，ブレンドされた CFC 配分キー合計は 5.156 となる。

　続いて，最終親会社に課されているブレンドされた CFC 税額 20 が各社にどのように配分されるかを，表 5-2 に示した。A 社のブレンドされた CFC 配分キー 3.125 を，ブレンドされた CFC 配分キー合計 5.156 で除したものに，20 を掛けることにより，A 社への配分額が 12.12 と計算される。同様に C 社への配分額についても計算すると 7.88 となる。

表5-2 CFC 税額20の配分

事業体	配分額計算	配分されるブレンドされたCFC税額
A社	(3.125/5.156) × 20	12.12
B社	配分なし	配分なし
C社	(2.031/5.156) × 20	7.88
配分されるブレンドされたCFC税額合計		20

出所：OECD（2023a）ガイダンス，p.70より一部改変。

4. 分　　析

3.2で述べたように，2020年10月声明ではGILTI税制を適格IIRとして認める方向性であったのに，2021年7月声明でGILTI税制を適格IIRと認めない方向へ変更された。この間，アメリカでは2021年1月にトランプ政権からバイデン政権へ交代している。そこで本節では，**4.1**でなぜトランプ政権時にGILTI税制は適格IIRと認められる方向性であったのか，そして**4.2**でバイデン政権時になぜGILTI税制は適格IIRとして認められない方向へ転換されたのか考察する。続いて，**4.3**ではアメリカが「ブレンドされたCFC税制」を利用するための条件について検討する。これらの分析を通じてグローバルタックスガバナンスへのアメリカのパワーの影響について明らかにしたい。

4.1. なぜトランプ政権時にGILTI税制を適格IIRと認める方向性だったのか

第2の柱は，3.2で述べた通り，2017年GILTI税制導入の影響を受け議論が進んだと考えられることから，アメリカのパワーが第2の柱の議論の進展に重大な影響を及ぼしたと考えられる。

こうした状況をゲーム論的に考察すると，アメリカは包摂的枠組みにおける第2の柱の議論に先立ち，ハードローである国内法にGILTI税制を導入することでコミットメントし，国際的な議論におけるフォーカルポイントを作り出したと考えられる。フォーカルポイントを作り出すことでこれに沿った国際的

第5章　グローバルタックスガバナンスへのアメリカのパワーの影響

合意を成立しやすくするとともに，FATCAのときのようにアメリカの国益に適う状況を作り出すことを狙ったのであろう。

また，2019年12月3日にアメリカ財務長官スティーブン・ムニューシン(Mnuchin, Steven)がOECD長官へレターを送った。そこには第1の柱についてセーフハーバー[21]を設けることに触れるとともに，第2の柱については「GILTI税制に類似した第2の柱解決策を完全に支持する」(Mnuchin 2019)と記されていた。当時，第1の柱には大いに注目が集まっていたが，それに比べると第2の柱はそれほど注目されていなかった。しかし，このレター後，第2の柱に関する議論は活発化し，現在では第2の柱の方が第1の柱よりも早く各国税制へ導入され，実施されつつあることは第1節で述べた通りである。ここでも，アメリカはそのパワーを利用し，GILTI税制に類似した第2の柱というフォーカルポイントでの国際的合意へと促した。

さて，先ほどアメリカがフォーカルポイントを作り出したことはその国益に適うと述べたが，その国益とはどのようなものだろうか。GILTI税制とIIRとは，無形資産所得を算出し，これに最低税率に至るまで課税するという点で類似している。しかしながら，実効税率について，GILTI税制では全世界所得課税方式によって，そしてIIRでは国別課税方式によって算定されることから，前者では実効税率の算定において高税国での税負担と低税国での税負担をブレンドするグローバルブレンディングが行われるのに対し，後者では国別ブレンディングに限定されるため，前者の方が，後者に比べて税負担が少なく抑えられる結果となる。ゆえに，GILTI税制の方がIIRよりも，租税回避防止効果は低減する。

したがって，もしGILTI税制が適格IIRと認められていたならば，アメリカはGILTI税制によって税収を確保し，アメリカに最終親会社を置く多国籍企業グループは税負担が相対的に少ないことから競争力を高めることができ，アメリカの国益に適う状況が作り出せたはずである。もしかしたら，最終親会社を他国からアメリカへ引きつけることもできたかもしれない。

ではなぜこのようにアメリカに有利なGILTI税制を適格IIRと認めようとしていたのか。その理由として，いったんフォーカルポイントが形成されると

175

そこから動かすことが難しいことが挙げられる。これは国際課税制度が約100年もの間基本的に変化しなかった理由の1つである。別のフォーカルポイントを形成することが難しく，また，もし新たなフォーカルポイントが形成されたとしても，それがこれまでのものよりも各国にとって良いという保証もないからである。

さらに，トランプ政権時には最低税率について国際的に合意されていなかった。2020年10月のブループリントにおける例示では最低税率として10%あるいは11%が多用されていた（ブループリント Annex A. Examples）。この時，アメリカ GILTI 税率が10.5%，そして2026年1月1日以降それは13.125%と予定されていたことから，また，アイルランドの法定税率である12.5%を軸として包摂的枠組みで最低税率が検討されていたことから，アメリカが第2の柱から一方的に離脱しても，アメリカの実効税率は最低税率よりも高くなるため，他国が UTPR をアメリカ多国籍企業へ適用することはできず，ゆえにアメリカが一方的に離脱することへの制裁は存在していなかった。こうした制裁という強制メカニズムが存在しない状況は，CRS および1998年からの OECD における有害な租税競争への取り組みでも同様であった。アメリカは CRS を導入せず，また，後者についてはアメリカが一方的に離脱してその取り組みは推進力を失うこととなった。そこで，今回はこうした事態を避けたいということもあったであろう。

以上より，トランプ政権時のアメリカはそのパワーを利用して，第2の柱の実施に向けた国際的合意成立へ大きく歩みを進めることに貢献した。同時に，GILTI 税制をめぐっては他国との間で分配上の対立が存在していたけれども，アメリカに対する強制メカニズムが存在していなかったことから，アメリカは強力なパワーを振るって自国利益を追求していたと言えよう。

4.2. バイデン政権時になぜ GILTI 税制は適格 IIR と認められない方向へ転換されたのか

先に述べた通り，2021年7月声明において GILTI 税制は適格 IIR と認められないと変更された。なぜこのような変更が行われたのだろうか。この変更要

因として，トランプ政権からバイデン政権への交代が挙げられる。2021 年 1 月にバイデン政権が発足すると，2021 年 2 月には先述した第 1 の柱に関するセーフハーバー提案を取り下げ，アメリカは 2 つの柱の国際合意形成に再びコミットメントして国際協調へ復帰した。

2021 年 4 月のバイデン政権最初の税制改革提案である Made in America Tax Plan は，「オフショア投資のインセンティブを取り除き，実質的に利益移転を減じ，法人税率にかかる租税競争に対抗し，そしてクリーンエネルギー生産のための租税優遇措置を提供することによって，アメリカの企業と労働者をより競争力あるものにする」(U.S. Department of the Treasury, 2021a: 1) ことを目的としていた。その内容としては，公約した福祉と環境政策を実現するために費用がかかるため，その財源として法人税率を現行の 21％から 28％へ引き上げること，また，これに伴い GILTI 実効税率も 21％へ引き上げ，かつ，全世界所得課税方式から国別課税方式への修正を提案している。なお，国別課税方式への修正は，税収増を狙った国内的要因からであって (U.S. Department of the Treasury, 2021a: 11)，もともと租税回避防止効果のより高い国別課税方式を支持してきた国際的議論に歩調を合わせたわけではない。バイデン政権はその発足時，上院と下院の両方において民主党が事実上多数派であったことから，当該税制改革案を成立できると見込んでいたのであろうが，結局，一部の民主党議員の反対からそれは承認されなかった。しかしながら，アメリカの国内的要因に基づいたかかる修正により，国際的な議論において GILTI 税制容認，すなわち，全世界所得課税方式容認から，国別課税方式のみを認めるようにフォーカルポイントは修正された。アメリカが国別課税方式へ修正することは，より平等な競争条件確保に資する。ゆえに，全世界所得課税方式を適用するアメリカの GILTI 税制を適格 IIR と認めない 2021 年 7 月声明へ繋がったのであろう。

続いて，最低税率の国際的合意について考察していきたい。Made in America Tax Plan 提案を受けて，2021 年 4 月にアメリカは第 2 の柱における最低税率として 21％を提案したが，アイルランド等は反発した。アイルランドは法定法人税率を 12.5％と相対的に低く設定することにより国外から投資を引きつけ

る政策を行ってきたことから，もし21%という高い税率が設定されると経済に重大なマイナスの影響があると予想されたからである。また，先に述べたように，ブループリントにおける例示において最低税率として10%と11%が多用されており，包摂的枠組みでは12.5%を軸として最低税率が検討されていたことから，最低税率21%というのはかなり高い税率であった。

　こうしたアイルランド等の反応を受け，アメリカ財務省は2021年5月20日のBEPS会合で，法人租税競争と法人税源浸食の圧力を終わらせ，もって，各国が重要な国内投資を行うための税収を確保するために，多国間協力が重要であるとして，最低税率は「少なくとも15%」であるべきだと提案して譲歩を示した（U.S. Department of the Treasury, 2021b）。バイデン政権にとって，最低税率について合意できないよりは，それを引き下げたとしても合意した方が，GILTI税率を引き上げやすく税収増につながるからであろう。そして，この「少なくとも15%」がその後のフォーカルポイントとなった。21%よりは引き下げられたとはいえ，それまで議論されていたよりは高い税率であり，アメリカのパワーがここにも現われていると言えよう。そして，2021年7月に最低税率を「少なくとも15%」とすることに130か国以上の国々が合意した。

　ただし，アイルランドは2021年7月声明には合意せず，2021年10月声明において合意している。この理由として，2021年10月声明では，最低税率が「15%」とされ「少なくとも」が削除されたことから，15%超の最低税率を採用される可能性が無くなったこと，GloBEルール適用外の会社に対しては12.5%の法定税率を継続できると確認されたこと，アイルランドは小国開放経済で多くの国々と密接に結びついており，これらの国々が支持するであろうものに国際的に一致しておくことが安定性と確実性をもたらすであろうことを挙げている（Ireland, Department of Finance, 2021）。そして，2021年10月8日の包摂的枠組みにおいて世界のGDPの95%超を占める135か国を超える国々が第1の柱と第2の柱から成る2つの柱の合意に至った。

　その後何度かバイデン政権は国内税制改革においてGILTI税制を現行の全世界所得課税方式から国別課税方式へ改正しようと努めたが，結局，本章執筆時点である2023年12月末においてもGILTI税制は全世界所得課税方式のま

までであり，また，税率も変更されていない。バイデン政権は国内の税制改正を進められず，自ら設けた国別課税方式および最低税率15％という新しいフォーカルポイントを実現できていない状況にある。そして，最低税率を15％としたことによって，アメリカは他国からUTPRを適用される可能性が生じてきたのである。

さて，アメリカのグローバルタックスガバナンスにおけるパワーはどう変化したのだろうか。バイデン政権においては，第2の柱に関しては，第1節で述べた通り，アメリカがGloBEルールを導入しなくても，他国がUTPRを適用すればアメリカ多国籍企業の税負担は増加するとともに，アメリカは税収を損なうことになるであろうから，アメリカは適格IIRを導入して税収を確保しようとするインセンティブを有しており，[23]アメリカに対して適格IIR導入への一定の強制メカニズムが組み込まれていると言えよう。しかし，この強制メカニズムはFATCAの時にアメリカが他国に対して行ったそれに比べれば弱い。そこで，GILTI税制をブレンドされたCFC税制として扱うことにより，そして，先に説明した通りアメリカにとって有利なその取り扱い方法の利用に期限を設けることにより，アメリカにも可及的速やかに適格IIRを導入するよう他の国々がまとまってプレッシャーをかけているのである。

U.S. Joint Committee on Taxation（2023）では，世界の残りの国々が2025年に第2の柱を実施するがアメリカはそれを未実施の場合，世界の残りの国々が2025年に第2の柱を実施しアメリカもそれを2025年に実施する場合など5つのシナリオを想定し，それぞれのシナリオにおける連邦税収への影響を測定している。そこでは，アメリカにおいて第2の柱を導入することによって，減収幅が少なくなる，あるいは，増収幅が大きくなるため，その導入は国益に適うことを示している。アメリカはこれまで基本的に国内要因に基づいて税制改正を行ってきていたことから，こうした算定を行うこと自体，アメリカ側も一定程度プレッシャーを感じていることを表しているのではなかろうか。

これまでのところで見たように，バイデン政権時のアメリカは，第2の柱にかかる国際的合意を導き出す過程で重要な役割を果たした。かかる合意が成立した理由としては，バイデン政権で税収増を狙った国別課税方式への変更とい

った税制改革に関する方針転換により，アメリカと他国との間で分配上の対立が少なからず解消されたことが大きい。また，最低税率15％に関しては，FATCAの時と同様に，一部の先進国間で分配上の対立は存在していたけれども，アメリカがパワーを発揮してアイルランドの負担でアメリカにとって都合の良い税率での国際的合意に至ったのである。しかしながら，アメリカにおいて国際的合意に沿った税制改革を実現できず，実際の税制においては分配上の対立が続いている。しかし，アメリカが第2の柱にかかる国際的合意から一方的に離脱することは難しくなっていることから，アメリカは少なくともある程度追い込まれていると言えよう[24]。

ところで，アメリカへ強いプレッシャーをかけるためには，アメリカ以外の国々がまとまっていることが重要である。第2の柱の目的の1つは，法人所得にかかる租税競争の底を作り税源浸食を防止することである。こうした目的については多くの国々，少なくともほとんどの先進国においては共通利益がある。また，第2の柱はこれまでの国際課税制度における居住地国課税権の一部を拡張するものの，源泉地国課税を優先するなどの基本原則について抜本的な変更を迫るものではない。しかし，それでも先進国と途上国との間で分配上の対立は潜在的に存在している。

まず，先進国は第2の柱を導入すると税収や国内への投資が増加すると予想される。次に，先進国が第2の柱を導入し途上国がそれを導入しないならば，途上国への投資は減少し，その経済にマイナスの影響が及ぶであろう。続いて，先進国と途上国の双方が第2の柱を実施すれば，途上国経済へのマイナスの影響とともに，その税収増の可能性があり，途上国が第2の柱を導入することによる国益は必ずしも明確ではない。ゆえに，途上国が第2の柱を導入するには，先進国が途上国へ補償を行い，途上国への分配を増やす必要がある。

2020年10月のブループリントで，条約特典否認ルール（Subject to Tax Rules：STTR）を源泉地国に優先的に適用することを認めており，源泉地国への，したがって，基本的に途上国への分配を優先している。また，2021年12月のモデルルールでは，Qualified Domestic Minimum Top-up Tax（QDMTT）の導入を認めている[25]。QDMTTは，国内法で規定され，GloBEルールと同等の方法

により，同一国内の構成事業体の超過利益に対して最低税率まで課税するものである。これも源泉地国である途上国への分配をより高めるものである。

このように，先進国は途上国も第2の柱を導入するよう途上国への分配を高め，先に述べたように2021年10月8日には135か国を超える国々が第2の柱の実施に合意することへつながった。それゆえに，アメリカに対しまとまってプレッシャーをかけることができ，その圧力を強めているのである。

4.3. ブレンドされたCFC税制を利用するための条件

アメリカはさらに異なるプレッシャーに晒されている。先に述べた通りGILTI税制はブレンドされたCFC税制として扱われることとなった。**3.3**において GILTI税額がGloBE税額算定においてどのように扱われるか説明したが，アメリカがこの有利な配分方法を利用するためには条件が付されている。まず，QDMTTにかかる所得税額は，その国にとってのGloBE国別実効税率の計算に含まれると記されている。そして，「ブレンドされたCFC税制が他の税額控除可能な対象税と同じ条件でQDMTTのための外国税額控除を許す場合のみ，QDMTTはGloBE国別実効税率を決定するとき考慮に入れられる」（ガイダンス 2.10.3 58.6）という条件が付されている。この条件は何を意味するのだろうか[26]。

もしアメリカがGILTI税額算定にあたりQDMTT税額に外国税額控除を認めれば，3.3で見たガイダンスに示された有利な算定方法が適用され，ブレンドされたCFC税額配分のための実効税率が低い国へGILTI税額は配分され，その結果，当該国におけるGloBE税額算定のための実効税率が高くなり，当該国にかかるGloBE税額が減少して，アメリカ多国籍企業の税負担が減少する。もって，アメリカ多国籍企業の二重課税が低減される。さらに，当該条件が満たされることによって，GILTI税制よりもQDMTTを優先する，換言すれば，居住地国課税よりも源泉地国課税を優先する従来からの国際課税原則に沿った制度となり，また，第2の柱におけるQDMTTをIIRおよびUTPRより優先適用する点も遵守され，国際的に一貫した国際課税制度に資する（モデルルール 5.2.3）。

しかし，アメリカがGILTI税額算定にあたりQDMTT税額に外国税額控除を認めないならば，QDMTT税額はブレンドされたCFC税額配分のための実効税率算定時に加算されず，各国のブレンドされたCFC税額配分のための実効税率は低く表示されるので，QDMTT実施国へもGILTI税額が配分されることとなる。しかしながら，QDMTT実施国はトップアップ税率に達するまですでに課税しているので，当該国へGILTI税額が配分されても，当該国におけるGloBE税額は減らない。ゆえに，アメリカ多国籍企業はGILTI税額とQDMTT税額の両方を負担することとなり二重課税が生じる。さらに，当該条件を認めない場合，アメリカ以外の国々がIIRおよびUTPRより優先してQDMTT課税を認めているのに，アメリカはQDMTTよりもGILTI税制を優先することとなる。このことは，アメリカが源泉地国課税よりも居住地国課税を優先することを意味するため，これまでの国際課税原則を逸脱しており問題であろう。

ガイダンスに付された条件は，アメリカがGILTI税制においてQDMTT税額に外国税額控除を認めるよう求めている。ゆえに，アメリカはブレンドされたCFC税制を利用するための条件という点からもプレッシャーをかけられているのである。

5. グローバルタックスガバナンスにおけるアメリカのパワー

本章では，「BEPS2.0」第2の柱にかかるグローバルタックスガバナンスへのアメリカのパワーの影響について分析してきた。

その結果，アメリカが第2の柱にかかるグローバルタックスガバナンスへ及ぼした影響は極めて重大であることが明らかとなった。アメリカはそのパワーを用いて他国では実行できない第2の柱にかかるフォーカルポイントの形成に重要な役割を果たした。まず，トランプ政権におけるGILTI税制の導入が第2の柱の方向性を決定づけた。また，バイデン政権での国別課税方式と最低税率15％により，第2の柱にかかる国家間の分配上の対立への対応が進み，その国際的合意へ道筋をつけた。アメリカのパワー無しではかかる合意に達すること

は難しかったであろう。

しかしながら，アメリカのパワーだけで合意に達することができたというわけではない。本章では，先進国が途上国への分配を高めたこともかかる合意達成のために重要であったことを示している。

また，本章において，現在アメリカは国際社会から第2の柱を導入するよう少なくとも一定程度プレッシャーをかけられていることも明らかにした。これまでアメリカが他国からこのようなプレッシャーを受けている場面を我々は目にしたことがあっただろうか。

アメリカが今なお他国では持ちえない強力なパワーを保持していることは明白である。しかし，グローバルタックスガバナンスに関与する国が増加し多様化したことで，アメリカのパワーの相対化が進んできているのではなかろうか。グローバルタックスガバナンスにかかるアメリカの動向について今後も注視していく必要があろう。

注

⑴　Base Erosion and Profit Shifting を略して BEPS と記している。また「BEPS2.0」とは，「BEPS プロジェクト（「BEPS1.0」）が一段落した後に，経済のデジタル化への対応や BEPS プロジェクトで積み残された課題に対応して開始された取り組みを指す俗称」（渡辺 2022, p. 1）である。

⑵　第2の柱に関しては EU の動きも重要であるが，本章ではアメリカに焦点を当てており，EU の第2の柱への影響については今後の課題としたい。また，「BEPS2.0」第1の柱については別稿に委ねたい。

⑶　本章では，OECD（2021c）をモデルルールと記す。IIR についてはモデルルール 2.1～2.3 条参照。BEPS プロジェクトでは所得合算ルールが第2の柱の基本的な方法であることから，本章では，当該ルールを主として対象とする。

⑷　FATCA の概要については，本章第2節参照。

⑸　この点については，Eccleston and Gray（2014），Emmenegger（2015a, 2015b），Grinberg（2012），Hakelberg（2015），Palan and Wigan（2014）参照。

⑹　GILTI 税制については，本章 3.1 参照。

⑺　GloBE ルールについては松田（2021）参照。適格 IIR とはモデルルールに準拠していると認められる IIR をいう。

⑻　本章では，OECD（2023a）をガイダンスと記す。

(9) 「ブレンドされた CFC 税制」については本章3.3参照。また，ガイダンス2.10参照。

(10) 当初，Undertaxed Payment Rule であったが，このように変更された。UTPR については モデルルール 2.4 条〜2.6 条参照。

(11) ユニタリータックスについては，本書第2章を参照。

(12) GILTI 税制については，本書第4章でより詳述されている。

(13) 本章では，OECD（2019）をポリシーノートと記す。

(14) ポリシーノート　2ページ　第4パラグラフ参照。なお，第2の柱は「独・仏の提案 と伝えられる」（岡 2019）と指摘している文献もあるが，ポリシーノートにおける記述 から GILTI 税制が第2の柱へ影響を及ぼしたことは否定できないであろう。

(15) 本章では，OECD（2020b）をブループリントと記す。

(16) ブループリント「1.3　GILTI 共存」より引用。

(17) 本章では，OECD（2020a）を2020年10月声明と記す。

(18) 本章では，OECD（2021a）を2021年7月声明と記す。

(19) 本章では，OECD（2021b）を2021年10月声明と記す。

(20) GILTI についてはモデルルール7ページ「要約」の末尾に記されている。

(21) セーフハーバーは制度の導入を企業が自由に選択できるようにするというもので，各 国から制度を骨抜きにするとの批判がなされた。その後，バイデン政権においてセーフ ハーバーは取り下げられた。本章4.2参照。

(22) 実効税率の算定などにおいて，グローバルブレンディングではなく国別ブレンディン グを用いるとされていた。例えば，ブループリント72ページ 3.4　参照。

(23) 吉村（2022, p. 23）参照。吉村氏はこのように GloBE ルール導入を招く効果を「ドミ ノ効果」と呼んでいる。

(24) こうした状況に対応するため，下院歳入委員会共和党議員は，2023年5月25日に議 会へ Defending American Jobs and Investment Act を提出し，UTPR を課す外国に居 住する個人と企業に対し，それらのアメリカでの所得に追加的課税を行うことを提案し ている。

(25) QDMTT については，2021年12月モデルルール5.2.3条，10.1条参照。

(26) この点については，Wardell-Burrus（2023）を参照している。

(27) OECD（2022）5条　パラグラフ20にこの点について触れられている。

参考文献

Blanchard, Kimberly S. (2023) "Can U.S. Worldwide Taxation and Pillar 2's Minimum Tax Peacefully Coexist?" *Tax Notes International*, 111(6): 639-669.

Dietsch, Peter. and Rixen, Thomas (2016) "Global Tax Governance: What It is and Why It Matters," Dietsch, P. and Rixen, T. eds., *Global Tax Governance: What is wrong*

第5章　グローバルタックスガバナンスへのアメリカのパワーの影響

with it and how to fit it, ECPR Press, 1-23.

Eccleston, R. and Gray, F.（2014）"Foreign accounts tax compliance act and American Leardership in the campaign against international tax evasion: Revolution or false dawn?" *Global Policy*, 5(3): 321-333.

Emmenegger, P.（2015a）"Swiss banking secrecy and the problem of international cooperation in tax matters: A nut too hard to crack?" *Regulation and Governance*, 11(1): 24-40.

Emmenegger, P.（2015b）"The long arm of justice: U.S. structural power and international banking," *Business and Politics*, 17(3): 473-493.

Grinberg, I.（2012）"Beyond FATCA: An Evolutionary Moment for the International Tax System," Available at SSRN.
https://ssrn.com/abstract=1996752 or http://dx.doi.org/10.2139/ssrn.1996752

Grinberg, I.（2016）"Does FATCA Teach Broader Lessons about International Tax Multinationalism?" P. Dietsch and T. Rixen eds., *Global Tax Governance: What is wrong with it and how to fix it*, ECPR Press, 157-173.

Hakelberg, L.（2015）"The power politics of international tax co-operation: Luxembourg, Austria and the automatic exchange of information," *Journal of European Public Policy*, 22(3): 409-428.

Hakelberg, L.（2016）"Redistributive Tax Co-operation: Automatic Exchange of Information, US Power and the Absence of Joint Gains," P. Dietsch and T. Rixen eds., *Global Tax Governance: What is wrong with it and how to fix it*, ECPR Press, 123-155.

Ireland, Department of Finance（2021）"Statement by Minister Donohoe on decision for Ireland to enter OECD International Tax Agreement."
https://www.gov.ie/en/speech/615f7-statement-by-minister-donohoe-on-decision-for-ireland-join-oecd-international-tax-agreement/

河音琢郎（2020）「アメリカ2017年減税・雇用法（いわゆるトランプ減税）の企業課税，国際課税面の意義と課題」『国際経済』71: 121-143.

Lips, Wouter（2019）"Great Powers in Global Tax Governance: a Comparison of the US Role in the CRS and BEPS," *Globalizations*, 16(1): 104-119.

Martin, J.（2016）"Countries targeted US companies in BEPS project to increase tax revenue, US Treasury official charges."
https://mnetax.com/countries-targeted-us-companies-beps-tax-revunue-treasury-stack-15131-15131.

松田有加（2021）「税源浸食と利益移転プロジェクト　行動1　第2の柱における国際課

税原則と課税権の変容」『彦根論叢』429: 20-33.

Mnuchin, S. T.（2019）

https://www.google.com/url?sa=t&source=web&rct=j&opi=89978449&url=https://
s.wsj.net/public/resources/documents/TreasuryLettertoOECD%2520SecretaryGene
ral12319.pdf&ved=2ahUKEwiQyrfMy6WIAxXpb_UHHej4LqAQFnoECBIQAQ&usg=
AOvVaw0BH7RQi_B5ozMvZKFiC3H8

OECD（1998）*Harmful Tax Competition — An Emerging Global Issue*.

OECD（2019）*Addressing the Tax Challenges of the Digitalisation of the Economy-
Policy Note*, OECD/G20 Base Erosion and Profit Shifting Project.

OECD（2020a）*Cover Statement by the Inclusive Framework on the Reports on the
Blueprint of the Pillar One and Pillar Two*, OECD/G20 Inclusive Framework on
BEPS.

OECD（2020b）*Tax Challenges Arising from Digitalisation-Report on Pillar Two
Blueprint: Inclusive Framework on BEPS*, OECD/G20 Base Erosion and Profit
Shifting Project.

OECD（2021a）*Statement on a Two-Pillar Solution to Address the Tax Challenges
Arising From the Digitalisation of the Economy*, OECD/G20 Base Erosion and Profit
Shifting Project.2021.07.

OECD（2021b）*Statement on a Two-Pillar Solution to Address the Tax Challenges
Arising From the Digitalisation of the Economy*, OECD/G20 Base Erosion and Profit
Shifting Project.2021.10.

OECD（2021c）*Tax Challenges Arising from the Digitalisation of the Economy-Global
Anti-Base Erosion Model Rules（Pillar Two）: Inclusive Framework on BEPS*,
OECD/G20 Base Erosion and Profit Shifting Project.

OECD（2022）*Tax Challenges Arising from the Digitalisation of the Economy-
Commentary to the Global Anti-Base Erosion Model Rules（Pillar Two）*, OECD/
G20 Inclusive Framework on BEPS.

OECD（2023a）*Tax Challenges Arising from the Digitalisation of the Economy-
Administrative Guidance on the Global Anti-Base Erosion Model Rules（Pillar
Two）*, OECD/G20 Inclusive Framework on BEPS.

OECD（2023b）*Tax Challenges Arising from the Digitalisation of the Economy-
Administrative Guidance on the Global Anti-Base Erosion Model Rules（Pillar
Two）*, December 2023, OECD/G20 Inclusive Framework on BEPS.

岡直樹（2019）「BEPS ポリシーノートから読み解くデジタル課税国際合意の方向性」東京
財団政策研究所　https://www.tkfd.or.jp/research/detail.php?id=3013

第 5 章　グローバルタックスガバナンスへのアメリカのパワーの影響

Palan, R. and Wigan, D. (2014) "Herding cats and taming tax havens: The US strategy of 'not in my backyard'," *Global Policy*, 5(3): 334–343.

U.S. Department of the Treasury (2021a) *The Made in America Tax Plan.*

U.S. Department of the Treasury (2021b) Readout "U.S. Department of the Treasury's Office of Tax Policy Meetings", https://home.treasury.gov/news/press-releases/jy0189.

U.S. Department of the Treasury (2023) Press Releases "Treasury Welcomes Clear Guidance on Pillar Two Global Minimum Tax, Tax Credit Protections",
https://home.treasury.gov/news/press-releases/jy1243

U.S. Joint Committee on Taxation (2023) "Background and Analysis of the Taxation of Income Earned by Multinational Enterprises", JCX-35-23.

Wardell-Burrus, Heydon (2023) "GloBE Administrative Guidance — The QDMTT and GILTI allocation"
https://papers.ssrn.com/sol3/papers.cfm?abstract_id=4347814

渡辺智之 (2022)「いわゆる BEPS2.0 をどう捉えるか？」日本機械輸出組合.
https://www.jmcti.org/trade/bull/zeimu/book/BEPS_toraeruka.pdf

White, J. (2021.Jan 7) "OECD must clarify coexistence of GloBE and GILTI rules, say MNES", *International Tax Review*.
https://www.internationaltaxreview.com/article/2a6a7jm8p1cth1z6myy9s/oecd-must-clarify-coexistence-of-globe-and-gilti-rules-say-mnes

Wynman, R. and A. Wai (2022) "The Inflation Reduction Act of 2022 and the Status of Pillar Two in the US"
https://gtmtax.com/tax-insights/articles/the-inflation-reduction-act-of-2022-and-the-status-of-pillar-two-in-the-us/

吉村政穂 (2022)「第 2 の柱は租税競争に『底』を設けることに成功するのか？──適格国内ミニマムトップアップ税（Qualified Domestic Minimum Top-up Tax）がもたらす変容」『税研』224: 20-27.

第6章
EU における GloBE ルールの受容
──ドイツでの国内法制化を中心に──

辻　美枝

1. 新たな国際課税ルールの導入

　経済のデジタル化は，伝統的な国際課税ルール（「恒久的施設なければ課税なし」）では対処しきれない法人所得課税上の問題を惹起した。2010年代に入り，この問題を解決するための議論が加速し，OECD/G20 の主導による BEPS（Base Erosion and Profit Shifting）プロジェクトにつながる。2021年10月には，BEPS 包摂的枠組み（Inclusive Framework, 以下「IF」という。）において，二つの柱からなる解決策が，途上国を含む約140の国・地域による国際合意に至った（OECD, 2021a）。二つの柱のうち，第1の柱は，市場国への新たな課税権の配分の実施であり，第2の柱は，法人税率引下げ競争に歯止めをかけ，公平な競争条件を確保するため，最低税率での課税を確保するグローバル・ミニマム課税の実施である。[1]

　グローバル・ミニマム課税の具体的内容として，IIR（Income Inclusion Rule, 所得合算ルール），UTPR（Undertaxed Profits Rule, 軽課税所得ルール），STTR（Subject to Tax Rule, 租税条約特典否認ルール[2]）の三つが示された。[3]前者二つが国内法への導入となる GloBE（Global Anti-Base Erosion）ルールと呼ばれるものである。この GloBE ルールはコモン・アプローチとされ，IF の参加国は国内での実施を強制されないが，実施する際はモデルルール等に整合する内容での運用が求められる（財務省，2022, p.746）。OECD が2021年12月に公表した GloBE モデルルール（OECD, 2021b）では，IIR がメインルールであり，UTPR はバックストップであることが確認され，オプションとして，QDMTT

188

（Qualified Domestic Minimum Top-up Tax, 適格国内ミニマム課税）が追加された。

EUでは，2022年12月にグローバル・ミニマム課税を実施するための指令（以下「ミニマム課税指令」という。）（Council of the European Union, 2022b）が採択され，EU加盟国はGloBEルールの国内法制化を求められている。グローバル・ミニマム課税は，有害な租税競争に関する1990年代以降の議論の積み重ねによるものであり，EUでの有害な租税競争との闘いにおける一つの到達点に達したといえる（第8章宮本論文参照）。EUでの議論を先導したのは，ベネルクスなどによる租税競争に苦しんでいたドイツだとされる（村井, 2003b, pp.412-413）。ドイツでは，2023年12月にミニマム課税指令を実施するための法律案が可決され，現在実施段階にある。その内容は，OECDのGloBEモデルルールを全面的に取り入れるものとなっており，あわせて，既存の国内税制の改正が行われている。

日本では，2023年度税制改正により，IIRは導入されたが，UTPRやQDMTTの実施は先送りされた。今後，国際的な議論を踏まえてそれらの実施に向けた検討がされるとともに，IIR実施後の見直しや既存の個別税制の改正も必要となってこよう（自由民主党・公明党, 2023, p.15）。本稿は，EUにおけるGloBEルールの受容の過程を整理し，議論を先導してきたドイツを例として，新たなルールの実施上の課題を分析し，日本への示唆を得ようとするものである。ドイツでの国内法制化および既存税制への影響に関する議論は，実施に向けて段階的に法整備をしている日本にも参考にすべき点が多いと考える。

2. EUの国際租税協調に向けた動き

EUにおけるグローバル・ミニマム課税の実施に至る前段として，有害な租税競争への対抗および，法人所得課税の協調の動きについて簡単に触れておく。

2.1. 有害な租税競争への対抗

1990年代に経済のグローバル化が進み，租税競争問題が顕在化する。この状況に対して，OECDは有害な租税競争に関する報告書（OECD, 1998）を公表し，

EU も企業課税に関する行動規範（Code of Conduct for business taxation）（Council of the European Union, 1998a）[(4)] を公表するなど，国際協調のもと有害な租税競争に対抗すべきとする機運が国際的に醸成されてきた[(5)]。EU の企業課税に関する行動規範は，法的拘束力はないが，EU における企業課税の大きな枠組みを示すことにより，その将来を方向付ける重要な政府間文書である。その目的は，EU 域内・域外の公平な租税競争を促進するため，有害とされる可能性のある優遇税制を評価することにあった[(6)]。欧州理事会は，その後の経済のデジタル化の進展による新たな課税問題に効率的に対処するため，2022 年に，企業課税に関する行動規範の改訂を承認し，優遇税制だけでなく，二重非課税または二重の課税便益につながりうる一般規定も対象に含めることにした（Council of the European Union, 2022a, pp. 4-6）。加盟国は，今後この行動規範に則って，新たに有害な税制を導入しないことが，租税政策上求められる。

2.2. 租税回避防止指令の採択

　欧州委員会が 2016 年に公表した租税回避防止指令（Anti-Tax Avoidance Directive, 以下「ATAD」という。）は，OECD の BEPS 最終報告書の勧告内容の一部を EU レベルで一貫して実施することで，租税回避を防止し，協調して公平な課税を確保することを目的とする（Council of the European Union, 2016, pp. 1-2）。そこで定められている租税回避防止措置は，支払利子控除制限（4 条），出国税（5 条），一般的否認規定（GAAR，6 条），CFC（Controlled Foreign Company）税制（7 条・8 条），ハイブリット・ミスマッチによる二重非課税の防止（9 条）[(7)] の五つである。ATAD では，これらの制度を有していない加盟国にも導入を義務付けることで，域内での一貫した制度の実施に至ったものの，その制度内容には加盟国間で差があるのも事実である。EU は BEPS 問題に対して個別の租税回避防止措置に基づき協調して対抗することで一定の成果を収めた半面，国ごとに異なる制度内容は，企業のコンプライアンス・コストを増大させ，域内市場への国境を越えた投資を抑制するという問題をもたらすことになった（European Commission, 2021a, p. 5）。

190

2.3. 21世紀の企業課税の公表

欧州委員会は，2021年5月に「21世紀の企業課税 (Communication on Business Taxation for the 21st century)」を公表した (European Commission, 2021a)[8]。そこでは，コロナ禍によるデジタル化の加速が既存の課税ベースに大きく影響したことから，公平・効率的かつ持続可能な課税の枠組みのあり方を検討する必要性を指摘するとともに，IFの二つの柱は，国際的合意に至るか否かにかかわらず，今後のEUの企業課税の方向性に影響を与えると言及している (European Commission, 2021a, pp. 1-2)。そして，EUでの企業課税上，対処すべき措置として，①課税権の再配分とグローバル・ミニマム課税に関する国際的合意の実施，②喫緊の課題に対処するための短期計画，③EUの企業課税の全体的な枠組みに関する中長期計画の3つを掲げている。①については，2022年12月にミニマム課税指令の採択に至る (Council of the European Union, 2022b)。②と③については，計画達成のために次の五つの行動が示された。【行動1】大企業の法人税実効税率の公表，【行動2】シェルエンティティの濫用防止[9]，【行動3】損失の国内法上の扱いについての勧告，【行動4】負債・資本バイアスへの対処[10]，【行動5】共通の企業所得課税の枠組みの構築，である。

【行動5】に基づくBEFIT (Business in Europe: Framework for Income Taxation) は，単一市場内での共通の課税ベースと加盟国間での利益の定式配賦を実現することで，公平で持続可能な投資環境の整備を目指すものである (European Commission, 2021a, pp. 11-12)[11]。【行動5】はその後，2023年のBEFIT指令案 (European Commission, 2023) に至る。この指令案は，2011年のCCCTB (Common Consolidated Corporate Tax Base) 指令案 (European Commission: 2011a)[12] および2016年のCCTB (Common Corporate Tax Base) 指令案 (European Commission: 2016) を引き継ぐものであり，両指令案の長年の交渉過程において収斂された技術的アプローチを反映するとともに，IFの二つの柱の成果も取り込んでいる (European Commission, 2021a, pp. 1-2)。BEFIT指令案は，強固で持続可能な課税ベースの構築と濫用防止のため，EU域内で共通の法人税の枠組みを導入し，それを加盟国ごとに異なる既存の課税ベースの算定方法の代替とし，域内市場の納税環境の簡素化をはかることを提案する。それによって，公平な競争

条件による法的確実性を高め，コンプライアンス・コストを削減するとともに，国際企業活動を奨励し，域内の投資と成長を促進することを目指す（European Commission, 2021a, pp. 3-4）。

BEFIT 指令案は法人税の課税ベースを調和させるものであり，法人税率の調和までは求めていない。法人税率の調和は，グローバル・ミニマム課税による実効税率の下限の設定によりもたらされることになる。

2.4. ミニマム課税指令の採択

ミニマム課税指令は，域内市場で活動する大規模な多国籍企業グループおよび大規模な国内企業グループに対する法人税の最低課税を確保するためのルールを定めたものであり，2021 年 10 月に IF で合意された内容，および，同年12 月に公表された OECD モデルルールを忠実に踏襲している。グローバル・ミニマム課税の実施内容を指令で定めるのは，EU は緊密に統合された経済体であるため，二つの柱の合意内容が加盟国間で一貫性のある形で実施されることが重要であり，それにより EU 域内での実施水準と EU 法との適合性（compatibility）を確保することを理由とする（European Commission, 2021b, p. 1）。各加盟国は，当該指令の一貫した適用を確保するため，OECD モデルルールや IF が公表する解説・事例集などを解釈の指針にすることが求められている（指令の前文（24））。指令の採択に至る議論の過程で，第一の柱の実施の遅れへの懸念を示す加盟国があったことから，第一の柱が実施されない場合には，新たな法案を提出することが明記された（57 条）（Panayi, 2023, p. 246）。指令案は，2022年 12 月に全会一致（ハンガリーは棄権）で採択された。

指令によれば，GloBE ルールは，大規模な多国籍企業グループまたは大規模な国内企業グループに属する EU 域内の構成事業体（子会社，PE を含む。）に適用される（指令 2 条，3 条 2 項）。内外差別を回避し，EU 法上の基本的自由を遵守するため，対象範囲を大規模な国内企業グループにも拡大している（European Commission, 2021b, p. 6）。IIR と UTPR は強制適用とし（5 条，12 条），QDMTT は加盟国の選択適用としている（11 条）。QDMTT が適用されると，最終親会社の段階で上乗せ税額をすべて徴収することなく，軽課税事業体の所

在する国が上乗せ税額を徴収し税収を確保できることになる。この場合，IIR
を適用する最終親会社の上乗せ税額を計算する際に，QDMTT による上乗せ
税額を控除することになる（11条2項）。UTPR は IIR により上乗せ税額の全額
を徴収できない場合に残余の上乗せ税額を再配分するバックストップとして機
能する（前文(5)）。ただし，国内企業グループに GloBE ルールを適用する場合に，
IIR または QDMTT を適用して上乗せ税額が課されることになれば，UTPR に
よる上乗せ税額は，最終親会社が EU 域外に所在する場合にのみ生じることに
なる（European Commission, 2021b, p. 6）。QDMTT の実施を選択した加盟国は，
他の加盟国・第三国の課税当局および多国籍企業グループにその適用可能性に
ついて十分な確実性を提供する必要があることから，国内法の制定後4か月以
内に欧州委員会に通知し，かつ，指令が定める上乗せ税額と同じ方法で算定し
なければならない（前文(13), 11条4項）。

　実施の簡素化のため，多国籍企業グループは，国際活動の初期段階の最初の
5年間，最低課税額は零とされる。また，多国籍企業グループと大規模な国内
企業グループとの平等な取り扱いを維持するため，大規模な国内企業グループ
に対しても，初めてこの指令の対象となった会計年度の初日から5年間は，最
低課税額を零とする（49条）。

　指令では，GloBE ルールと CFC 税制は併存可能とされているが，第三国の
国内法で実施されている法的枠組みで一定の要件をすべて満たすものは，適格
IIR と同等（equivalent）とされ，CFC 税制とみなされない（同等性の評価（52
条））。

　なお，EU における第2の柱の実施の波及効果として，EU 理事会で審議継
続中の利子・ロイヤルティ指令（Council of the European Union, 2003）の改正案
（European Commission, 2011b）が合意に至ることが期待されている（European
Commission, 2021b p. 2）。利子・ロイヤルティ指令の目的は，グループ内での国
境をまたぐ利子・ロイヤルティの支払いにつき，源泉課税の障壁を排除するこ
とにある。改正案では，利子・ロイヤルティに係る源泉地国での課税減免は居
住地国での課税を条件とする。EU での GloBE ルールの実施によりその条件は
クリアできる可能性がある（European Commission, 2021b, p. 2）。

3. ドイツにおける国内法制化と既存税制への影響

　ドイツでは，ミニマム課税指令採択（2022年12月）の3か月前に開催された連立委員会において，連邦政府は，国レベルでのGloBEルールの実施による税収増は長期的には数十億ユーロとなると見込み，その実施に積極的な姿勢を示していた（BMF, 2022, S. 11）。ここでは，ドイツにおけるGloBEルールの国内法制化の概要を捉えるとともに，既存の税制への影響（特にCFC税制およびライセンス移転に係る費用控除制限）についてみていく。

3.1. 連邦財務省による法律案の公表

　ドイツでのグローバル・ミニマム課税は，個別税法（Mindestbesteuerungs-richtlinie-Umsetzungsgesetz. 以下「ミニマム課税指令実施法」という。）で規定されている。連邦財務省は，2023年3月にたたき台となる最初の草案（BMF, 2023a）を公表した後，同年7月に法律案（BMF, 2023b. 以下「7月法律案」という。）を公表し，同年12月にミニマム課税指令実施法が施行された[13]。7月法律案において，「最低課税（Mindessteuer）」は，税体系上，所得に対して課する独立した税（eigenständige Steuer）であり，所得税および法人税とは別に課されるもの，と位置付けられた（BMF, 2023b, S. 95-96）。

　この点，日本が法人税法の枠内で，グローバル・ミニマム課税を実施するのとは対照的である。日本では，法人税法上，第2編「内国法人の法人税」に，「各対象会計年度の国際最低課税額に対する法人税」の章（82条から82条の10）を創設した。令和5年度税制改正の解説では，「従来の法人所得税体系とは異なる新たな課税類型としての特徴を持つ国際課税上の新たな基本的ルールとして，法人税法本法において既存の法人所得税体系と並列的に措置する」と説明されている（財務省, 2022, p. 752）[14]。この説明によると，グローバル・ミニマム課税については，従来の法人所得課税体系との整合性は問わないものと理解でき，ドイツでの法整備と実質的には異ならないといえよう。

3.2. グローバル・ミニマム課税の内容

ミニマム課税指令実施法は，第2の柱に関する国際合意の内容を実施し，それに付随する措置および商法の改正をするための法律である。この法律の目的は，グローバル・ミニマム課税の実効性を確保し，有害な租税競争やアグレッシブな租税スキームに対抗することで，租税正義（Steuergerechtigkeit）と公平な競争条件の促進に貢献することにある（BMF, 2023b, S. 1）。当該法律は101の条文から成り，グローバル・ミニマム課税の構成は，IIRによる第一次上乗せ税額（Primärergänzungssteuerbetrag. 8-10条），UTPRによる第二次上乗せ税額（Sekundärergänzungssteuerbetrag. 11-14条）およびQDMTTによる国内上乗せ税額（nationale Ergänzungssteuerbetrag. 90-93条）となっている。また，制度の簡素化のためのセーフハーバーとして，OECDが示している四つのもの，すなわち，簡易計算セーフハーバー（79-80条），QDMTTセーフハーバー（81条），移行期間CbCRセーフハーバー（84条）とUTPRセーフハーバー（89条）を用意している。

ドイツの制度は，GloBEモデルルールおよびミニマム課税指令におおよそ沿ったものではあるが，それらとの違いも存在する。比較のため，ドイツの制度の概要を以下に示す。

(1) 納税義務

直前の4会計年度のうち少なくとも2会計年度において最終親会社の連結財務諸表上の年間売上高が7億5,000万ユーロ以上（売上高基準）である企業グループに属するドイツ国内に所在する事業体（Geschäftseinheit）は，二重課税防止条約の定めにかかわらず，最低課税（Mindeststeuer）を納める義務がある（1条1項）。規定上の要件は売上高基準のみであり，多国籍企業グループのみならず，純粋な国内企業グループも対象となる。

(2) 最低課税グループ

最低課税の納税義務のある企業グループの構成事業体は，最低課税グループを構成する。これらの事業体の第一次上乗せ税額，第二次上乗せ税額および国

内上乗せ税額は，グループ代表会社（Gruppenträger）に配分され，当該グループ代表会社が納税義務を負う（3条1項）。グループ代表会社がドイツ国内にある場合は，その会社が最終親会社（oberste Muttergesellschaft）となり，ドイツに所在する親会社（Muttergesellschaft）がドイツに所在するすべての事業体の共通の親会社である場合は，当該親会社がグループ代表会社となる（同条3項）。それ以外の場合には，最終親会社は，構成事業体の一つをグループ代表会社として指定しなければならない。グループ代表会社の指定がない場合は，ドイツに所在する最も経済的に重要な事業体がグループ代表会社になる（同条3項）。企業グループの構成事業体には恒久的施設が含まれる（4条）。グループ代表会社が納付した上乗せ税額については，グループの他の構成事業体が自己に帰属する上乗せ税額相当額を当該代表会社に弁済しなければならない（3条6項）。この弁済義務はドイツ独自の規定とされる（鈴木, 2023, p. 67）。

(3) 最低課税額の算定

対象とする課税管轄地についての最低課税額（Steuererhöhungsbetrag）は，会計年度ごとに，調整最低課税総利益に上乗せ税率を乗じたものに，所定の調整税額（46条と57条1項）を加算して算定される（54条）。

上乗せ税率は，最低税率15％と実効税率の差であり，調整最低課税総利益は，会計年度の最低課税利益から実質ベース所得除外額を控除した金額である。最低課税利益は，当期純損益に所定の調整を加えたものであり（15条），実質ベース所得除外額は，支払賃金の5％と有形資産の簿価の5％の合計額によって算出される（58条）。

(4) IIR による第一次上乗せ税額

ドイツに所在する最終親会社については，それ自体が軽課税である場合，または，会計年度中のいずれかの時点で軽課税事業体に直接または間接的に資本参加（Eigenkapitalbeteiligung）している場合には，その会計年度の軽課税事業体に係る最低課税額のうち最終親会社に帰属する部分が第一次上乗せ税額（Ergänzungssteuerbetrag）となる。軽課税事業体（Niedrig besteuerte Geschäftseinheit）

とは，軽課税管轄地（Niedrigsteuerhoheitsgebiet）に所在する事業体または無国籍の事業体で，その会計年度において，最低課税利益に最低率より低い実効税率が適用されているものをいう（7条22項）。軽課税管轄地とは，多国籍企業グループが最低課税利益を稼得し，かつ，その会計年度において最低率より低い実効税率が適用されている課税管轄地をいう（7条23項）。

　ドイツに所在する中間親会社や部分所有親会社（in Teileigentum stehende Muttergesellschaft）についても，同様の条件のもとで，第一次上乗せ税額に相当する上乗せ税額が生じる場合がある。

(5) UTPR による第二次上乗せ税額

　UTPR を適用する際の最低課税額のドイツへの配分は，UTPR を実施するすべての課税管轄地における従業員数と有形資産の簿価に対する，国内の従業員数と有形資産の簿価の割合を，それぞれ 50%ずつ考慮して行う（11-12条）。

　ミニマム課税指令 12条1項では，UTPR 上乗せ税額の納付方法について，二つの選択肢を提示している。その一つが EU 域内に所在する構成事業体が上乗せ税額を納付する直接的方法であり，もう一つが，費用控除の否認（Betriebsausgabenabzugsverbot）による方法である。費用控除の否認による方法は，構成事業体に係る課税所得からの費用の控除を否認することによって，上乗せ税額の徴収に必要な額の納税義務を負わせるという間接的な方法である。加盟国がこの方法を選択する場合，当該加盟国に UTPR 上乗せ税額が配分された会計年度が終了する課税年度において可能な限りその調整をするものとし，当該会計年度に UTPR 上乗せ税額がすべて納付できなかった場合は，その未納税額が完納されるまで翌会計年度以降に繰り越される（ミニマム課税指令12条2項，3項）。

　費用控除の否認による方法は，7月法律案において，企業と行政に大きな管理上の問題を引き起こすとして，次の点が指摘されている（BMF, 2023b, S. 154）。まず，法人税・営業税に係る税務手続きと綿密に連動させなければならない。さらに，繰越の場合，繰越控除の仕組みを確立する必要があり，かつ会計年度をまたいで上乗せ税額を追跡しなければならず，税務執行にかなり時間を要す

ることになる。このような問題があることから，ドイツの UTPR では，上乗せ税額を納付する直接的方法を採用している。なお，ドイツは国内法上，個別の費用控除制限規定を有している（後述 3.3 ⑵参照）。

⑹ QDMTT による国内上乗せ税額

QDMTT による国内上乗せ税額は，ドイツに所在する構成事業体ごとに，ドイツについて算定された最低課税額を所定の方法（54 条 4 項・57 条）に従って配分した税額となる（90 条）。無国籍事業体等はそれが設立された課税管轄地に割り当てられることになり（91 条），ドイツで設立された無国籍事業体等は QDMTT の対象となる。

⑺ セーフハーバールール

セーフハーバールールは，GloBE ルールの適用を簡素化することにより，納税義務者と課税当局双方の不要な手間（unnötige Aufwand）を省くことを目的とし，最低税率以上での課税が想定される場合を前提とする（BMF, 2023b, S. 267）[16]。セーフハーバールールとして，① 簡易計算セーフハーバー，② QDMTT セーフハーバー，③ 移行期間 CbCR セーフハーバー，④ UTPR セーフハーバーの四つを置いており，いずれも，適用は構成事業体の申請による。日本は，2024 年 6 月時点では，②と③を導入している。

OECD は，2022 年 12 月にセーフハーバーと罰則軽減に関する報告書（OECD, 2022b）を公表し，その中でセーフハーバーとして移行期間 CbCR セーフハーバーと恒久的セーフハーバーである簡易計算セーフハーバーを示し，さらに，2023 年 7 月に公表した 7 月版執行ガイダンス（OECD, 2023a）で，QDMTT セーフハーバーと移行期間 UTPR セーフハーバーを示した。いずれも，要件に該当すれば，最低課税額は零になる。2022 年 12 月採択のミニマム課税指令には，これらは明記されていない。ドイツは，これらすべてをすでに国内法制化しており，先行例として参考になる。

① 簡易計算セーフハーバー

企業グループが簡易計算に基づき，通常利益要件（Routinegewinn-Test），デミ

ニマス要件（Wesentlichkeitsgrenze-Test），実効税率要件（Effektivsteuersatz-Test）のいずれかを満たす場合は，最低課税額は零に減額される（79条）。

重要性の低い事業体の場合，最低課税売上高，最低課税利益および調整後対象税額の簡便な基準値（Ausgangsgrößen）を簡易計算セーフハーバーの適用の基礎として用いることができる（80条）。重要性の低い事業体とは，重要性の観点から外部監査人の監査を受けた連結財務諸表に含まれていない企業グループの事業体をいう。

② QDMTT セーフハーバー

所定の基準に従って適格国内上乗せ税額が課されている会計年度については，最低課税利益に対して最低税率まで課税されることが確実であるため（BMF，2023b，p. 268），企業グループに対する最低課税額は，零に減額される（81条）。

③ 移行期間 CbCR セーフハーバー

2026年12月31日以前に開始し，2028年7月1日前に終了する会計年度（移行期間（Übergangszeit））で，CbCR（国別報告書）において，企業グループがデミニマス要件，簡易な実効税率要件，通常利益要件のいずれかを満たす場合，最低課税額は零とされる（84条）。ただし，CbCR セーフハーバーの申請をしなかった会計年度または上記の要件を満たさない会計年度がある場合，それ以降のすべての会計年度は CbCR セーフハーバーの適用から除外される。

④ UTPR セーフハーバー

第二次上乗せ税額の算定にあたり，最終親会社の所在地国の各会計年度の名目法人税率が20％以上である場合は，最低課税額は，零に減額される（89条）。この場合，2025年12月31日以前に開始し，2026年12月31日以前に終了する会計年度に適用される。この申請がなされた場合，その会計年度以降は，CbCR セーフハーバーの適用を受けることはできない。このセーフハーバーは7月法律案には含まれていなかった。OECD 7月版執行ガイダンスによると，名目法人税率が20％に設定されているのは，法人税率が十分に高い課税管轄地に最終親会社が所在する多国籍企業グループのみを対象にするためだとされる（OECD，2023a，p. 90）。また，対象期間が短いのは，多国籍企業グループがQDMTT 未実施国にインバージョンする誘因となること，実効税率の低い最

終親会社の課税管轄地に利益を移転する誘因となることなどを防ぐためとされている（OECD, 2023a, p. 90）。

(8) 国際活動の初期段階に関する経過措置

　国際活動の初期段階にある企業グループの場合，当初5年間については，最低課税が免除される（83条）。ただし，第一次上乗せ税額が外国の軽課税事業体に係る最低課税額に基づいている場合には，適用されない。

　国際活動の初期段階とは，会計年度において，六つ以下の課税管轄地に事業体を有し，かつ，基準管轄地以外のすべての課税管轄地に所在するすべての事業体の有形資産の正味簿価総額が5,000万ユーロを超えないものをいう。基準課税管轄地とは，企業グループが最初にこの法律の適用となった会計年度において，有形資産の正味簿価総額が最も高い課税管轄地をいう。

　ミニマム課税指令では，多国籍企業グループと国内企業グループの取り扱いを平等にするため，国内企業グループが初めて当該指令の適用となった会計年度の初日から5年間を初期段階として，最低課税額を零に減額する措置も設けている（ミニマム課税指令49条）。しかし，ドイツではミニマム課税指令実施法上，多国籍企業グループを対象とする規定のみを採用している。

(9) 罰則規定

　ミニマム課税指令では，申告・納付義務を確実に履行させるための罰則規定を設けることを義務付けているが，実効性・抑止力のある規定を求めているのみで具体的な内容を示していない（ミニマム課税指令46条）。ドイツの実施法においては，最低課税申告書（Mindeststeuer-Bericht）を故意（vorsätzlich）もしくは過失（leichtfertig）により提出しなかった者，不正確もしくは不完全な申告書を提出した者，所定の方法で提出しなかった者，または期限内に提出しなかった者は，秩序違反（Ordnungswidrig）となり，30,000ユーロ以下の過料に処せられる（98条）。ただし，2026年12月31日以前に開始し，2028年7月1日前に終了する会計年度（移行期間）については，秩序違反を正当化する適切な措置を講じたことが立証される場合には，適用されない（101条3項）。例えば，グ

ループ内で対応するためのコンプライアンス・システムが確立されている場合などは，この適用除外規定にいう適切な措置が講じられたことになる（BMF, 2023b, S. 281）。

⑽ 条約適格に対する効果

　ミニマム課税指令実施法に基づく課税またはミニマム課税指令に準拠した外国の法律に基づく課税は，二重課税防止条約の適用を受ける資格（Berechtigung）を付与するものではないとする（100条）。この規定は，ミニマム課税指令には含まれていない規定であるが，グローバル・ミニマム課税の効果が条約の適用により減殺されないことを確認的に明記している（BMF, 2023b, S. 281）。

3.3. 既存税制への影響

　ミニマム課税指令実施法において定められているグローバル・ミニマム課税に付随する措置は，税制の簡素化と税務官僚主義（Steuerbürokratie）の削減に資することを目的としている。7月法律案の段階では，以下の四つの付随措置が提案されていた（BMF, 2023b, S. 96）。

　　① ライセンス移転に係る費用控除制限（Lizenzschranke）の廃止
　　② CFC 税制（Hinzurechnungsbesteuerung）の軽課税基準の 25％から 15％への引き下げ
　　③ CFC 税制に係る営業税の納税義務の廃止
　　④ 対外取引税法の適用に関する届出・申告の電子データ送信のための要件の創設

　課税実体面である①から③の提案理由は次のとおりである（BMF, 2023b, S. 96）。①は，好ましくない利益移転の形態の多くが，国際的に調和されたグローバル・ミニマム課税によって防止でき，制度の廃止は，企業のコンプライアンス・コストの削減につながる。②は，CFC 税制の軽課税基準を引き下げて，グローバル・ミニマム課税の最低税率と一致させる。③は，CFC 税制に係る営業税の納税義務を廃止することにより，CFC 税制による課税とグローバル・ミ

ニマム課税を一致させる。

　ミニマム課税指令実施法では，ライセンス移転に係る費用控除制限は廃止されず，軽課税基準の25％から15％への引き下げにとどまった。また，CFC税制の軽課税基準は25％から15％に引き下げられたが，CFC税制に係る営業税の納税義務の廃止はされなかった。7月法律案通りではなかったものの，この一連の改正によって，グローバル・ミニマム課税において国際的に合意された15％の税負担率は，それぞれの制度にも反映されることになった。

　以下では，ドイツでのグローバル・ミニマム課税の実施がCFC税制とライセンス移転に係る費用控除制限に及ぼした影響をもう少し詳しくみていく。

⑴ CFC税制への影響

　ドイツでは，外国中間会社に対する課税に関する規定，いわゆるCFC税制は，対外取引税法（Außensteuergesetz, AStG）第7条から第13条で規定されている。[17]CFC税制の対象となる外国中間会社の特定の軽課税所得（受動的所得）は，一定の要件のもとドイツの株主段階で課税される。軽課税所得は，25％未満（ミニマム課税指令実施法により15％未満に改正）の税負担のものをいい（軽課税基準，AStG8条5項），法人税と営業税の課税対象となる。

　ドイツ国内の議論では，IIRとCFC税制の併存は受動的所得の二重課税につながる可能性があり，立法担当者はミニマム課税指令を国内法制化する際にその点を考慮すべきだとする指摘があった（Eiser, 2023, S. 188; Polatzky, Michelberger, 2023, S. 89）。しかし，指令で定められた内容を国レベルで独自に修正することは難しい（Eiser, 2023, S. 188）。そうすると，調整の矛先はCFC税制に向けられることになる。以下では，CFC税制における①軽課税基準の引き下げと②受動的所得の定義，そして，CFC税制には直接関係しないが関連事項として，③除外配当と資本参加免税制度との調整の3点の議論をみていく。

① 軽課税基準の引き下げ

　ATADでは，すべてのEU加盟国に対して，CFC税制のミニマムスタンダードの実施を強制したため，2021年にATAD実施法[18]が施行され，CFC税制は支配基準の変更によりAStG14条が廃止されるなどの改正がされた。ドイツ政

府としては，ドイツはすでに強固な CFC 税制を有しているため，ATAD による調整はほとんど必要ないとの認識であったが，課税地（Steuerstandort）としてのドイツを強化し，企業の法的確実性を向上させるため，CFC 税制を現代化させる好機ととらえていた（Bundesregierung, 2021, S. 50）。ATAD では CFC 税制の軽課税基準の改正を要求していなかったが（BMF, 2020, S. 29），当時の軽課税基準（25％）の閾値では大多数の国が軽課税国に分類されることになり，ドイツ企業に不利に働くため，学界や実務界から，基準の引き下げが要望されていた。しかし，この段階では，軽課税基準の改正はされなかった。これは，国際合意に基づくグローバル・ミニマム課税の実施が見込まれているなかで，OECD で進行中の議論をドイツの国内法によって先取りしないためと説明されている（Bundesregierung, 2021, S. 51）。ただし連邦財務省は，経済活動への負担を軽減し，不要の税務官僚主義を避けるため，2020 年末までに，グローバル・ミニマム課税に係る国際合意に応じて軽課税基準を調整する意向であることを示していた（BMF, 2020, S. 39）。最終的には，2023 年にミニマム課税指令実施法が施行されるに至り，軽課税基準は 25％ から 15％ に引き下げられた（Artikel 5）。

② 受動的所得の定義

1972 年の CFC 税制導入時から，受動的所得は，能動的カタログ（Aktivkatalog）に基づいて判断されている。すなわち，AStG 8 条 1 項において能動的活動を一覧表示し（カタログ所得（Katalogeinkuenfte）），この一覧（カタログ）に示されていない所得は，受動的所得とされる。よって，軽課税所得は，当該所得の源泉となる活動が能動的であると明示されていない場合には，受動的所得となる。一方，ATAD では，いわゆる受動的カタログにより受動的所得を定めている（7 条 2 項 (a)）。この不一致に対するドイツ政府の見解は，CFC 税制は ATAD のミニマムスタンダードを満たしており，制度上，受動的カタログに変える必要はないとするものであったため（Bundesregierung, 2021 S. 54），受動的所得の定義は改正されなかった。

グローバル・ミニマム課税と CFC 税制との併用による二重課税のリスクの懸念から，CFC 税制による課税の正当性への疑問を呈し，ミニマム課税指令実

施法の制定に際して，CFC 税制の能動的カタログの定義を，ATAD やミニマム課税指令の定義に合わせるべきであったとする見解がある（Richter, Lentes, 2024, S.118,122）。

　この点を配当についてみると，ATAD では，配当は受動的所得とされているが（7条2項（a）（ⅲ）），CFC 税制では，配当（法人税法（Körperschaftssteuergesetz）8b 条1項に規定するものに限る）は，2001 年以降，「能動的（aktiv）」なものとみなされ，受動的所得から除外されている（AStG 8 条1項7号）（Bundesregierung, 2021, S.54）。法人税法 8b 条は，1993 年の法人税法改正で導入された資本参加免税制度である。ドイツ持株会社が他の先進国（特に EU 諸国）にある持株会社よりも競争上不利とならないようにするため，外国法人への出資から生じる所得を免税としていたが，内外無差別とするため，2000 年の法人税法改正によって内国法人への出資の場合にもその適用を拡大し，法人税の多重負担が回避されることとなった。この段階では，対外取引税法の対応的な改正は行われず，外国持株会社の配当収入は，国内に配当されない限り，受動的所得としてドイツの CFC 税制の対象となっていた。2001 年改正で，対外取引税法上の能動的カタログの範囲が拡大されることになり，結果として，配当に関しては，活動の種類による判断は不要となった。すなわち，配当は，税負担（軽課税か高課税か），当該配当を受け取った法人の活動の種類（能動的か受動的か），当該法人への資本参加率（少数か過半数か）・出資期間（短期か長期か）などにかかわらず，能動的カタログに含まれることになり，専ら投資性の所得を稼得する法人からの配当であったとしても，CFC 税制の対象から外れることとなった。

　ミニマム課税指令実施法では，配当は，利子・ライセンス料などの収入とともに受動的所得に含まれており（7条25項），実効税率を計算する際の要素となる。CFC 税制と異なり，収入の把握が容易である「性質」と関連付けることで，実効税率を計算する際の法的確実性を確保できるとされる（BMF, 2023b, S.134-135）。ミニマム課税指令も受動的所得は同様の内容である（24条6項）。

③ 除外配当と資本参加免税制度との調整

　最低課税利益・最低課税損失を算定する際に減額調整される除外配当は，配当受取人が大口株主（分配時に 10％以上保有）である場合または長期保有（分

配時まで引き続き1年以上保有）の場合の，資本参加からの配当その他の利益分配とされる（ミニマム課税指令実施法18条2項，20条）。このような配当は一般に法人税が課税されないことから，最低課税利益・最低課税損失の計算上控除される。それに対して，ポートフォリオ配当は，除外配当に該当せず，最低課税利益・最低課税損失から控除されない。連邦財務省の説明では，このような取り扱いは，IF参加国の税制を反映したものであるにもかかわらず，ミニマム課税指令実施法でいう配当の概念が既存の国内税法のものとは異なる結果，法人税法8b条による課税上の取り扱いと差異が生じる可能性があると指摘する（BMF, 2023b, S.168）。法人税法8b条4項では，暦年の初日の保有割合が10%以上の場合に免税とされている。最低課税利益の算定上，法人税免税の配当を減額調整しないと実効税率が下がるため，両制度の判定時点（分配時か暦年の初日か）の違いによって，構成事業体が軽課税事業体に該当し，グローバル・ミニマム課税が適用される可能性が指摘されている（Eiser, 2023, S.188）。このような指摘があったものの，ミニマム課税指令実施法での除外配当の定めと法人税法8b条の調整はなされていない。

　日本の場合も，最低課税制度の除外配当はドイツと同様の基準であり（法税令155条の18第3項2号イロ），外国子会社配当益金不算入制度（法法23条の2）では，配当等の支払義務確定日以前6月以上の25%以上継続保有が要件となっている（法税令22条の4第1項）ことから，ドイツと同じ懸念が存する。

(2) ライセンス移転に係る費用控除制限への影響

① 軽課税基準の引き下げ

　ライセンス移転に係る費用控除制限（所得税法（Einkommensteuergesetz）4j条）は，一定のライセンス移転に係る費用額に，25%から収益税負担率を控除したものを25%で除した割合を乗じて算出された控除制限額について，所得からの控除を否認するものである（同条1項，ミニマム課税指令実施法改正前の3項）。ただし，当該費用に対応する所得がCFC税制の対象となる場合は適用されない（同条第1項5文）。この規定は，2017年に「権利移転に関連する有害な税務慣行に対する法律」[25]によって創設されたものであり，特に，OECDのBEPS行

動 5（OECD, 2015）のミニマムスタンダードに適合しない，いわゆる軽課税パテントボックスへのライセンス所得の移転を防止することを目的とする。2008年創設の支払利子控除制限（所得税法 4h 条[27]）とともに，課税ベースの国外移転を防止するための費用控除制限規定である。[26]

連邦財務省が 2016 年 12 月に公表した法律案では，この規定は次の通り説明されている（BMF, 2017 S.7）。関連者への権利移転に対するロイヤルティその他の費用について，有害な優遇税制により受取人側で免税または 25％未満の軽課税となる場合に控除を制限するものであり（軽課税基準），実質的な事業活動の欠如という OECD が有害な税務慣行の存在を認める基準（ネクサス・アプローチ）に基づいている。費用控除制限額は，支払に係る債権者の収益税負担額に応じて決まるため，当該債権者の税負担率が高いほど，債務者の控除額も多くなり，応益課税（korrespondierende Besteuerung）の考え方に従って，ライセンス費用から適切な税効果を確保できることになる。

7 月法律案ではライセンス移転に係る費用控除制限の廃止を提案していながら，最終的には軽課税基準を 25％から 15％に引き下げるとともに（所得税法 4j 条 2 項第 1 文），控除制限額の算定要素の 25％を 15％まで引き下げる（同条 3 項）にとどまった（Artikel 4）。

② UTPR との関係

UTPR による上乗せ税額の調整方法は，当該税額を直接納付する方法と費用控除の否認による方法の二つがある。GloBE モデルルールのコメンタリー（OECD, 2022a）によると，費用控除の否認による調整は，支払国側で，通常純所得の計算上考慮される費用の控除を課税上否認することをいい，当該費用はグループ内構成事業体との取引に限定されず，また，他の一般規定などによる制限に服している場合は除外される（para. 45）。OECD が 2020 年に公表した第 2 の柱のブループリント（OECD, 2020）では，UTPR は利子・ロイヤルティなどのグループ内の支払（intra-group payments）に限定されていたが（para. 480），その対象範囲は拡大されている。また，当該ブループリントでは，軽課税管轄地で生じる上乗せ税額を，利子・ロイヤルティなどのグループ内支払額に応じて比例配分するものであったことから，UTPR は，IIR のバックストップ機能[28]

のほかに，各課税管轄地に対して，グループ内支払による税源浸食から課税権を守るという積極的な役割も期待されていたが（OECD, 2020, pp. 127-128），現行UTPRでは，後者の役割は後退している。ドイツでは，支払利子控除制限，ライセンス移転に係る費用控除制限といった個別の費用控除制限規定は，UTPRの実施後も廃止されず維持されている。

　そうすると，ドイツの租税政策は，グローバル・ミニマム課税の実施にあたり簡素化を旨として，軽課税基準の引き下げにより企業と行政双方の事務負担を軽減しつつも，個別の費用控除制限規定を重畳的に適用することにより，税収を堅実に確保し，有害な租税競争に断固として対峙する体制を整えるものと評価できよう。

4.　若干の検討

4.1.　有害な租税競争から法人所得課税の共通化へ

　OECDとEUが有害な租税競争に対峙するための報告書・行動規範を公表してから四半世紀が過ぎた。グローバル・ミニマム課税は，この間のデジタル化の進展・コロナ禍などによる経済社会の著しい変化が後押しとなり，グローバル規模での実施に至った。EUでは，グローバル・ミニマム課税は，「21世紀の企業課税」の一環として位置づけており，最低税率による課税権確保は，いわば税率の下限の共通化が図られたことになる。今後BEFIT指令案が合意に至り実施されると，法人税の課税ベースが共通化し，各加盟国の法人税制が課税ベース・税率ともに調和することになる[29]。グローバル・ミニマム課税では，OECDモデルルールが国際基準として機能する。国際協調のもと，各国でその国内法制化が進むと，実施段階における簡素化の要請から，グローバル・ミニマム課税における新たな共通概念が国内法上の個別税制にも影響し，その結果，法人税制が大枠として均質化する可能性はある[30]。

　グローバル・ミニマム課税は，国際合意に基づき実施されるものであり，その制度設計における自由度は少ない。とはいえ，ドイツでも独自の内容を含んでいたように，国ごとのバラツキは避けられない。このことは，実務レベルで

の事務負担が大きくなることを意味し，ひいてはグローバル・ミニマム課税が機能不全に陥るリスクをはらんでいる。持続可能なものとして確立していくには，今後の実施状況を踏まえながら制度の見直しをすることが求められる。グローバル・ミニマム課税に至るまでの議論の先導役を担ったのはドイツである。ドイツは，他のEU加盟国に範を示すかのように，GloBEルールを，その導入時から，ミニマム課税指令に即してほぼ完全な形で導入している。実施モデルとしてドイツが果たす役割は大きい。日本は，IIRは導入したものの，QDMTT・UTPRなど未実施の項目については，国際的な議論を踏まえ，令和7年度以降の法制化を検討するとしている（自由民主党・公明党，2023，p.15）。本稿で概観したドイツでの国内法制化の議論および今後の実施状況は先行事例として，日本での実施に際しても参考になる。

4.2. CFC税制との関係

ドイツCFC税制の目的は，その導入当初は，被支配外国会社で能動的活動をしていないものに係る留保所得に対する課税だとされていたが（Großfeld, 1976, S.182），ATAD実施法案では，受動的所得の軽課税国への移転を，濫用の場合に限らず防止することにあると説明されている（Bundesregierung, 2021, S.50）。このように制度の目的が変わったのは，資本参加免税制度の導入および配当の受動的所得からの除外によるところが大きいと思われる。

　日本においても，CFC税制（租特法66条の6）は，軽課税国に所在する被支配子会社に所得を留保して日本の税負担を不当に回避することへの対抗策として導入されたが，2009年度税制改正により外国子会社配当益金不算入制度（法法23の2）が導入されたことにより，「端的に日本の課税ベースの浸食への対抗措置としてこの制度をとらえる考え方が有力となった」と評価されている（増井・宮崎，2019，p.187）。第2の柱は，「各国共通の最低税率の導入により法人税引き下げ競争に歯止めをかけることを目的とするものであり」，CFC税制と「目的を異にする別個の仕組み」であると説明されるが（税制調査会，2023，p.232），制度の効果は浸食された課税ベースへの適正な課税に及ぶ。日本のCFC税制は，近年，特に経済活動基準の適用に関する訴訟が増え，過剰包摂の

問題が顕在化している。IIR が導入され，今後第 1 の柱も実施されるに及び，CFC 税制の持つ意義が減退すれば，当該制度の見直しは必須となろう。

　税制の簡素化の観点からは，ドイツでは，グローバル・ミニマム課税の実施により，UTPR セーフハーバーにおいて名目法人税率 20% を採用し，既存の税制の軽課税基準 25% を最低課税制度の最低税率 15% にまで引き下げている。日本においても，税制の簡素化は重要な視点であり，すでに令和 5 年度税制改正では，グローバル・ミニマム課税の導入による追加的な事務負担が生じることに鑑み，CFC 税制上の特定外国関係会社の適用免除要件である租税負担割合の引下げ（30% から 27%）が行われている（財務省，2022，p. 473）。この引き下げの効果も検証しながら，国際的状況も鑑み，最低税率 15% までいかないとしても，適用免除基準のさらなる引き下げは検討の余地があろう。

　[付記] 本研究は JSPS 科研費 23K01107 の助成を受けた研究成果の一部である。

注

⑴　この点に関しては，陣田（2020）などに，より詳細な記述がある。

⑵　2023 年 9 月に，IF は，特定の関連者間の支払いに係る条約特典を否認して源泉地国に 9% までの上乗せ課税を認めるという STTR を実施するための多国間条約を採択し，公表している（OECD，2023b）。

⑶　GloBE ルールに関しては，吉村（2022，p. 29）なども参照。

⑷　増井（2011），吉村（2011），バニステンデール（2000），岩﨑（1998）なども参照。

⑸　このあたりの動向については，村井（2003b，p. 410）が詳しい。

⑹　1998 年に，行動規範上の租税措置を評価する Code of Conduct Group（business taxation）が設立されている（Council of the European Union，1998b）。

⑺　2017 年 5 月には，ATAD のハイブリッド・ミスマッチによる二重課税防止規定の内容を修正するための指令（Council of the European Union，2017）が採択されている。

⑻　この節の一部は，辻（2023）に依拠している。

⑼　その後，シェルエンティティの濫用を防止するための指令案（European Commission：2021c）に至り，税制上の優遇措置を受ける目的で濫用される経済実体のない事業体を特定するテストの導入を目指している。

⑽　欧州委員会は，DEBRA（Debt-Equity Bias Reduction Allowance）指令案（European Commission，2022）を公表し，資本（Equity）による資金調達に対し所得からの控除を

認め，負債（Debt）とのバイアスを軽減するという方向性を示した

⑾　そこでは，BEFIT のもとで EU 加盟国間の利益配分に定式配賦を用いると，EU 域内で複雑な移転価格税制を適用する必要がなくなると指摘する。

⑿　この指令案については，さしあたり，増井（2011），大野（2012）などを参照のこと。

⒀　Gesetz zur Umsetzung der Richtlinie（EU）2022/2523 des Rates zur Gewährleistung einer globalen Mindestbesteuerung und weiterer Begleitmaßnahmen, 27. 12. 2023, BGBl. 2023 I Nr. 397.

⒁　吉村（2024, p. 238）では，「日本の法人税法も単体課税の原則を取りつつ，グループ課税の観点から修正が加えられているハイブリット的なもの」であり，その「ハイブリット的な既存の法人税法に，ハイブリット的な GloBE ルール（筆者略）が加わった」と評する。

⒂　ドイツの最低課税は，法人税とは別に課税される独立した税であるが，GloBE ルールで一般に用いられる「上乗せ税額」と訳している。

⒃　課税管轄地における実効税率が最低税率を下回ることで最低課税が生じうる場合は，セーフハーバールールの適用除外とされている（78 条）。

⒄　ドイツでの CFC 税制導入時の問題点については，村井（2003a）を参照。

⒅　Gesetz zur Umsetzung der Anti-Steuervermeidungsrichtline（ATAD-Umsetzungsgesetz - ATADUmsG）, 30. 6. 2021, BGBl. I 2021, Nr. 37, 2035.

⒆　Gesetz zur Verbesserung der steuerlichen Bedingungen zur Sicherung des Wirtschaftsstandorts Deutschland im Europäischen Binnenmarkt（Standortsicherungsgesetz - StandOG）13. 9. 1993. BGBl. I 1993. 1569.

⒇　Gesetz zur Senkung der Steuersätze und zur Reform der Unternehmensbesteuerung（Steuersenkungsgesetz - StSenkG）, 23. 10. 2000, BStBl. I 2000, 1428（1464）.

㉑　Gosch（2020 §8b Rz.1）. 辻（2020）も参照。

㉒　Kraft, Edelmann, Krause, Protzen, Rödel（2019, §8 Rz490）.

㉓　Gesetz zur Fortentwicklung des Unternehmenssteuerrechts（Unternehmenssteuerfortentwicklungsgesetz - UntStFG）, 20. 12. 2001, BStBl. I 2002, 35（51）.

㉔　Kraft, Edelmann, Krause, Protzen, Rödel（2019, §8 Rz.491）.

㉕　Gesetz gegen schädliche Steuerpraktiken im Zusammenhang mit Rechteüberlassungen, 4. 7. 2017, BGBl. 2017 I Nr.43, 2074.

㉖　Tipke, Lang（2018, §8 Rz.302）.

㉗　支払利子控除制限については，辻（2019）などを参照。

㉘　当時は，Undertaxed Payment Rule（軽課税支払ルール）と表記されていた。

㉙　法人税の最低実効税率の全会一致の承認が得られたのであれば，共通課税ベースの全会一致の承認が得られない理由はないとする見解がある（Panayi, 2023, p. 260）。

⑶ 日本の議論として，山川（2024, p. 35）によれば，「GloBE ルールと CFC 税制間の計算項目の共通化」に際しては，配当の除外基準などで「CFC 税制を GloBE ルールに近づけるしかない。」と指摘している。

⑶ 今村（2023a, p. 141, 2023b, p. 42）では，CFC 税制の目的を「タックス・ヘイブンにおける不当な課税の繰り延べ」防止とする。

⑶ 経済産業省（2022, p. 9）。

参考文献

BMF（2017）Referentenentwurf eines Gesetz gegen schädliche Steuerpraktiken im Zusammenhang mit Rechteüberlassungen,19.12.2016.

BMF （2020） Referentenentwurf eines Gesetzes zur Umsetzung der Anti-Steuervermeidungsrichtlinie（ATAD-Umsetzungsgesetz - ATADUmsG), 24.3.2020.

BMF（2022）Deutschland steht zusammen.Maßnahmenpaket des Bundes zur Sicherung einer bezahlbaren Energieversorgung und zur Stärkung der Einkommen, 3.9.2022.

BMF（2023a）Diskussionsentwurf eines Gesetzes für die Umsetzung der Richtlinie zur Gewährleistung einer globalen Mindestbesteuerung für multinationale Unternehmensgruppen und große inländische Gruppen in der Union （Mindestbesteuerungsrichtlinie-Umsetzungsgesetz - MinBestRL-UmsG),17.3.2023.

BMF（2023b）Referentenentwurf des Bundesministeriums der Finanzen Entwurf eines Gesetzes für die Umsetzung der Richtlinie zur Gewährleistung einer globalen Mindestbesteuerung für multinationale Unternehmensgruppen und große inländische Gruppen in der Union und die Umsetzung weiterer Begleitmaßnahmen （Mindestbesteuerungsrichtlinie-Umsetzungsgesetz - MinBestRL-UmsG),7.7.2023.

Bundesregierung （2021） Gesetzentwurf eines Gesetzes zur Umsetzung der Anti-Steuervermeidungsrichtlinie（ATAD-Umsetzungsgesetz - ATADUmsG),19.4.2021.

Council of the European Union （1998a） *COUNCIL CONCLUSIONS of the ECOFIN Council Meeting on 1 December 1997 concerning taxation policy*, OJ C 2/2, Annex 1. 6.1.1998.

Council of the European Union （1998b） *COUNCIL CONCLUSIONS of 9 March 1998 concerning the establishment of the Code of Conduct Group（business taxation）*, OJ C 99/01, 1.4.1998.

Council of the European Union （2003） *COUNCIL DIRECTIVE 2003/49/EC of 3 June 2003 on a common system of taxation applicable to interest and royalty payments made between associated companies of different Member States*, OJ L 157/49, 26.6.2003.

Council of the European Union (2016) *COUNCIL DIRECTIVE (EU) 2016/1164 of 12 July 2016 laying down rules against tax avoidance practices that directly affect the functioning of the internal market*, OJ L 193/1, 19.7.2016.

Council of the European Union (2017) *COUNCIL DIRECTIVE (EU) 2017/952 of 29 May 2017 amending Directive (EU) 2016/1164 as regards to hybrid mismatches with third countries*, OJ L 144/1, 7.6.2017.

Council of the European Union (2022a) *COUNCIL CONCLUSIONS on the reform of the Code of Conduct for Business Taxation*, 14452/22 FISC 214. ECOFIN 1131, 8.11.2022.

Council of the European Union (2022b) *COUNCIL DIRECTIVE (EU) 2022/2523 of 14 December 2022 on ensuring a global minimum level of taxation for multinational enterprise groups and large-scale domestic groups in the Union*, OJ L 328/1, 22. 12. 2022.

Eiser, P. (2023) "Pillar Two - Ermittlung der globalen Ergänzungssteuer-Problemanalyse auf Grundlage der Richtlinie der EU v. 22.12.2022," *IWB*, 5: 188–188.

European Commission (2011a) *Proposal for a Council Direcctive on a Common Consolidated Corporate Tax Base* (CCCTB), COM (2011) 121 final, 16. 3. 2011.

European Commission (2011b) *Proposal for a COUNCIL DIRECTIVE on a common system of taxation applicable to interest and royalty payments made between associated companies of different Member States*, COM (2011) 714 final, 11.11.2011.

European Commission (2016) *Proposal of a Council Directive on a Common Corporate Tax Base*, COM (2016) 685 final, 25. 10. 2016.

European Commission (2021a) *Communication from the Commission to the European Parliament and the Council, Business Taxation for the 21st Century*, COM (2021) 251 final, 18. 5. 2021.

European Commission (2021b) *Proposal for a COUNCIL DIRECTIVE on ensuring a global minimum level of taxation for multinational groups in the Union*, COM (2021) 823 final, 22.12.2021.

European Commission (2021c) *Proposal for a COUNCIL DIRECTIVE laying down rules to prevent the misuse of shell entities for tax purposes and amending Directive 2011/16/EU*, COM (2021) 565 final, 22. 12. 2021.

European Commission (2022) *Proposal for a COUNCIL DIRECTIVE on laying down rules on a debt-equity bias reduction allowance and on limiting the deductibility of interest for corporate income tax purposes*, COM (2022) 216 final, 11. 5. 2022.

第 6 章　EU における GloBE ルールの受容

European Commission（2023）*Proposal for a COUNCIL DIRECTIVE on Business in Europe: Framework for Income Taxation（BEFIT）*, COM（2023）532 final, 12. 9.2023.

Gosch, D.（2020）*Körperschaftsteuergesetz: KStG,4.Aufl.*

Großfeld, B.（1976）"Grundprobleme des Aussensteuergesetzes," *German Yearbook of International Law‐Jahrbuch für Internationales Recht*, 19, 177-198.

今村隆（2023a）「日米英の CFC 税制の比較と同税制の趣旨・目的（その 1 ）──米国の Whirlpool 事件巡回裁判所判決（2021 年）とわが国の来料加工事件判決を検討して」『租税研究』886: 124-143.

今村隆（2023b）「日米英の CFC 税制の比較と同税制の趣旨・目的（その 2 ）──みずほ銀行事件東京高裁判決と ITV 事件一般裁判所判決を検討して」『租税研究』887: 32-58.

岩﨑政明（1998）「法人税の国際的競争と調和──EU および OECD の動向の考察」『租税法研究』(26): 27-42.

自由民主党・公明党（2023）「令和 6 年度税制改正大綱」（令和 5 年 12 月 14 日）.

陣田直也（2020）「租税競争への対抗と第 2 の柱（Pillar Two)」『フィナンシャル・レビュー』(143): 76-94.

経済産業省（2022）最低税率課税制度及び外国子会社合算税制のあり方に関する研究会「最低税率課税制度及び外国子会社合算税制のあり方について（最低税率課税制度及び外国子会社合算税制のあり方に関する研究会報告書)」2022 年 9 月 1 日.

Kraft, G., Edelmann, G., Krause, M., Protzen, P., Rödel, S.（2019）*Außensteuergesetz: AStG,2. Aufl.*

増井良啓（2011）「法人税制の国際的調和に関する覚書」『税研』(160): 30-37.

増井良啓・宮崎裕子（2019）『国際租税法　第 4 版』東京大学出版会.

村井正（2003a）「ドイツ国際取引租税法（AStG）の問題点」『租税法と取引法』比較法研究センター，315-329.

村井正（2003b）「EU 税制における協調と競争」『租税法と取引法』比較法研究センター，410-435.

OECD（1998）*HARMFUL TAX COMPETITION: An Emerging Global Issue*, OECD Publishing, Paris.

OECD（2015）*Countering Harmful Tax Practices More Effectively, Taking into Account Transparency and Substance, Action 5‐2015 Final Report, OECD/G20 Base Erosion and Profit Shifting Project*, OECD Publishing, Paris.

OECD（2020）*Tax Challenges Arising from Digitalisation‐Report on Pillar Two Blueprint: Inclusive Framework on BEPS*, OECD Publishing, Paris.

OECD（2021a）*Statement on a Two-Pillar Solution to Address the Tax, Challenges*

Arising from the Digitalisation of the Economy, 8. 10. 2021, OECD, Paris.

OECD（2021b）*Tax Challenges Arising from the Digitalisation of the Economy - Global Anti-Base Erosion Model Rules（Pillar Two）: Inclusive Framework on BEPS*, OECD Publishing, Paris.

OECD（2022a）*Tax Challenges Arising from the Digitalisation of the Economy - Commentary to the Global Anti-Base Erosion Model Rules（Pillar Two）, First Edition: Inclusive Framework on BEPS*, OECD Publishing, Paris.

OECD（2022b）*Safe Harbours and Penalty Relief: Global Anti-Base Erosion Rules（Pillar Two）*, OECD/G20 Inclusive Framework on BEPS, OECD, Paris.

OECD（2023a）*Tax Challenges Arising from the Digitalisation of the Economy - Administrative Guidance on the Global Anti-Base Erosion Model Rules（Pillar Two）*, July 2023, OECD/G20 Inclusive Framework on BEPS, OECD, Paris.

OECD（2023b）*Multilateral Convention to Facilitate the Implementation of the Pillar Two Subject to Tax Rule*, OECD.

大野雅人（2012）「CCCTB に関する 2011 年 3 月欧州委員会提案の概要と展望——ALP の海に浮かぶフォーミュラの貝殻」『筑波ロー・ジャーナル』（11）: 43-86.

Panayi, C.（2023）"Corporate tax reform in the European Union: are the stars finally aligned?" *Yearbook of European Law*, 42: 232-261.

Polatzky, R., Michelberger, L.（2023）"Die Umsetzung der globalen Mindestbesteuerung in Deutschland im Lichte der Hinzurechnungsbesteuerung nach dem AstG," *IStR*, 32(3):89-92.

Richter, L., Lentes, P.（2024）"Wozu bedarf es noch der Hinzurechnungsbesteuerung?" *IStR*, 2024 :117-123.

鈴木勝玄（2023）「BEPS2.0 各国の法制化状況と日本企業における留意点　第 7 回ドイツ」『国際税務』43(12): 64-70.

辻美枝（2019）「所得課税と支払利子控除制限——ドイツの制度を中心に」『立命館経済学』67(5/6): 243-259.

辻美枝（2020）「外国子会社株式の譲渡損益と法人税課税」『税研』35(5)：25-29.

辻美枝（2023）「関連者間の国際的資金移転と法人所得課税」『税研』38(5): 15-21.

Tipke, K., Lang, J.（2018）*Steuerrecht, 23. Aufl.*

バニステンデール，フランツ（Vanistendael, Frans）（2000）「欧州所得課税統合への方途」『税研』（91）: 14-22.

山川博樹（2024）「BEPS2.0 実務対応と本年度税制改正——令和 6 年度改正でグローバル・ミニマム課税に QDMTT セーフハーバーを措置」『国際税務』44(1): 26-35.

吉村典久（2011）「法人税制の国際的調和・税率構造」『税研』（160）: 38-45.

吉村政穂（2022）「法人税の最低税率——GloBE ルールの概要及び課題」『ジュリスト』
　　1567: 29-34.

吉村政穂（2024）「国際ルールの整合性が日本に迫る法的課題」『租税研究』(895): 236-252.

財務省（2022）『令和 5 年度税制改正の解説』.

税制調査会『わが国税制の現状と課題——令和時代の構造変化と税制のあり方』(2023 年
　　6 月 30 日).

第7章

BEPS2.0 第 2 の柱における GloBE 情報申告書の意義と手続保障

金山知明

1. 本章の狙い

2020 年 10 月，OECD・G20 の BEPS 包摂的枠組み（Inclusive Framework）により公表された，経済のデジタル化への対処としての新たな国際課税制度（2 本の柱）は，2021 年 10 月において，ついに国際合意に至った（OECD 2021a, p.1）。この新たな取組みは，従来の BEPS プロジェクト（BEPS1.0）と区別する意味で，BEPS2.0 と呼ばれる。

このうち，追加的な多国間条約の締結が必要となる第 1 の柱（市場国への課税権の配分）についてはその導入スケジュールに大幅な遅れが生じているが，第 2 の柱（グローバル・ミニマム税）については 2022 年 12 月に EU 理事会で指令が採択されるなど，各国で法制化の動きが進んでいる。

第 2 の柱の中心をなすのは IIR（Income Inclusion Rule：所得合算ルール）と UTPR（Undertaxed Profit Rule：軽課税所得ルール）であるが（本章ではその総称として「GloBE ルール」と表記する。），わが国においては，令和 5 年度与党税制改正大綱にて，「グローバル・ミニマム課税への対応」として，IIR の導入が明記され，当該大綱に基づく法案は令和 5（2023）年 3 月 28 日に通常国会で成立した（令和 6 年 4 月 1 日以後開始事業年度より適用）。

IIR は，年間連結収益が 7.5 億ユーロ以上の多国籍企業グループ内の構成会社（Constituent Entity）につき，国単位で計算した実効税率が最低税率（15%）を下回る場合に，15% に達するまでの税額（Top-up Tax）をグループ内のいずれかの企業が納付する仕組みである（OECD 2023a, p.9）。GloBE ルールが実行さ

216

第 7 章　BEPS2.0 第 2 の柱における GloBE 情報申告書の意義と手続保障

れることにより，世界のどの国を居住地とし，どの国に所得を移転したとして
も一定の課税を受けることとなるため，大規模多国籍企業の BEPS を図ろうと
する動きは相当程度抑制されると想定し得る（Avi-Yonah and Kim 2022, p. 510）。

　GloBE ルールでは，国別ブレンディング方式が採用されたため，対象企業は，
各構成会社が所在する国別に，所定の規則に基づく所得及び実効税率を計算し，
その結果を GloBE 情報申告書に記載して提出しなければならず，それには多
大な追加的事務負担を要する。また，GloBE 情報申告書は，典型的には最終親
会社により作成されるが，各構成会社の所在地国または GloBE ルールにより
課税権を有するすべての国に提供されなければならない。

　そのような申告書の作成と提供（交換）には，対象企業の高度に統制された
情報収集能力と，国家間の円滑な情報交換スキームが必要であり，それがなけ
れば GloBE ルールの目的を果たすことは困難となる。このことから，GloBE ル
ール実現の可能性を手続の面から検討する場合，これまでに導入されてきた
CbCR（Country-by-Country Reporting：国別報告事項）と，国家間の自動的情報
交換が果たす役割が大きく，それらが重要な布石となると考えられる。

　GloBE ルールは，これまでになかった国際的統一ルールにより多国籍企業に
課される申告納税義務であるが，GloBE 情報申告書の作成に必要な情報収集と
編成に関する事務負担を踏まえると，その目的達成のためには対象企業側の積
極的協力が必要である。多くの企業が GloBE ルールの趣旨に従い，自発的に社
会的責任を果たそうとする姿勢に向かう環境を築くためには，税制としての手
続的ルールに関し，企業側からみた正当性を確保することが必要であろう。そ
こで，GloBE ルールにより求められる一連の手続を，主に企業の事務及びリス
ク負担の面から概観したうえで，GloBE ルールと企業の社会的責任との関係性
に着目し，自発的コンプライアンスに必要な手続保障について検討するのが本
章の狙いである。

　本章ではまず，GloBE ルール上重要な手続となる GloBE 情報申告書
（Information Return）について，CbCR との比較の観点から対象多国籍企業グル
ープ（Multinational Enterprise：MNE）に課される事務負担と税務リスクを検討
する。また，国家間の自動的情報交換が GloBE ルールの執行に果たす役割と手

続的保障，さらに OECD による GloBE ルールの簡素化と MNE の事務負担と罰則軽減枠組みについて検討する。その後，わが国における GloBE ルール導入状況について確認したうえで，最終的には，CbCR の本来の目的であった会計情報提供と企業の社会的責任の観点から，GloBE 情報申告書の意義を探り，罰則の適用のあり方も含め手続的側面からの考察を加える。

2. CbCR と GloBE 情報申告書

GloBE ルールは，世界的に初めて実現が図られるシングル・タックス原則に基づく制度であると言われる[2]。それは，世界のどの国で所得が発生したとしても，一定の最低税率（GloBE ルールでは 15％）での課税が確保されるからであるが，その最低税率と比較する実効税率の計算においては，国別ブレンディング方式が採られている。

つまり，MNE はグループ内企業の所得と実効税率を国別に算出する必要があるが，この国別集計の考え方は CbCR と共通するものであり，また GloBE ルールの対象範囲（連結年間売上 7.5 億ユーロ以上の多国籍企業）についても，CbCR のそれと一致している。これは，GloBE ルールを CbCR と同一の概念や対象範囲で実施することによる事務負担の軽減を念頭に置いているからだと説明される（OECD 2020, p. 17）。

そこで，本節においては，GloBE ルールの手続上の根幹を成す GloBE 情報申告書と，先行的に国別集計の概念を採用した CbCR との関係について，そのコンセプトの共通点をみたうえで，事務負担と性質に関する相違点を検討することとする。

2.1. 国別ブレンディング方式

GloBE ルールは，全世界ブレンディング方式を採る米国の GILTI と異なり，MNE の各構成会社の所得と租税負担額を国ごとに集計させ，一定の調整を加えたうえで国別実効税率を算出し，これをミニマム税率と比較するという国別ブレンディング（jurisdictional blending）方式を採用した。Englisch（2021）はそ

218

第 7 章　BEPS2.0 第 2 の柱における GloBE 情報申告書の意義と手続保障

の理由について，国別実効税率でなく国際平均実効税率を採用する場合，低課税国の税率を他国のより高い税率と相殺することが許されるため，依然としてMNE には低課税国への所得移転の誘因が残り，GloBE ルールの目的を十分に達成できないからであると説明する（Englisch 2023, p. 982）。

　国別ブレンディングは実効税率の国際通算を許さず，ミニマム税率を下回る国では確実に Top-up Tax を生じさせる点で優れているとされるが（Ibid.），その反面，MNE にとっては国別に所得と実効税率を計算するという多大な事務負担となる（OECD 2020, p. 18）。ただし，このように企業グループの実績を国別に集計する考え方は，OECD の BEPS1.0 で提唱された移転価格リスク評価文書である CbCR において先行的に採用されているため，多くの MNE にとって完全に新しいものというわけではない。

　CbCR においては，国別に収益，利益，税額等を集計することが求められ，GloBE ルールと同様に年間売上 7.5 億ユーロ以上の多国籍企業に対してその提出が義務付けられている。このような明確な国別集計の枠組みは CbCR で初めて採用されたものであり，MNE はこの国別情報収集システムを導入するために多大な事務的，費用的負担を強いられたといわれる（Hanlon 2018, p. 8）。

　後述のように，GloBE 情報申告書に必要とされるデータは，CbCR 作成のために必要な情報よりも多いため，CbCR の作成実績や使用データをもって，GloBE 情報申告書を容易に調製できるものではない。しかし，少なくともGloBE ルールにおいて国別ブレンディング方式を採用するにあたり，すでに多くの国で導入されている CbCR の存在が重要な基盤となったと考えられる[3]。

2.2.　事 務 負 担

　GloBE 情報申告書は，OECD が 2021 年 12 月に公表した GloBE モデルルール Pillar Two（OECD 2021b）（以下「モデルルール」）の 8 章において示されている。これによれば，構成会社か指定会社（Designated Local Entity）は，各事業年度終了後 15 か月以内に，その所在地国の税務当局に対して，GloBE 情報申告書を提出しなければならないとされている（モデルルール 8.1.1 条及び 8.1.6 条）。

　ただし，その情報申告書がその MNE の最終親会社（Ultimate Parent Entity），

219

または指定提出会社（Designated Filing Entity）により提出され，情報交換合意に基づき関係国の税務当局に提供される場合には，構成会社や指定会社の情報申告書提出義務は免除される（モデルルール8.1.2条）。

GloBE情報申告書は，「税務当局が適切なリスク評価を行い，構成会社のTop-up Taxの正確性を検証するための情報を含む」報告書類であるとされ，各国が国内法で定める納税申告書とは区別される（OECD 2023b, p.4）。すなわち，GloBEルールに参加する各国は，GloBE情報申告書とは別に，計算された税額の確定と徴収のため，国内法による納税申告書の提出義務をMNEに課すことになる。

GloBE情報申告書には一定のフォーマットが使用され，納税者番号等，持株割合を含むグループ企業の構成のほか，Top-up Taxの計算に必要な国別実効税率，IIRとUTPRに基づくTop-up Taxなどを記載することとされている（モデルルール8.1.4条）。OECDが2023年7月に公表したGloBE情報申告書のガイダンス（以下「GloBE情報申告書ガイダンス」）（OECD 2023b）において，モデルルール8.1.4条に準拠するかたちで，標準的なひな形が公表されている。

ここでは，GloBE情報申告書の記載内容につき，CbCRとの比較を行うため，まずはCbCRの記載様式の概略をみておく。CbCR提出義務が課されるのは，年間連結収益7.5億ユーロ以上のMNEであり（OECD 2015, p.10），これはGloBEルールの対象範囲と同様である[4]。OECDのCbCRテンプレートによれば，CbCRにおいて，MNEに報告が義務付けられるべき内容は，以下のとおりである（表7-1）。

CbCRに記載すべき国別の収入金額，税引前利益等について，特に複雑な調整数値を記入すべき欄はなく，収入金額についてはその金額を関連者と非関連

表7-1 OECDによるCbCRの標準的記載事項

▷ Table 1　いずれも国別の収入金額，税引前当期利益，法人所得税納税額，法人所得税計上額，資本金額，利益剰余金額，授業員数，有形資産額
▷ Table 2　構成会社の名称，所在地，各構成会社の主要な事業内容
▷ Table 3　その他の事項

出所：OECD（2014, pp.35-37）．

第7章　BEPS2.0 第2の柱における GloBE 情報申告書の意義と手続保障

者に区分して表示する必要があるが，税引前当期利益については，基本的には
MNE のすべての構成会社の税引前当期利益（損失）の合計額を国別に記載す
るに過ぎないと考えられる。

　一方，GloBE 情報申告書の様式は，CbCR と比較すれば非常に複雑なものと
なる。GloBE 情報申告書の作成に要する追加的事務負担を説明し，そのような
複雑な様式を採用する理由を検討するため，GloBE 情報申告書の構成の概要を
示す（図7-1）。

　ところで，BEPS2.0 第1の柱による源泉地国への課税権の配分スキームで
は新たな多国間租税条約の設置が必須であるが，第2の柱によるグローバル・
ミニマム課税はそのような条約の構築を予定せず，OECD が立案するモデルル
ールに従って，各国における国内法が制定され，執行されることとなる（Avi-
Yonah, and Kim 2022, p. 6）。

　つまり，第2の柱においては，租税条約というハードローに依拠することな
く，OECD モデルルールといういわばソフトローに基づき，そのルールに合意
した各国により個別に法制化が行われることになる。モデルルールという規範
があるにしても，政治的背景や法制度の構造が異なる国々において，公平かつ
一元的なグローバル・ミニマム課税を行うことには困難があると考えらえる
（Mrozek 2023, p. 17）。その状況下でモデルルールが目指すミニマム課税を実現
するためには，少なくとも各企業が統一的なフォーマットにより各国における
所得を計算し提出する必要がある。その目的の実現にむけて重要な役割を果た
すのが GloBE 情報申告書である。

　GloBE 情報申告書の提出に先立ち，CbCR とともにマスターファイルの作成[5]
もなされているとすれば，GloBE 情報申告書の記載内容（図7-1）のうち1に加
えて3の基礎部分については，CbCR 及びマスターファイルの作成において用
いたデータを利用できると思われる。この点においては，企業側の追加的な事
務負担は軽減されるといえる。

　しかし，GloBE 情報申告書の記載内容（図7-1）のうち，3.2 の構成会社等の
所在地国ごとの GloBE 所得金額，国別実効税率，MNE の Top-up Tax の算定
内容（3.3）などは，CbCR やマスターファイルでは扱わない項目であり，企業

221

図 7-1　OECD による GloBE 情報申告書の構成概要

1　MNE グループ情報

ここでは，提出会社の名称，所在地国，事業年度，IIR・UTPR・QDMTT，MNE グループに関する企業構造等の一般的情報が記載される。

2　国別セーフハーバーと適用除外

国別にセーフハーバー適用選択の有無等が記載される。

3　GloBE 所得及び Top-up Tax の計算

　3.1　所在地国の概要

　3.2　国別実効税率の計算

　　3.2.1　国別実効税率

　　　3.2.1.1　国別 GloBE 所得

　　　　ここでは財務会計上の純損益を起点として，モデルルール 3.2.1 条以下に規定される最大 26 項目の加算減算を加え国別 GloBE 所得が算出される。

　　　3.2.1.2　国別調整対象税額

　　　　ここではその国における構成会社の法人税等の合計額を起点として，モデルルール 4.1.2 条以下に規定される最大 20 項目の調整を加えて国別調整対象税額が算出される。

　　3.2.2　国別繰延税金資産

　　　ここでは繰延税金費用計算のため，モデルルール 4.4.1 条以下に規定される最大 16 項目の調整を行う。

　　3.2.3　国別特例選択の表示

　　3.2.4　各構成会社における計算

　　　3.2.4.1　各構成会社の GloBE 所得計算

　　　　ここでは，各構成会社について上記 3.2.1.1 と同様の各種調整計算を行い，個別の GloBE 所得を算出する。

　　　3.2.4.2　各構成会社の調整対象税額

　　　　ここでは，各構成会社について上記 3.2.1.2 と同様の各種調整計算を行い，個別の調整対象税額を算出する。

　3.3　Top-up Tax の計算

　　3.3.1　国別の Top-up Tax の計算

　　　ここでは，国別 GloBE 所得から実質ベースの所得除外額（SBIE）を控除した金額に，Top-up 税率（15％－国別実効税率）を乗じ，追加 Top-up Tax を加算し，QDMTT を控除して国別 Top-up Tax を算出する。

　　3.3.2　実質ベースの所得除外額（SBIE）の計算

　　　ここでは，所在地国における給与等と有形固定資産の帳簿価額にそれぞれ一定割合を乗じた金額を合計して実質ベースの所得除外額（SBIE）を計算する。

　　3.3.3　追加 Top-up Tax

　　3.3.4　QDMTT

　3.4　Top-up Tax の配分と帰属

　　3.4.1　当該国における IIR 適用関係

　　　各構成会社等の個別 GloBE 所得の金額に応じて，国別の Top-up Tax を按分し帰属させ，これに親会社の持分割合による調整を加えた金額から一定の減算を行って親会社が負担すべきその構成会社等に係る Top-up Tax を算出する。

　　3.4.2　当該国における UTPR に係る Top-up Tax の計算

　　3.4.3　UTPR に係る Top-up Tax の帰属計算

出所：OECD（2023b），Annex A1 より筆者作成。

側の新たな事務負担のうえで計算され，記載される必要がある。特に，国別実効税率の計算には，各構成会社の会計上の損益（分母）に対する調整（モデルルール 3.2.1 条以下）最大 26 項目，調整対象税額（分子）の調整（モデルルール 4.1.2 条以下）最大 20 項目が求められ，そのほか繰延税金費用の調整など多くの追加的な手数を要する。

　上記により計算された国別実効税率が 15％ を下回る場合，その国についての GloBE 所得金額から実質ベースの所得除外額を引いた金額にその下回る率を乗じ，その乗じた金額（追加 Top-up Tax がある場合はこれを加算した金額）からその国における QDMTT を控除した金額が Top-up Tax となる。さらにその Top-up Tax は最終親会社の各構成会社に対する株式所有割合に応じて按分帰属計算により調整される必要がある。

　GloBE ルールは上記のとおり，国別ブレンディング方式を採用するため，構成会社が複数の国に所在する場合，その国の数だけ上記計算を繰り返す必要がある。MNE は，それら要素を含む GloBE 情報申告書を，マスターファイル及び CbCR とは別に作成提出する義務を負うこととなる。このように複雑な計算規則となる理由は，国別の実効税率と対象租税額を統一ルールに従って可能な限り公平に計算し，トップダウンアプローチにより二重課税を避けつつ，親会社の所有割合に相当する部分に対して課税を行う必要性にあると考えられる（OECD 2020, p. 114）。

2.3. 性質の相違

　上記のように，多くの MNE はすでに国別情報としての CbCR の提出義務を負っており，そのデータを GloBE 情報申告書の作成やセーフハーバーの判定に用いることができる点で，二重の事務負担は軽減されると考え得る。ただし，CbCR の性質そのものは，あくまでも情報提供書類であり，税務申告書の役割を果たすものでないことに留意すべきである（Mrozek 2023, p. 15）。その点については OECD のガイドラインにおいても，CbCR の位置づけに関して，これを移転価格リスク評価のための有用な資料として利用できるが，CbCR 自体が移転価格更正の根拠として用いられてはならないと明示する（OECD 2015, p. 16）。

しかし，現在のように多くの国において CbCR の提出義務が課されているのが，税務上の理由によることは確かである。BEPS プロジェクト自体の主目的は，多国籍企業による過剰な租税回避を抑止することにあるが，その中にあってアクションプラン 13 の目的は，特に税務当局に対する文書提出制度を構築することにより情報の透明性を高めることであった（OECD 2015, p. 9）。CbCR は，各国において税務当局に提出され，関係する他国の税務当局との間でのみ交換される。Murphy（2016）は，特に CbCR により国別の売上高，従業員数，固定資産，税引前当期利益，税負担額が開示される点を挙げて，それが税務当局にとって，企業の移転価格リスクを評価するための重要な情報となることを述べている（Murphy 2016, p. 99）。

　さらに，適正な独立企業間価格によりグループ内取引を行う企業側にとっては，利益配分実績の合理性を税務当局に明示する資料として CbCR を用いることが大きな利点となる点も強調されている（*Ibid.*）。CbCR の税務当局への提出を義務付けることで，MNE の税務戦略を透明化し，それにより不当な利益移転行為自体を抑止する効果も期待されていたといえる（Hackett and Jansky 2023, p. 14; Hanlon 2018, p. 209）。

　しかしながら，CbCR の必要性はもともと，税務上の報告文書としてではなく，多国籍企業の外部利害関係者に対するビジネス上の情報公開と会計制度の見地から論じられている（Murphy 2016, p. 99）。Murphy（2016）は，現在採用されている会計基準について，多国籍企業の実績を連結ベースで単一の決算書により表現することから，具体的に活動し拠点を置く国別の情報開示ルールを欠くとして批判している（Murphy 2016, p. 97）。そして，国別情報開示がない理由は会計制度自体が一企業グループとしての実績を投資者や債権者等に示すことを目的とするからであるが，これら外部利害関係者のみならず，各国の行政機関や関係する市民にとっても，企業の財務リスクを評価するうえで国別情報を把握することは有益である点を説く。

　そのような国別情報の開示についてはすでに制度化の例もあり，EU では Capital Requirements Directive（CRD IV）（Directive 2013/36/EU（CRD IV））により，一定の多国籍金融機関は 2014 年度から CbCR の公開を義務付けられてい

第7章　BEPS2.0第2の柱におけるGloBE情報申告書の意義と手続保障

る（Overesch and Wolff 2021, p. 1619）。また，2021年12月にはCbCRの公開に関する指令（Directive EU2021/2101）が成立し，EU内に本店を置くMNEには，遅くとも2024年6月22日以後に開始する事業年度分から，CbCRのうち主要なデータを公開することが義務付けられた（同指令48g条）。

　一方，GloBE情報申告書には，国別の実効税率の算定情報を記載し，それが15%未満であってTop-up Taxが生じる場合はその税額の算定情報も記載することになる。その情報申告書は，構成会社によるTop-up Tax申告義務の直接の根拠資料である。GloBE情報申告書ガイダンスにおいても，当該申告書には，Top-up Tax発生の有無や，その税額計算についての情報を含むとされ，各国税務当局は，当該申告書に記載された情報の正確性を確認するために，MNEに対して追加的な情報提供を要求することが想定されている（OECD 2023b, p. 7）。その結果GloBE情報申告書に不備があれば，それは直接Top-up Taxの納付額を左右し得る。

　すなわち，GloBE情報申告書に誤りがあれば，それと連動する形でTop-up Taxの計算も変動し，税務調査によりそれが発覚すれば増差税額のほか制裁金や延滞金が課される可能性がある。このことから，GloBE情報申告書とそれに基づく構成会社の申告納付手続は，CbCR，マスターファイルの延長線上にあると言える部分があるとしても，調査・更正，及び罰則の適用というリスクを伴う税務申告であるという点において，CbCR，マスターファイルとはその性質が異なると考えられる。

2.4. 小　括

　CbCRの導入により，MNEはそれまで経験のなかった国別情報報告を義務付けられたが，これはMNEにとって多大な追加的事務負担であったはずである（Hanlon 2018, p. 212）。GloBE情報申告書も同様に国別の実績をベースとするものであり，CbCRをすでに提出しているMNEにとっては，少なくとも初めて国別のデータ収集を強いられるものではない。この意味において，CbCRの存在は国別実効税率を基礎とするGloBEルールの設計上，大きな布石であったといえるだろう。[6]

しかし，CbCR はもともと移転価格税制上の提出書類として提唱されたのではなく，会計情報としての公開を目的としたものであった。実際に，EU においては CbCR の公開に関する指令が成立している。反面，GloBE 情報申告書は税務申告に直結する書類で，その提出を通じて MNE が負担する税務リスクは，CbCR のそれとはまったく異なる性質を帯び，その申告内容の正否は，MNE の Top-up Tax の負担に直接の影響を及ぼし得るものである。

また，OECD の BEPS1.0 アクションプラン 13 により導入された CbCR との比較においても，当該 CbCR は移転価格税制上のリスク評価資料に過ぎないのに対し，GloBE 情報申告書は名目上こそ GloBE ルールの執行上のリスク評価文書ではあるが，実質的には MNE が負う納税義務と税額計算に直結する納税申告書に近い性質をもつと考えられる。

3. GloBE 情報申告書の国家間交換

GloBE 情報申告書は，原則としては各国におけるすべての構成会社にその提出義務が課されるが（モデルルール 8.1.1 条），一方で，MNE の最終親会社や指定提出会社により単一の GloBE 情報申告書が提出され，その提出された国において「権限ある当局間合意」に基づき当該申告書を自動交換し得る環境が整っている場合は，その MNE に属する構成会社は GloBE 情報申告書の提出義務を免除される（モデルルール 8.1.2 条）。

提出義務について GloBE モデルルール・コメンタリー（以下「コメンタリー」）（OECD（2024a））は，各構成会社は GloBE 情報申告書の調製に適した状況にないことが多く，現実には，最終親会社や指定提出会社がその提出義務を担うことが期待されると述べる（コメンタリー 8.1, para. 3）。つまり，GloBE 情報申告書は多くの場合 MNE を代表する 1 社により提出され，それが「権限ある当局間合意」により関係各国の税務当局に提供されると想定されている。

その意味で当局間合意による税務情報の自動交換を可能とする環境が形成されていることが GloBE ルールの執行にとって極めて重要であり，それを欠く場合は制度の目的は十分に達成できないことになるだろう。そこで，本節にお

いては税務情報自動交換枠組みの概略をみたうえで，それが GloBE 情報申告書の自動交換に果たす役割と，MNE の見地からの手続的保障について若干の検討を加える。

3.1. 税務情報の自動的交換の概要

　OECD のモデル租税条約は，二国間で租税条約を締結する場合のひな形を提供するものであるが，そのうち最も古い 1963 年モデル条約草案においてもすでに情報交換に関する規定（26 条）がある（OECD 1963, p. 56）。この情報交換規定は時代の変化，特に経済のグローバル化とともに発展し，国家間の税務情報交換の主要な根拠規定として用いられてきた。とりわけ，1977 年改訂時以降のモデル租税条約コメンタリーにおいては，情報交換の類型として，要請に基づく情報交換，自発的情報交換とともに，自動的情報交換を含む旨記述がある（OECD 1977, p. 185）。

　また，この二国間租税条約方式とは別に，OECD と欧州評議会（Council of Europe）は共同で情報交換や徴収協力に関する多国間条約の設置を立案してきた。両者により 1988 年に策定された税務行政執行共助条約（Convention on Mutual Administrative Assistance in Tax Matters）は 1995 年に効力を生じ，これまで段階的に批准国数を増やしてきた。[7]

　この税務行政執行共助条約においては，条約の本文そのものに，要請に基づく情報交換（5 条），自動的情報交換（6 条），自発的情報交換（7 条）という 3 つの情報交換の類型を規定しており，これらの区分がより明確になっている。

　このうち，要請に基づく情報交換においては，他国からの要請に応じ，被要請国の税務当局が情報を収集するプロセスを含むため（国税庁 2024b），被要請国の当局と情報所有者の直接の接触が生じ得る。この点は，情報所有者に対する手続保障や人権保護を検討するうえで重要である。また，自動的情報交換については，近年交換される情報量の急拡大により，国際税務の舞台でその重要度を増してきている。

　自動的情報交換と自発的情報交換は，基本的に税務当局がすでに入手している情報を他国と交換する枠組みであるが，このうち米国の FATCA や OECD

と G20 の主導により 2014 年に承認された CRS など，情報交換量の急激な増加によりその存在感が増しているのが自動的情報交換である[8]。

　FATCA や CRS といった自動的税務情報交換制度を発展させる原動力となったのは，2000 年代に顕著となったオフショア租税回避問題である（Grinberg, 2016, p. 14）。すなわち，富裕層による不透明な国外財産移転を通じた課税逃れは，市民の見地からの不公平感を助長し，自発的コンプライアンスの低下を招くとの認識が強まり，税の透明性を求める政治的機運が高まったことがきっかけであった（Ibid.）。その動きは，発展途上国も含め 120 か国以上が参加する Global Forum の形成につながり，これが CRS の普及をもたらしたとされる（Ibid., p. 19）。

　その後，主に大企業による国際的租税回避問題に対処するために OECD が 2015 年にまとめた BEPS 最終報告書では，アクションプラン 13 に CbCR の導入が提言され，これを受けて多くの国がその提出義務を規定している。この OECD 主導により普及した CbCR は，2016 年から CbCR に係る権限ある当局の多国間合意（Multilateral Competent Authority Agreement of the Exchange of Country-by-Country Reports=MCAA-CbCR）により，多国籍企業の親会社が居住地国に提出した CbCR が関係国間で自動的に交換されている[9]。

　なお，EU 域内では上記 CRS と CbCR の自動交換規定は DAC（Directive on Administrative Cooperation）[10] 8 条，8aa 条に規定され，それら条項に基づいて加盟国間での自動的情報交換が行われている。

3.2. GloBE 情報申告書の自動的交換

　前述のとおり，多くの場合，GloBE 情報申告書は MNE の最終親会社や指定提出会社により提出され，国家間の情報交換制度を用いて関係国当局に送付されることが予定されている。すなわち，GloBE 情報申告書は情報交換制度による入手が期待できない国においてのみ，当該国の構成会社に提出義務が課されることになると考えられる（OECD 2023b, p. 8）。

　提出された GloBE 情報申告書は，「権限ある当局間合意」がある国家間においては，当該合意に基づき，各構成会社が所在地国の当局に自動送付されるこ

ととなる。[11]この「権限ある当局間合意」は、税務行政執行共助条約6条、OECD モデル租税条約26条等に基づき、自動的情報交換の一環として、今後各国当局間で構築することとされている（OECD 2023b, p. 11）。

こうした GloBE 情報申告書の自動的交換を可能とする基盤は、これまで CRS や CbCR の自動交換が発展してきたことによってすでに形成されており、そのことも GloBE ルールの設計上重要な基盤であったと考えられる。

3.3. 手続保障

税務情報の自動的交換の場面においては、プライバシーやデータ保護の問題が指摘されることがあるが、欧州における状況をみると、まず欧州人権条約8条（プライバシー保護）の効力は税務情報交換の場面では制限され（Wöhrer 2018, p. 315）、一般データ保護規則（General Data Protection Regulation）、EU 基本権憲章8条（データ保護）[12]は基本的には法人に適用がなく、通常は自然人の個人情報のみを対象とする（Wöhrer 2018, p. 375）。そのことから、法人に関する税務情報の自動交換の場面における手続保障については、自然人に対するそれと比較するとその重要性は低くならざるを得ない。

特に、CbCR や今後予定される GloBE 情報申告書の自動交換に関して、それらを提出するのは大規模多国籍企業に限定され、基本的には自然人に関する情報を含まないため、CbCR や GloBE 情報申告書の自動交換においては、EU 法が適用される域内であったとしても、上記のような権利保護規範は大きなインパクトをもたないと考えられる。ただし、当該申告書が国境を越えて税務当局間で交換される以上は、上記二国間または多国間条約に定められた守秘義務[13]が遵守される必要があることは言うまでもない。

そのような守秘義務が尊重される限り、GloBE 情報申告書の自動的交換に関する障壁は高くないと思われるが、当該申告書とそれに基づく法人税納税申告書の提出後に行われ得る税務調査の場面における手続保障については、別に検討を要するであろう。GloBE ルールにおいては、GloBE 情報申告書に対する税務調査に関するモデルルールを置かず、そのような事後的な調査は各国の国内法の規定を適用するという姿勢である。

GloBE 情報申告書の自動交換自体は，GloBE ルールを円滑に運用するために不可欠な仕組みであり，今後構築される自動交換のための当局間合意が重要な役割を果たすことは疑いない。ただ，このように国境を越えて容易に当局間のデータ交換が可能となり，同一のルールに基づく課税制度がグローバルに運用されようとしていることに比して，その GloBE ルール上の納税義務に対する税務調査や罰則の適用に関する手続上のルールは統一的でなく，その必要性に関する検討は十分になされていないといえるだろう。

　この手続的側面を MNE の見地から捉える場合，税務調査手続規則は国によって大きく異なり，特に調査開始可能期間，更正決定可能期間，調査中のルール，調査対象者に対する調査データへのアクセス権の付与，課税処分前の聴聞といった手続保障は統一的でないため，国家間での公平性を欠き，手続的公正の認識が確保されないことなど，解決すべき問題があると考える。

3.4.　小　括

　上記の考察から，まず GloBE ルールの執行上，当局間合意に基づく税務情報自動交換の仕組みは重要な役割を果たすことは間違いない。近年，CRS や CbCR の国家間での自動交換制度が急速に発展し，そのようなデータ交換を可能とする枠組みがすでに相当程度形成されてきたことが，GloBE ルールが考案される場面における重要な基盤であったといえる。

　ただし，新たに構築されるグローバルな課税制度に対するコンプライアンスを求めるには，MNE の見地からの手続保障についても検討すべきと考える。とはいえ，GloBE 情報申告書には個人情報は含まれず，大規模な法人により提出される情報であるため，EU においても一般データ保護規則や EU 基本権憲章等による手続的保障は及ばないと考えられる。しかしながら，統一的な GloBE ルールにより課税制度がグローバルに変貌するなかで，その課税対象となる納税者に対する税務調査，罰則の適用に関する手続的ルールは依然としてローカルなままという不整合が残されているといえる。

4. GloBE 情報申告に関する事務負担と罰則適用

第 2 節で述べたように，GloBE ルールが適用されることにより，MNE はこれまでになかった多大な事務とリスクを負担することになる。MNE の見地から，新たな課税制度である GloBE ルールの正当性を確保するためには，そうした負担に配慮し可能な限りそれを軽減する仕組みを準備することが必要になる。GloBE ルールにおいては，MNE の事務負担を軽減する目的で各種のセーフハーバーが提案されているほか，GloBE 情報申告書の記載事項の簡素化，罰則の経過的免除についての勧告がなされている。本節においては，特に MNE の負担軽減の見地から考案されている各種セーフハーバーと罰則免除の勧告について概観し，その評価を試みたい。

4.1. 簡易な国別報告枠組み

OECD の GloBE 情報申告書ガイダンスでは，経過的措置として，簡易な国別報告枠組み（Transitional simplified jurisdictional reporting framework）の導入について説明されている。これによれば，2028 年 12 月 31 日以前に開始する事業年度においては，以下のいずれかの条件を満たす限り，MNE の選択により，構成会社ごとの GloBE 所得への調整項目等の計算を省略する簡易な情報申告書を提出することができるとされる（OECD 2023b, p. 5）。

① その国において Top-up Tax が生じないこと
② Top-up Tax は生ずるが，構成会社ごとの配分が必要ないこと

この簡易な国別計算を認める経過措置の趣旨は，GloBE ルールの適用に必要な会計システムの構築を行うための時間を MNE に与えることにあるとされる。この経過期間が終了した後は，基本的に構成会社ごとの調整計算を記載した情報申告書の提出が求められることになるが，当該ガイダンスには恒久的な軽減措置としての簡易申告書についても検討を継続する旨も示されている（*Ibid.*）。

4.2. セーフハーバー

また，GloBE ルールにおいては，一定の条件のもとに，提出構成会社の選択に基づいて，Top-up Tax をゼロとみなすセーフハーバールールを設けることとされている（モデルルール 8.2）。コメンタリーによれば，このセーフハーバールールは，MNE と税務当局両方の事務負担軽減の目的によって設定されるものである（コメンタリー 8.2, para. 30）。

上記セーフハーバールールは提出構成会社の選択により年度ごとに適用されるが，これにより MNE は，条件を満たす限り，国ごとの実効税率，Top-up Tax の計算を免除されることとなる（コメンタリー 8.2, para. 31）。

セーフハーバーの具体的内容についてはモデルルールにもコメンタリーにも記載されていないが，OECD が 2022 年 12 月 20 日に公表したセーフハーバーと罰則に関するガイダンス（以下「セーフハーバー等ガイダンス」）（OECD 2022）によれば，主として MNE 側の事務負担軽減を目的として，以下に概要を示すとおり，経過的な CbCR に基づくセーフハーバーのほか，恒久的セーフハーバーを設けることとされている（*Ibid.*）。

さらに，OECD による 2023 年 7 月 13 日公表の GloBE モデルルール執行ガイダンス（以下「2023 年 7 月ガイダンス」）（OECD 2023d）では，QDMTT（Qualified Domestic Minimum Top-up Tax.：適格国内ミニマム課税）に関するセーフハーバーに加え，経過的な UTPR に関するセーフハーバーの導入についても説明さている。それらの概要は以下のとおりである。

4.2.1. 経過的な CbCR に基づくセーフハーバー

2026 年 12 月 31 日以前に開始する事業年度につき，国別にみて以下のいずれかを満たす場合は，その国のその事業年度における Top-up Tax はゼロとみなされる。

① 少額基準（De minimis）テスト

その事業年度のその国における CbCR 上の収入金額が 1000 万ユーロ未満で，かつ，同事業年度の利益が 100 万ユーロ未満であり，または損失があること。

② 簡易実効税率（ETR）テスト

その事業年度のその国における簡易対象税額をCbCR上の税引前当期利益で除した割合が一定の割合以上である場合。一定の割合とは，2023年及び2024年開始事業年度は15％，2025年開始事業年度は16％，2026年開始事業年度は17％とされている。

③ 通常利益（Routine profits）テスト

その事業年度のその国における実質所得除外額（SBIE）がCbCR上の税引前当期利益以上であること。

4.2.2. 恒久的セーフハーバー

セーフハーバー等ガイダンスでは，恒久的セーフハーバーとなり得るものとして，簡易計算セーフハーバーが提案されている（OECD 2022, p. 21）。これは，上記 **4.2.1** の経過的セーフハーバーの構造に近い内容であるが，CbCRのデータによる計算ではない。当該ガイダンスでは，以下のいずれかを満たす場合，その事業年度のその国におけるTop-up Taxはゼロとみす旨が示されている。

① 通常利益テスト

その事業年度のその国についての簡易計算による利益が，実質所得除外額以下であること。

② 少額基準テスト

その事業年度以前の3事業年度のその国における簡易計算による平均収入金額が1000万ユーロ未満であり，かつ，同3事業年度のその国における平均利益が100万ユーロ未満または損失があること。

③ 実効税率テスト

その事業年度のその国における簡易な所得と税額計算による実効税率が15％以上であること。

4.2.3. QDMTTに関するセーフハーバー

2023年7月ガイダンスにおいては，新たにQDMTTに関するセーフハーバーについて説明されている。これによれば，実効税率が低くTop-up Taxが計

算される国においても，QDMTT を導入しており，かつ，その QDMTT が下記の条件をすべて満たす場合は，最終親会社における Top-up Tax をゼロとみなすとされる（OECD 2023d, p. 80）。

a. QDMTT が最終親会社の会計処理基準等により計算されていること。
b. QDMTT の計算が GloBE ルールに従っていること。
c. QDMTT を課す国において継続したモニタリング措置が講じられていること。

4.2.4. 経過的な UTPR に関するセーフハーバー

同じく 2023 年 7 月ガイダンスによれば，経過的なセーフハーバーとして，最終親会社所在国における UTPR に基づく Top-up Tax は，当該国の法人税率が 20％以上である場合にはゼロとみなすルールが示されている。なお，この UTPR に関するセーフハーバーは，経過期間として 2025 年 12 月 31 日以前に開始する 1 年を超えない事業年度においてのみ適用される（*Idid.*, p. 89）。

4.3. 事後修正と罰則

GloBE 情報申告書に係る事後修正に関してモデルルールは何ら言及しないが，コメンタリーにおいては，情報申告書の事後修正について，各国の既存の国内法を適用するのか，この情報申告書に特化した新たな法を設けて対応するかはそれぞれの国に委ねるとされる（コメンタリー 8.1.6, para. 26）。

また，罰則についてモデルルールでは，この情報申告書に関する制裁の適用は，各国の国内法により規定されるべきとされる（モデルルール 8.1.8）。この点についてコメンタリーでは，もし情報申告書が期限内に提出されなかったり，その内容に不完全または不備がある場合には，各国国内法による制裁が適用されるとする。さらに，この制裁は，従来の国内法による制裁を適用することができるほか，従来法を拡張し，または情報申告に特化した新制裁法を導入するなどは，各国の判断で行われるとしている（コメンタリー 8.1.8, para. 28）。

ただし OECD は，セーフハーバー等ガイダンスの第 3 章において，罰則免除措置を掲げている。その内容は，MNE が GloBE ルールの正しい適用のため

第7章　BEPS2.0 第2の柱における GloBE 情報申告書の意義と手続保障

に合理的な措置を講じていると認められるときは，経過措置期間（2026 年 12 月 31 日以前に開始する事業年度）においては，情報申告に関する罰則を適用しないとするものである。また，MNE が GloBE ルール等の理解と遵守に誠実な対応をしていることを示すことをもって，合理的な措置を講じているとみなすことができるとしている。

4.4. 小　括

　上記のとおり，これまで OECD は GloBE ルールのなかで適用されるべきセーフハーバールールや簡易な国別報告枠組みを立案してきたが，これは GloBE ルールの複雑性を踏まえ，MNE にとっても，各国の税務当局の見地からも，不必要な手数を省く措置として重要であると考えられる（Schanz 2023, p. 60.）。

　GloBE 情報申告書の作成・提出にあたり，MNE には CbCR の作成には必ずしも必要ではなかった多くの正確なデータ収集とそのプロセスの開発が求められることになると考えられる（*Ibid.*）。特に実効税率と Top-up Tax の計算のためには，多くの追加的事務負担が生じることになるため，Top-up Tax をゼロとみなし，計算を要しないとする各種セーフハーバーの役割は大きい。しかしながら，その大半は経過措置的であり，現在のところ恒久的に認められるものは少ない。

　また，事後修正と罰則の適用については，モデルルールは統一的な規範を示すことなく，各国独自の法規則に委ねるとしている。GloBE 情報申告書の記載内容に関する税務調査や，その修正，罰則につき，その手続や実体についてモデルルールにおいて示されないため，結果として，国家間の課税の公平が確保されない可能性がある。

　また，OECD がガイダンスに明記する罰則免除措置についても，経過的な特例として OECD が提案するものに過ぎないため，必ずしも各国が統合的に同質，同一期間の罰則免除措置を導入するとは限らず，国によって対応はばらつくことになると考えられる。

5. 日本における GloBE ルール導入

　前節までは主として OECD のモデルルールに基づき GloBE 情報申告書につき検討を加えてきたが，本節においては令和 5 年度税制改正で GloBE ルールのうち IIR を国内法に導入したわが国の状況について確認する。

　まずはわが国における GloBE ルール法制化の概要を述べ，その後，わが国の他国との税務情報交換制度の現状と，GloBE ルールに関する国際的税務調査，罰則規定について検討したうえで，現段階で指摘し得る問題点を示すこととする。

5.1. 日本における申告納付義務の導入

　わが国では令和 5 年度（2023 年度）税制改正大綱において，グローバル・ミニマム課税への対応として，各対象会計年度の国際最低課税額（Top-up Tax）に対する法人税の創設が明記され，その新税制を盛り込んだ法改正案が令和 5 年 3 月に国会で成立した。内容はほぼ OECD の GloBE モデルルールに従い，連結総収入金額が年間 7 億 5000 万ユーロ相当額以上の特定多国籍企業グループ等（MNE）に対して，所得合算ルール（IIR）により計算される国際最低課税額につき，法人税と地方法人税に分け申告納税を義務付けるものである（法人税法 82 条の 6[15]）。

　この規定によれば，特定多国籍グループ等に属する内国法人は，国際最低課税額が発生する場合は会計年度終了後 1 年 3 か月以内（最初の国際最低課税額申告については 1 年 6 か月以内）に，国際最低課税額に係る確定申告をしなければならない。すなわち，対象法人は，通常の法人税の確定申告（法人税法 74 条）とは完全に別個のものとして，国際最低課税額に関する法人税確定申告義務を負うこととなる。

　さらに，令和 5 年度税制改正では，国際最低課税額に係る確定申告とは別に，GloBE 情報申告書に相当する文書の提出義務についても規定された（法人税法 150 条の 3）。法人税法上，この文書提出は「特定多国籍企業グループ等報告事

項等の提供」と称される。その規定によれば，特定多国籍企業グループ等に属する構成会社等である内国法人は，会計年度終了後1年3か月以内（最初の提出時は1年6か月以内）に，グループ内の構成会社等の名称，構成会社等の所在地国ごとの実効税率，グループ国際最低課税額等の報告をしなければならないとされる。

法人税法上，特定多国籍企業グループ等報告事項等は「申告書」ではなく，国際最低課税額に関する租税債務の正確性を評価するために必要な情報提供を目的とした文書とされている（財務省 2023, p. 963）。このため，国際最低課税額が算出されない場合においても，特定多国籍企業グループ等に属する内国法人である限りその提出義務が課されることとなる（法人税法150条の3第1項）。原則としては当該グループに属する内国法人のすべてに提出義務があるが，特例として，このうちいずれか一の法人が提出すれば足りると規定される（同法150条の3第2項）。

また，この特定多国籍企業グループ等報告事項等は，必要に応じて国家間での合意に基づき交換されることを前提とするため，英語による作成と，e-tax（電子申告システム）による提出を義務付けられる（法人税法150条の3第1項，同法施行規則68条4項）。ただし，グループの最終親会社等が他国で提出した当該報告事項等について，国家間の交換により日本当局が入手可能である場合は，内国法人の提出義務は免除される（法人税法150条の3第3項[16]）。

上記のとおり，わが国においてGloBEルールとそれに基づく申告書等の提出義務は，租税特別措置法に定められている移転価格税制（66条の4）や外国子会社合算税制（66条の6）と異なり，法人税法の本法に条項を追加する形で定められた。国際最低課税額に関する申告納付は，特定多国籍企業グループ等報告事項等とは別に規定されているため，当該報告事項等とは異なる形式により，新たな法人税の申告納付義務が課されることとなる。

また，令和5年度税制改正において，セーフハーバールールについても，OECDのセーフハーバー等ガイダンスで示されたもののうち，経過的なCbCRに基づくセーフハーバーと同様の内容が規定され，この改正法案も3月に国会で可決成立している（新法人税法附則14条）。一方，恒久的なセーフハーバー規

定は今のところ定められていないが，これも今後の OECD のガイダンスに沿う形で導入が検討されるものと思われる。

5.2. 日本における税務情報交換の現状

わが国の税務当局においては，平成 10 年代中頃から税務情報交換に積極姿勢をとるようになり，国内法である租税条約実施特例法を改正して二国間租税条約に定められた情報交換の円滑な実施を企図するようになった（金子 2021, p.563）。また，OECD と欧州評議会が立案した多国間条約である税務行政執行共助条約（1995 年発効）に，わが国も平成 25（2013）年に署名し，二国間条約とは別に情報交換を可能とする手段として利用されている。

自動的情報交換の分野においては平成 27（2015）年の租税条約実施特例法改正（10 条の 5 以下）により CRS を導入し，CRS に係る権限ある当局の多国間合意（CRS MCAA）に署名した。これにより CRS に基づく口座情報等の提供は平成 30（2018）年より開始されている[17]。さらに，平成 28（2016）年においては，CbCR の自動的情報交換につき，CbCR に係る権限ある当局の多国間合意（MCAA-CbCR）に参加し，CbCR の他国との自動交換が開始されている[18]。

わが国において GloBE ルールにより最初に提出される情報申告書は 2024 年度のものとなるが，その情報申告書は，上記の CbCR に関する「権限ある当局の多国間合意」の枠組みとは別に，今後整備される情報申告書の自動交換に関する多国間合意により関係国間で交換されることになると考えられる（OECD 2023b）。

5.3. 税務調査

改正法には，国際最低課税額に係る確定申告に対する特定の質問検査規定は見あたらない。このため，国際最低課税額に係る確定申告書に対し，税務調査が行われる場合は，国税通則法第 7 章の 2 に定められる従来の国税の調査に関する規定が適用されると想定される。この場合において，国際最低課税額の計算は，特定多国籍企業グループ等報告事項等の記載内容に基づくことから，調査の焦点は当該報告事項等の正確性に向けられると考えられる。

また，税務調査（実地調査）進行中において，税務当局が反面調査で入手した情報や資料の納税者への開示については，現在のところ法令に定められていない[19]。平成23年度（2011年度）の国税通則法改正により，実地調査の事前通知，調査終了手続については具体的な法規定が備えられたが，税務調査中の手続規定は十分に拡充されず，また不利益処分に際する聴聞・弁明の機会などは保証されていない[20]。加えて，調査中において税務当局が外部から得た情報に対する納税者のアクセス権は法令上保障されていないといえる。

5.4. 罰 則

次に，わが国における特定多国籍企業グループ等報告事項等と，それに基づく国際最低課税額の申告に係る罰則について検討する。まず，正当な理由なく特定多国籍企業グループ等報告事項の提出またはそれに基づく国際最低課税額に係る確定申告をしなかった法人の代表者等は，1年以下の懲役又は50万円以下の罰金に処するとされた（法人税法160条）。ここでは，「申告書」ではない「特定多国籍企業グループ等報告事項等」の提出に対し，法人税の申告書と同等の責任が付与されていることがわかる。

さらに，e-tax により提供される特定多国籍企業グループ等報告事項等に偽りの事項があった場合の刑罰として，同様の懲役または罰金規定が，従来仮決算による中間申告の偽りに対する罰則を定めていた法人税法162条に盛り込まれている。ここでも，情報提供書類である特定多国籍企業グループ等報告事項等が，少なくとも税務申告書に属する中間申告書と並列の責任を伴うものと認識されていることがうかがえる。

これを CbCR における罰則と比較すると，CbCR については，それを正当な理由なく提出しなかった場合の罰金（30万円以下）のみ定められ（租税特別措置法66条の4の4第7項），CbCR の内容に偽りがある場合の罰則は特に定められていない。特定多国籍企業グループ等報告事項等も納税申告書でなく CbCR と同様に「報告事項」であるが，これに法人税の「申告書」と同等の罰則を課していることになる。また，**4.3** で述べたように，OECD のセーフハーバー等ガイダンスにおいては経過的な罰則免除に関する勧告がなされているが，日本

法においてはそのような罰則免除措置は定められていない。

このほか，上記刑罰とは別に，仮に国際最低課税額の無申告や過少申告がある場合は，国税通則法上の各種加算税（65条，66条及び68条），及び偽りその他不正による逋脱の場合は法人税法159条1項（10年以下の懲役または1000万円以下の罰金），無申告による逋脱の場合は同法159条3項（5年以下の懲役または500万円以下の罰金）が適用されると考えられる（財務省 2023，p. 969）。このことからも，GloBE 情報申告書とそれに基づく法人税申告に関連してMNE とその代表者等が負う潜在的なリスクは，CbCR と比較すれば多大であるといえるだろう。

5.5. 小　括

GloBE ルールに基づく規定の主要部分が法人税法の本法に規定されたことは，率直にいえば，OECD 主導で構築された多国間の統一ルールが，恒久的な性質をもって日本法に取り込まれたことを意味する。すなわち，国際機関の議論により形成された所得課税のスタンダードが，国内恒久法として施行されるということである。

これを事後的な調査や修正の観点からみると，GloBE ルールによる新たな課税のための実体法や申告に関する手続法が国際合意に基づき導入されていく一方で，それに対する調査や修正に関する手続法及び制裁法について国際的議論はなく，国内法に委ねられるということになるが，3.4 で述べるように，それは課税制度としての正当性，整合性等を損なう理由になる懸念がある。

わが国においては，「申告書」ではない特定多国籍企業グループ等報告事項等に対し，不提出や偽りについての刑罰が規定され，4.3 で触れた OECD のセーフハーバー等ガイダンスで勧告されるような罰則減免規定は導入されていないことから，GloBE ルールへの義務的コンプライアンスを鮮明にする方向であるように見受ける。しかし，2.2 で述べる GloBE 情報申告書の作成に要する多大な事務負担，リスク負担を考慮し，その申告書の提出が MNE の税務行政への協力に依拠するものであることを念頭に置けば，自発的コンプライアンスの環境構築のために何らかの罰則軽減・免除措置を検討する必要があると考える。

6. GloBE 情報申告書の意義と手続的側面の検討

さて，ここまでは GloBE ルールについて主に手続面から検討し，GloBE 情報申告書の意義と事務・リスク負担，調査や罰則の適用に関して議論してきた。そのなかでは，CbCR と GloBE 情報申告書の事務負担と性質の大きな違いに着目し，そうした多大な負担に対する衡平（バランス）という観点から GloBE ルール上の手続保障の必要性へと考察を進めた。

しかし，CbCR を会計情報としてだけでなく，社会的責任の充足手段として捉える場合，そのことは GloBE 情報申告書の意義に共通する部分があり，その意義は昨今の社会的背景を踏まえ，企業による税務情報の自発的開示という観点から論じることも可能となる。そこで本節においては，これまでの議論とは視点を変えて，企業の社会的責任に関連して GloBE ルール自体がもつ積極面を考察したうえで，MNE の自発的コンプライアンス促進のために必要であると考えられる GloBE ルール執行上の事務負担軽減，手続保障，罰則適用のあり方について論述し，それをもって本章各節に示した各論点に対する応答としたい。

6.1. GloBE ルールと企業の CSR（社会的責任）

GloBE ルールは，海外からの投資を呼び込むための発展途上国等による租税優遇競争と，多国籍企業の過剰な租税回避行動に歯止めをかける意味で，今後大きな役割を果たすと考えられる（Avi-Yonah and Kim 2022, p. 545）。また，GloBE ルールとそれに基づく GloBE 情報申告書は，各国の税務当局と MNE の間の情報の非対称性という問題を克服するうえでも重要な貢献となり得る。

OECD の BEPS プロジェクトより前の時代は，多国籍企業にとって十分な租税回避の機会が存在していたといえる。資本主義社会のなかで，利益を追求し株主資本の充実を図ることを使命とする現代企業が，合法的な租税最小化の機会を利用しようとすることは，ある意味当然のことであり，それは企業経営者の義務であるという思考すらあったといわれる（Fisher 2014, p. 349）。

そのようななか，スターバックスからアマゾン，グーグル，アップルなどにも波及した国際的租税回避問題の発覚以後，企業の租税回避に対する市民の反発心は高まり，そのような過剰な租税回避は企業の外部からの評価（reputation）を損なうという議論につながった（Fisher 2014, p. 353）。すなわち，それらの議論から，企業はより透明性のある税務ガバナンスを社会から期待されるようになったと考えられる。

　2.3 で述べた CbCR の公開を義務付ける EU の動向も，この流れに調和するといえる。CbCR の議論は，元をたどれば会計的視点から発し，財務情報と共に国別情報を公表すべきことが主張されてきた。その文脈からすれば，これまで税務当局への提出に限定する形で秘匿性（confidentiality）が守られてきた税務情報が，会計的説明責任（accountability）の力を借りて一般に情報公開すべき性質を付与されつつあるとみることもできる。[21]

　Hackett and Jansky（2023）は，その EU の CRD IV による CbCR 公開の動きを「解放的会計（emancipatory accounting）[22]」への取組みと位置づけ，その利点を説いている。具体的には，社会に向けた税務情報の透明性の向上と，それによる企業の過剰な租税回避行為の放棄，社会からの評価（reputation）を重視した行動傾向への移行などを，CbCR の公開による利益として説明する（Hacket and Jansky, 2023, p. 15）。

　こうした EU における CbCR 公開の背景には，税務戦略を含む企業内部の情報を，透明性の観点から一般に公開することが，企業の社会的責任（CSR：Corporate Social Responsibility）に含まれるという近年の学術的議論の影響もあると考えられる。[23]現代においては，外部利害関係者の企業に対する評価は，短期的なパフォーマンスよりも，長期的な持続可能性を重視する方向にシフトしているとされ（RobecoSAM 2015, p. 16），企業の税務戦略を含む CSR に対する関心の高まりは，そのことに起因するといわれる（Gribnau and Jallai 2019, p. 17）。

　昨今のように租税情報の透明化が重要視される時代のなかにあっては，過剰または不当な租税回避行為に従事しない税務ガバナンスを備えている事実を，CSR として公表することが企業の評価を向上させる方向に働くと考えられる（Gribnau and Jallai 2019, p. 18; Ortas and Gallego-Alvarez 2020, p. 846）。

242

近年は特に，外部利害関係者からの評価という観点から，企業による攻撃的な租税回避行為と CSR との関係を実証的に明らかにしようという研究も増えてきている。その中には，米国の有名多国籍企業については，CSR や評判（reputation）の観点から租税回避行為の抑制を期待することは難しいと論じるものもある（Baudot et al. 2020, p. 211）。

しかし，社会や利害関係者が税務戦略と CSR との関連性を認識し，それを損なうことによる損失が税務上の利益を上回る状況となれば，企業は CSR の一環として税務戦略を見直し，過剰な租税回避の敬遠と適切な情報開示に向かうであろう（Fisher 2014, p. 365）。Adams, J. R. ら（2022）は，税務情報を自発的に開示することは外部関係者からの信頼を得ることができる意味で，持続的な企業の成長に役立つものであり，さらにそのような情報開示をする企業は過剰な租税回避行為を控える傾向にあるとする（Adams et al. 2022, p. 28）。

GloBE ルールは MNE に対して強制的に新たな納税義務を課す仕組みであるが，GloBE 情報申告書の記載内容自体には，このような企業側の社会的責任としての税務ガバナンスを示す要素が含まれるといえる。すなわち，GloBE 情報申告書に記載される MNE の国別 GloBE 所得と，国別実効税率は，これまで MNE の内部にも存在しなかったであろう資料であり，税務当局に提出する税務文書という枠を超えて，企業外部の利害関係者にとっても貴重な情報であると思われる。

これを CbCR について述べたように CSR の観点から捉える場合，低課税国への所得移転を通じた過剰な租税回避行為を控え，所得に応じた適切な税負担をしていることを自認する MNE にとっては，GloBE 情報申告書に記載する情報は，仮にこれを公開するとすれば，税務当局だけでなくすべての外部関係者に向けて税務戦略の透明性と持続可能性を示すことに貢献すると予測される[24]。

このような MNE の積極的姿勢を可能な限り促進する観点からも，事務負担の軽減と，罰則適用も含めた手続的保障について検討することがいっそう重要であると考える。

6.2. 事務負担軽減

　第2節で述べたように，GloBE 情報申告書は MNE の各構成会社が所在する国別に，所得金額や実効税率を算出する方式を採用しており，これは CbCR から共通の概念であるが，CbCR は報告文書であるのに対して GloBE 情報申告書は，税額を算出する計算書という性質をもつ。このため，GloBE 情報申告書の調製のためには，CbCR の作成時よりも高度な情報収集システムと正確性を要するといわれる（Hanlon 2018, p. 212）。

　例えば，GloBE 情報申告書上の国別所得や実効税率計算には，これまで連結範囲外であった比較的小規模な構成会社や，恒久的施設に関するデータも収集し含める必要がある（Schanz 2023, p. 56）。さらに，国別の GloBE 所得金額及び実効税率の計算にあたっては，多くの税務上の調整計算が必要となり，それらは CbCR の作成時には不要であったことから，MNE の追加的事務負担である。

　このような追加的事務負担の軽減方策として，国別の税制上，Top-up Tax が生じるようなミニマム税率を下回ることがないと評価できる低リスクの国や，MNE 単位でみて非常に小規模の構成会社しか存在しない国については，国別 GloBE 所得や実効税率の計算を要しないとすることが合理的である（*Ibid.*, p. 59）。この点において，前節で確認した簡易な国別報告枠組みと，各種のセーフハーバー規定は，MNE を多大な事務負担から解放できるという意味で，大きな役割を果たすといえるだろう。

　しかし，第4節で取り上げた簡易な国別報告枠組みのほか，OECD のガイダンスにより現在提案されている多くのセーフハーバーは経過的措置であり，恒久的な事務負担軽減を企図するものではないといえる。上記事務負担とのバランスからは，経過的措置として提案されている簡略化措置とセーフハーバーの恒久化が検討されるべきであると考える。

　ただし，上記 **6.1** で述べるように，企業の CSR の観点から GloBE ルールを捉え，すべての国において GloBE 所得と実効税率を算出し公表することに利点を認める MNE もあると考えられる。それを踏まえれば，簡略化措置やセーフハーバー自体は恒久的ルールとして置いたうえで，そのような措置を利用するかどうかの適用選択を MNE の判断に委ねることが相当であろう。

244

6.3. 手続的保障

　本章3節でみたとおり，GloBE ルールに基づき MNE により提出された GloBE 情報申告書の国家間における交換については，例えば欧州人権条約8条のようなプライバシー保護に基づく実体的な制限の必要性は認識されにくいだろう[25]。また，同様に欧州の例による一般データ保護規則（General Data Protection Regulation）や EU 基本権憲章8条による手続的なデータ保護規範についても，それらは主に自然人を対象にしており（Wöhrer 2018, p. 375），MNE に何らかの手続的保障を与えるものではないと考えられる。逆に，本節ですでに論じたように，GloBE 情報申告書や CbCR に記載される大企業の国別の実績データは，投資者などの利害関係者にとっても有益な情報であることから，秘匿される性質ではないとの見方もあり得る（Avi-Yonah, and Mazzoni 2019, p. 265）。

　したがって，GloBE ルールの執行についての手続保障は，GloBE 情報申告書の提出とその自動的交換の段階よりも，事後的な税務調査や罰則適用の場面において重要となると考える[26]。しかし，事後修正の前提となる税務調査については，GloBE ルール上手続的規定は存在せず，各国における独自の法規定に委ねられることとされるため，提出された GloBE 情報申告書の正否を確かめるために行われる税務調査は，各国固有の調査手続法により実行されることになるだろう。

　そうすると，例えば税務調査は GloBE 情報申告とそれに基づく法人税等の申告後何年間可能か，他国当局からの情報提供要請に基づく調査に対して不服申立ての権利があるかどうか，調査中に当局が得た情報に対するアクセス権がどの程度保障されるか，課税処分前に聴聞等の機会が与えられるか否かなど，手続保障の水準は GloBE ルール上統一的でないことになる。GloBE ルールにより，課税実体法の国際統一が実現されることになるが，税務行政の「手続的公正」が納税者の自発的コンプライアンスに資することを前提にすれば[27]，GloBE ルール実現の次のステップとして，これらの手続保障に関するミニマムスタンダードについて，国際的議論が展開される必要があると考える。

6.4. 罰則の適用

GloBE ルールは，OECD を中心とした国際協調のもとに合意された課税制度であるとはいえ，実際にこれまでなかった追加的な事務負担，税負担，リスク負担を企業（納税者）側に強いるものである。このようにまったく新しく構築された課税権を行使する制度に対し，企業による理解と適正なコンプライアンスを求めるためには，納税者側からみた制度としての十分な透明性と正当性を確保する必要があるだろう。

4.3 でみたように，OECD は 2022 年 12 月のガイダンスにおいて，罰則の適用に関し，MNE が GloBE ルール等の理解と遵守に誠実な対応をしていることを示すことをもって，合理的な措置を講じているとみなし，この場合の罰則適用を一定期間免除することを勧告する。この合理的な措置（または合理的注意）を伴う過少申告等に対し罰則の軽減を与える方策は，帰責の程度を超える制裁を与えることはコンプライアンス意識を阻害すると考える「応報的公正」[28]に通じるものである。

MNE が積極的に GloBE ルールに従い，申告納税義務を果たそうとする機運を導くには，GloBE 情報申告書の誤りに対して機械的な制裁の適用は避け，MNE の合理的注意（OECD がいうことろの合理的な措置）の有無を検討したうえで，それを欠く場合にのみ罰則の対象とすることが妥当であろう。わが国では OECD の勧告に反してこの制裁免除措置を導入していないが，GloBE ルールの正当性を高めるためには，現行の国税通則法上の加算税制度とは別の制裁免除規定を含む罰則規定の導入も検討されるべきと考える。

無論，故意または著しい不注意等により GloBE ルールによる課税を免れるような行為があるとすれば，それに対しては厳然と罰則を適用する必要があるだろう。しかし，健全な税務ガバナンスの導入を CSR と捉えて納税義務を果たそうとする MNE に対しては，合理的注意の存在など一定の基準により過少申告に対する罰則の恒久的な免除も検討されるべきと考える[29]。この合理的注意ないし合理的な措置の存在を検証するひとつの手段として，例えば CbCR や GloBE 情報申告書の主要部分を自主的に一般公開することなどにより，正確性と透明性の向上に注力しているかどうかを判断基準とすることも検討し得ると

思われる。

7. 結　論

　経済のデジタル化が進む中，特に多国籍企業に対する十分な課税を行うために
は，課税制度に関する新たな国際的枠組みが必要となったことは明白であり，
BEPS包摂的枠組みによるこのように大胆なグローバル課税制度が支持を得た
のは，その必要性への認識が各国で共有されるに至ったためと考え得る。
GloBEルールの導入により，MNEによる軽課税国を用いた租税負担軽減の機
会は縮小し，これまで株主資本最大化のために義務的に行われていたとまでい
われる過剰な租税回避行為に歯止めをかけることができるはずである。

　GloBEルールは，OECDが定めるモデルルールに従って各国の国内法により
MNEに課される強制的納税申告制度であり，義務的コンプライアンスを形成
するものといえる。しかし，GloBEルールにおける所得合算の必要性は，国家
間の過度な税制優遇競争を抑制する目的に基づくものであり（Avi-Yonah and
Kim 2022, p. 4)，タックスヘイブン対策税制のように低課税国を利用した租税回
避を否認することを主目的とするものではない。つまり，追加課税による税収
拡大を狙って導入されるのではなく，税の国際的中立性を確保するために創設
される制度ということができる。

　その目的を果たすためには，多くのMNEが，納税義務回避のためのループ
ホールを模索し開拓するような姿勢をとるのでなく，GloBEルールの趣旨と背
景を理解して自発的に社会的責任を果たそうとする姿勢に向かう環境を築くこ
とが必要である。その観点からは，可能な限り簡素で事務負担・リスク負担の
少ない制度とすることに加え，税制としての手続的ルールに関する国際的統一
と透明化により，企業側からみた正当性を確保することが必要であろう。

　GloBEルールの大きな布石となったと考えられるCbCRは，当初は会計的説
明責任からその重要性が論じられたものであり，近年はCbCR公開の機運もみ
られるように，企業の社会的責任（CSR）という見地からも情報公開の利点と
必要性が認識されつつある。このことは，同じく国別にMNEの情報を詳細に

記載する GloBE 情報申告書にも一部共通する部分があり，それは CSR の見地から，GloBE 情報申告に関する MNE の積極姿勢を引き出す力となる可能性がある。

　MNE に対する所得課税は，これまでになかった国際的統一ルールにより統制されることになるが，その義務を果たすためにはグループ内外における高度な情報収集と多大な事務負担が必要となる。GloBE 情報申告書の提出と交換は，当然 MNE 側の積極的協力がなければなし得ないものであり，そのような協調姿勢が形成されるか否かは極めて重要となる。そのためには，前節で論じたような税務調査や課税処分，罰則適用の場面において MNE に与えられる手続保障は，統一的であることが望ましく，かつ，税務当局は協調的アプローチを前提におくことが必要であろう。

　2024 年度より，初めての国際的な統一課税制度が実際に世界各国で執行されることになるが，本章で論じた手続的側面は，GloBE ルールが多くの企業による税務戦略の自発的な見直しと，社会的責任を重視した行動を引き出す基盤となり得るかどうかを左右する重大な要素であると考える。

　　［付記］　本研究は JSPS 科研費 23K12370 の助成を受けた成果の一部である。

　注
⑴　Council Directive（EU）2022/2523. この指令の 56 条では，EU 加盟国に対し GloBE ルールを 2023 年 12 月 31 日以後開始事業年度から適用開始することを求めている。
⑵　Avi-Yonah and Kim（2022, p. 6）において Avi-Yonah は「シングル・タックス」の意義として，MNE の全世界所得に対して一度，相当税率での課税が行われる制度であるとする。
⑶　OECD（2020）では，第 2 の柱は CbCR の概念と定義を基礎においていることが述べられている。
⑷　OECD の統計によれば，わが国の 2020 年度における国別報告事項提出企業数は 904 社となっているため（OECD（2023c）Corporate tax statistics 2023, p. 59），これはわが国においてグローバル・ミニマム課税の対象となる企業数の目安になると思われる。ただし，わが国において国別報告事項の提出義務は直前期の連結売上高 1,000 億円以上の多国籍企業グループに課されるが（租税特別措置法 66 条の 4 の 4），グローバル・ミニ

マム課税の対象となるのは，直前4対象年度のうち2以上の年度の総収入金額が7億5,000万ユーロ相当額以上の多国籍企業グループとしているため（法人税法82条4号），両者には多少のずれが生ずると考えられる。

⑸　OECD（2017）により提唱されたMNEが提出すべき移転価格文書の一つで，MNEの企業構成，事業の内容，無形資産の保有状況，グループ間金融活動，財務情報等の概要が記載される書類。

⑹　OECD（2020, p. 17）（第2の柱ブループリント）において，事務コスト軽減の文脈上ではあるがGloBEルールのデザインはCbCRの概念を骨子としている旨述べられている。

⑺　Wöhrer（2018, p. 76）。国税庁（2023a）別紙1によれば，2023年1月1日現在，本条約への加盟国数は120か国。

⑻　増井良啓（2015）「非居住者に係る金融口座情報の自動的交換―CRSが意味するもの―」『論究ジュリスト』14号219頁は，膨大な納税者情報が各国課税当局間で共有されることで，税務行政のインフラがこれまでと異なる地平に立つと予想されると述べる。

⑼　2024年4月末現在，MCAA-CbCRに調印している国は104か国に上る（OECD 2024b）。

⑽　正式にはCouncil Directive 2011/16/EU of 15 February 2011 on administrative cooperation in the field of taxation and repealing Directive 77/799/EEC。

⑾　OECD（2023b, p. 9）によれば，提出されたGloBE情報申告書のうち，国別実効税率とTop-up Taxを計算するセクションについては，MNEの構成会社があるすべての国に送付されるわけではなく，Top-up Taxが生じてその課税権を有する国にのみ共有される。一方，国別実効税率やTop-up Tax計算以外の一般的情報に係るセクションは，MNEの構成会社が存するすべての国に送付される。

⑿　2016年において，1995年に制定されたData Protection Directive（Directive 95/46/EC）に代わって施行されたデータ保護規則である（Regulation EU 2016/679）。

⒀　税務行政執行共助条約22条1項及び2項，OECD2017モデル租税条約26条2項には国家間の税務情報交換により取得される情報に関し，税務当局に課される守秘義務が規定されている。

⒁　条件とは，多国籍企業グループの事業活動のうち，その国における利益に対する実効税率がミニマム税率をほぼ確実に上回っているとみられる場合とされている（コメンタリー8.2.1, para. 32）。

⒂　財務省・令和5年度税制改正大綱では76〜78頁。令和6年4月1日以後開始事業年度から適用。

⒃　ただし，この提出免除を受ける内国法人は，他国において当該報告事項等を提出する最終親会社等の名称や所在地等を記載した「最終親会社等届出事項」を会計年度終了か

ら1年3か月以内にe-taxにより提出しなければならない（新法人税法150条の3，同法施行規則68条8項）。

(17) 国税庁（2024c）「非居住者に係る金融口座情報の自動的交換のための報告制度（FAQ）」1頁。国税庁（2024a）によれば，令和4年度（2022年度）は，CRSにより95の国と地域から2,526,181件の情報を受領し，78の国と地域に対して532,037件の情報を提供している。

(18) 国税庁（2024a, p.9）によれば，令和4年度（2022年度）において，53の国と地域から2,237グループのCbCRを受領し，61の国と地域に対して866グループのCbCRを提供している。

(19) 国税庁「税務調査手続に関するFAQ（一般納税者向け）」問22においては，調査終了手続として，更正決定等をすべき場合はその内容が説明されることになっているが，その説明の方法は法令上明示されていないとしたうえで，口頭や税務署の整理資料による説明を行う旨が述べられる。この記述から，税務当局が第三者から入手した資料等の納税者への十分な開示は期待できない。

(20) 行政手続法に規定される不利益処分に先立つ聴聞（15条），弁明（29条）を含む第3章は第2章とともに，不利益処分の理由の提示規定を除き，国税に関する処分には適用されないこととされている（国税通則法74条の14）。

(21) 吉村（2017, p.635）は，課税当局に対する透明性という考え方は，投資家に対する透明性，さらに市民に対する透明性という意味を付与されてきているとする。堀（2021, p.38）は，このような情報公開思考の高まりの一因としてBEPSプロジェクトと前後した多国籍企業の過度な課税逃れにより国際課税への市民や社会の関心が強まったことを挙げる。

(22) Hackett and Jansky（2023, p.2）は，「解放的会計」を，従来の疎外的（alienating）な会計と対比するかたちで，公共の利益（public good）に資する新たな会計理念として位置付ける。

(23) Gribnau and Jallai（2019, p.16）は，2016年のパナマ・ペーパーの暴露が，EUのCbCR公開の動きに拍車をかけたと述べる。

(24) 陣田（2020, p.92）は，企業による社会的責任に配慮した持続可能な経営を求める社会的責任投資が拡大していると述べる。

(25) 税務情報の自動的交換の欧州人権条約8条への抵触が争点となったG.S.B v Switzerland事件（28601/11, 22 December 2015）において欧州人権裁判所は，そのような国家間の税務情報交換は同条に反しないと結論付けた。

(26) そのほか，GloBEルールによる課税関係上，二重課税や重複課税が生じた場合の解決手続の分野も重要であるが，その段階での手続の検討に関しては別稿を期すこととする。

(27) 金山（2021, p.77）。税務行政における手続的公正について，被規制者が規制者の行為

第 7 章　BEPS2.0 第 2 の柱における GloBE 情報申告書の意義と手続保障

や規則に正当性を認識する場合，より高い自発的コンプライアンスが得られると結論づける。

⑱　金山（2021, p. 19）は税務の分野における応報的公正について，被制裁者からみた制裁の正当性と，それが被制裁者のコンプライアンスに及ぼす影響の側面から論じる。

⑲　この点について，わが国の過少申告加算税（国税通則法 65 条）は，「正当な理由」があることを要件としてその賦課の減免を規定するが（同条 4 項），この正当な理由の存在は，その賦課が不当又は酷になる場合に限定され，納税者側の帰責事由の有無により正当な理由を判断する解釈は採られていない（金山 2021，p. 63）。しかし，GloBE ルールに対応する罰則適用に関し，国際的議論が生ずることで，延いてはわが国の過少申告加算税制改革の契機になり得ると考える。

参考文献

Adams, J. R. et al.（2022）"Tax aggressive behavior and voluntary disclosures: Evidence from corporate sustainability reporting," School of Accounting & Finance, University of Waterloo, *SSRN*, 4284813.

Avi-Yonah, R. S. and Mazzoni, G.（2019）"Taxation and human rights: a delicate balance," *Tax, Inequality and Human Rights*, Oxford University Press, 259-278.

Avi-Yonah, R. S. and Kim, Y. R.（2022）"Tax harmony: The promise and pitfalls of the Global Minimum Tax," *Michigan Journal of International Law*, 43（3）: 505-556.

Baudot, L. et al.（2020）"Is corporate tax aggressiveness a reputation threat? Corporate accountability, corporate social responsibility, and corporate tax behavior," *Journal of Business Ethics*, 163: 197-215.

Englisch, J.（2023）"Effective minimum taxation under pillar two of the OECD proposal（'GloBE')," *The Oxford Handbook of International Tax Law*, Oxford University Press: 969-990.

Fisher, J. M.（2014）"Fairer shores: Tax havens, tax avoidance, and corporate social responsibility," *Boston University Law Review*, 94（1）: 337-365.

Gribnau, H. and Jallai, A. G.（2019）"Sustainable tax governance and transparency: Reporting taxation, ethics and governance," *Tilburg Law School Research Paper, October 2018:* 1-27.

Grinberg, I.（2016）"Building institutions for a globalized world: Automatic information exchange", *Global Tax Fairness*, Oxford University Press: 14-30.

Hackett, F. and Jansky, P.（2023）"Incremental improvement: Evaluating the emancipatory impact of public country-by-country reporting," *Critical Perspective on Accounting*, 96, 105525: 1-18.

Hanlon, M.（2018）"Country-by-country reporting and the international allocation of taxing rights," *Bulletin for International Taxation*, 72（4/5）: 209-217.

堀治彦（2021）「企業経営における税務情報開示——近年のコーポレートガバナンスの議論を題材として」『九州情報大学研究論集』23: 33-44。

金子宏（2021）『租税法（第24版）』弘文堂。

金山知明（2021）「申告納税制度下における税務行政の公正と自発的コンプライアンスの研究——公正理論とオーストラリアの実例に基づく考察」『第30回租税資料館賞入賞作品集』上巻：161-255。

国税庁（2024a）「令和4事務年度における租税条約等に基づく情報交換事績の概要」。

国税庁（2024b）「租税条約等に基づく情報交換」国税庁ウェブサイト。

国税庁（2024c）「非居住者に係る金融口座情報の自動的交換のための報告制度（FAQ）」。

財務省（2023）「令和5年度税制改正の解説（国際課税関係の改正）」。

増井良啓（2015）「非居住者に係る金融口座情報の自動的交換——CRSが意味するもの」『論究ジュリスト』14: 218-223。

Mrozek, E. H.（2023）"The global minimum tax: hardles to implementation of an effective tax," *Honors Theses and Capstones*, 761: 1-21.

Murphy, R.（2016）"Country-by-country reporting," *Global Tax Fairness*, Oxford University Press: 96-112.

OECD（1963）*Draft double taxation convention on income and capital*. OECD.

OECD（1977）*Model double taxation convention on income and on capital*. OECD.

OECD（2014）*Guidance on transfer pricing documentation and country-by-country reporting*. OECD Publishing.

OECD（2015）*Transfer pricing documentation and country-by-country reporting, Action 13-2015 final report*. OECD Publishing.

OECD（2017）*Transfer pricing guidelines for multinational enterprises and tax administrations*. OECD Publishing.

OECD（2020）*Tax challenges arising from digitalisation -Report on pillar two blueprint*. OECD Publishing.

OECD（2021a）"Statement on a two-pillar solution to address the tax challenges arising from the digitalisation of the economy". OECD/G20 Base Erosion and Profit Shifting Project, 8 October 2021.

OECD（2021b）*Tax challenges arising from the digitalisation of the economy-global anti-base erosion model rules（pillar two）*. OECD Publishing.

OECD（2022）*Safe harbours and penalty relief: global anti-base erosion rules（pillar two）"*. OECD.

OECD（2023a）*Minimum tax implementation handbook（pillar two）*. OECD.

OECD（2023b）*Tax challenges arising from the digitalisation of the economy-GloBE information return（pillar two）*, OECD.

OECD（2023c）*Corporate tax statistics*, 2023. OECD Publishing.

OECD（2023d）*Tax challenges arising from the digitalization of the economy-administrative guidance on the global anti-base erosion model rules（pillar two）, July 2023*. OECD.

OECD（2024a）*Tax challenges arising from the digitalisation of the economy-Consolidated commentary to the global anti-base erosion model rules（2023）*. OECD Publishing.

OECD（2024b）"Signatories of the multilateral competent authority agreement on the exchange of country-by-country reports and signing dates".

Ortas, E. and Gallego-Alvarez, I.（2020）"Bridging the gap between corporate social responsibility performance and tax aggressiveness," *Accounting, Auditing & Accountability Journal*, 33（4）: 825-855.

Overesch, M. and Wolff, H.（2021）"Financial transparency to the rescue: Effects of public country-by-country reporting in the European Union banking sector on tax avoidance," *Contemporary Accounting Research*, 38（3）: 1616-1642.

RobecoSAM（2015）"Measuring intangibles," RobecoSam's Corporate Sustainability Assessment Methodology: 1-18.

Schanz, D.（2023）"Reducing complexity and compliance costs: a simplification safe harbour for the global minimum tax," *Fiscal Studies*, 44, pp. 53-60.

陣田直也（2020）「租税競争への対抗と第 2 の柱（Pillar Two）」『フィナンシャル・レビュー』143: 76-94。

Wöhrer, V.（2018）*Data Protection and Taxpayers' Rights: Challenges Created by Automatic Exchange of Information*, IBFD.

吉村政穂（2017）「『税の透明性』は企業に何を求めるのか？税務戦略に対する市場の評価」『民商法雑誌』153（5）: 632-651。

第8章
経済のデジタル化に伴う国際課税の動向と課題

宮本十至子

1. 背景と本章の目的

　デジタル取引の進展に伴い，これまでの物理的拠点を基礎とした国際課税原則が通用しなくなっている。多国籍企業がアグレッシブなタックス・プランニングを駆使し，グループ全体の税負担を軽減させることが問題視されてきた。多国籍企業がデジタル取引により多大な利益を稼得しているにもかかわらず，デジタル取引では消費者のいる市場国に物理的拠点を置かずに事業活動を行うことができるため，その事業所得に課税できない。これらの問題に対して，OECD は BEPS（税源浸食と利益移転）プロジェクトを立ち上げ，さまざまな勧告を行ってきたが，デジタル課税の課題はなお積み残されたままであった。

　その後，OECD は引き続き，デジタル課税に対する国際課税原則の見直しを行い，いくつかの挑戦的な取り組みを公表し，「BEPS 包摂的枠組み」は第一の柱（Pillar One）と第二の柱（Pillar Two）からなる解決策を取りまとめた。それを受け，2021 年 10 月に，同枠組み参加国の大部分の国々により，BEPS 包摂的枠組みで示された解決策の大枠合意に至った。そのうち，第一の柱では，多国籍企業の全世界利益の課税権配分基準に定式配賦方式を取り入れた新たな基準が提案され，その実施に向けた取り組みが進められている。第二の柱では，租税競争（tax competition）の終焉と level playing field を念頭に置き，軽課税国を利用した利益移転に対する国際的に合意された最低税率（15％）による課税制度が提案された。包摂的枠組みによる解決策は国際協調の下，合意されたもので，各国の課税権や国際課税原則に大きな影響を与える可能性がある。

254

第8章　経済のデジタル化に伴う国際課税の動向と課題

本章は，デジタル課税の動向を確認し，その課題を探ることを目的とする。
具体的には，国際課税原則の歴史をたどることで，第一の柱の課税権配分原則
を位置づけ，租税競争と国際最低課税制度の関係を探り，第二の柱の国内法実
施の課題を明らかにする。

2.　国際課税原則の歴史的概観

2.1.　PE 概念のルーツと関係国間の所得配分
2.1.1.　ドイツ国内法

国境を越えた事業所得の関連国間の所得配分は，恒久的施設（Permanent
Establishment：PE）概念が重要な役割を果たしてきた。いわゆる，「PE なけれ
ば課税なし」という国際課税原則である。恒久的施設概念のルーツは，ドイツ
の "Betriebstätte" にあるといわれており，まずは，その発展をみていくことに
する。[1]

最初に，「Betriebstätte」という用語がドイツで用いられたのは，税法ではな
く，1845 年プロイセン営業法（Gewerberecht）である。[2]当時は，他のラントに
居住する事業者が，ラントを跨いで行商のような事業活動を行う場合には，他
のラントにおける営業許可が必要であった。1845 年 1 月 17 日のプロイセンの
一般的な営業令（Gewerbeordnung）には「Betriebstätte」概念がみられ，それが
後に，ラント間の所得課税配分根拠として発展していく。1864 年東部プロイセ
ンのモデル市町村規則 1 条 "stehende Gewerbe"（恒久的営業）では，その所有
者が他の市町村に居住していても当該市町村において課税されることとし，こ
れは，恒久的施設概念の嚆矢とされる。[3]一方，北ドイツ連邦で用いられた
「Betriebstätte」という用語は，事業活動の遂行のために使われる総合的空間
を意味した。プロイセンの概念は，源泉地の課税権を制限するものであったの
に対して，北ドイツ連邦での概念は，源泉地への課税権を付与するものと認識
されており，統一的なものではなかった。

租税概念としての「Betriebsstätte」は，各ラント間の二重課税排除を目的と
した 1909 年 3 月 22 日の二重課税を防止するための法にみられるが，恒久的営

255

業を行うためであることが前提にあった。そのため，租税条約の恒久的施設概念とは異なる点があることが指摘されている。[4]

2.1.2. 租税条約での受容

二重課税の防止に関する最古の双務条約は，1851 年オランダ・ドイツ間の関税同盟に関するものと認識されているが，1920 年以前においては，国際間の二重課税の防止についてはみるべき努力はほとんど払われていなかったとされる（雪岡，1955，p. 500）。二重課税の排除を目的とした最初の租税条約は，1899 年に締結されたオーストリア・ハンガリーとプロイセン租税条約である。当該租税条約には，上述のプロイセンの概念が含まれている。[5] このころは国際的な二重課税はさほど問題視されていなかったが，第一次世界大戦後の大幅な税率引き上げ等，没収的な課税が行われてきたことにより二重課税問題が顕在化する。[6] 第一次大戦後の外国への事業の投資促進の観点から，国際連盟に二重課税の弊害を除去する方法を講ずることが求められた。当時は，ある課税管轄が課税権を有するか否かに焦点が当てられ，課税権の配分にはそれほど関心がもたれていなかったとされる。[7]

1920 年代に，国際連盟では，国際的二重課税の排除について議論がされ，6 つの報告書が出された。[8] 1920 年代の議論について大まかな道筋をつけたのは，1923 年の 4 人の経済学者による報告書であるとされる。[9] そこでは，二重課税の課題，economic allegiance による課税権の配分が提唱され，その後の租税条約の基本的ルールの策定が進められる。1927 年の租税条約草案には「PE なければ課税なし」の原則が採用され，恒久的施設概念が盛り込まれる。当該概念には関係会社（affiliated company）を含んでいたが，1928 年条約草案は，恒久的施設概念から関係会社と独立した代理人を除外した。当該条約草案の諸原理は，若干の修正があるが，租税協定の基本原理となっているとされる（雪岡，1955，p. 501）。その後のメキシコ・モデル条約草案の検討を経て，ロンドン・モデル条約として，国際租税原則が成立していく。

1939 年に国際連盟に提出された報告書では，[10] いくつかの国際課税の課題が指摘されていた。[11] 例えば，恒久的施設概念は緩やかなものであり，その帰属所

得の算定に課題があった。本店における全世界活動を通じた純所得に関する情報の提出を求めていたが，言語，各国の租税法，会計実務の違いがあり，非常に大きな負担となっていた。これらの認識はデジタル課税にも通じるところがあり，興味深い。

2.2. 独立企業原則の限界

1933年国際連盟報告書は，外国企業の現地施設に対する2つの課税方法を検討する。第一は，独立企業原則（arm's length principle）に基づく分離会計法（the separate accounting method）である。それによれば，当該現地施設は分離会計を基礎に独立企業であるかのように扱い，課税されるべきあるという考え方である。第二は，経済的一体性に基づく定式配賦法（the fractional apportionment method）である。それによれば，現地施設の相対的な経済的な重要性に対応する企業全体の利益の一部に対して課税されるべきという考え方である。これらの課税方法に対して，第二の方法は，恣意的な所得配分方法であり，実務と必ずしも一致しないこと，各国の法律が異なる課税所得算定法を定めるため，再調整が必要であること等の批判から，次のように第一の方法を推奨する。「原則として，子会社は恒久的施設として認識するのではなく，独立した法的主体（independent legal entity）として扱い，関連会社間取引が子会社から利益を移転するための手段として行われている場合には，当該移転した利益は，独立企業間の取引であれば稼得されたであろう利益を基準にして当該子会社に配分されるべき」として独立企業原則の採用が提唱され，今日の国際課税原則として基礎づけられた。そこでは，定式配賦法の適用にあたって，課税庁が所得算定に必要な情報を要求すること，合計純所得金額の配分基準の合意を各国から得ること等の困難性も指摘された。これらの指摘は，新たな国際課税原則の課題に通じるものがある。

デジタル企業の無形資産取引には，比較対象が見いだせないことから，独立企業原則の適用が困難であることが認識されてきた。とりわけ，デジタル取引には消費者のいる国に恒久的施設が見いだせず，独立企業原則による適正な課税権配分が疑問視され，従来の国際課税原則の限界から新たな課税権配分基準

の確立が求められている。

3. デジタル取引の台頭と従来の国際課税原則の限界

3.1. 恒久的施設概念の限界と拡張

　電子商取引から生ずる所得への課税問題について，古くは OECD を中心に取り組んできた。OECD は，1998 年オタワ会議における「電子商取引：課税の基本的枠組」（OECD, 1998b）についての議論を経て，実施に向けた報告書をまとめた（OECD, 2001）[15]。その後，サーバー，WEB サイト，プロバイダーなどの恒久的施設該当性が議論され，電子商取引における恒久的施設概念の限界が浮き彫りにされた。

　恒久的施設概念は，源泉地国と居住地国の事業所得の課税権配分の根拠として機能してきたが，各国によってその範囲は異なり，物理的拠点を超えて認識されている例がある。

　これまで，各国は，一定のサービスを PE とみなすサービス PE 等，恒久的施設概念の拡張を図ってきた[16]。従来，倉庫やコミッショネアが恒久的施設として認定されていなかったところ，BEPS プロジェクト行動計画 7 では恒久的施設概念が見直され，拡張がなされた。

　画一した恒久的施設の定義を行うことは困難で，恒久的施設概念は，租税管轄権配分に対する国家の政治的経済的利害関係を織り込んだものとなっていることが指摘されている（吉村，1995，p.50）。

3.2. 従来の国際課税原則の限界

　2018 年 3 月の OECD の「経済のデジタル化に伴う課税上の課題に係る中間報告書（Interim Report)」では，経済のデジタル化から影響を受ける国際課税ルールとして，「ネクサス・ルール」と「独立企業原則に基づく利益配分ルール」をあげている[17]。BEPS では，米国の多国籍企業の過度のタックス・プランニングによる税源浸食が問題視されてきたが，デジタル取引にはそもそも消費者のいる市場国に物理的拠点を見いだせない。BEPS 行動計画 1 の最終報告書では，

258

第8章　経済のデジタル化に伴う国際課税の動向と課題

ネクサスの拡張，デジタル取引に適用可能な源泉徴収税，平衡税（equalisation levy）による対応が示されたが，いずれもデジタル取引に対する所得課税の問題解決には至らず，議論の継続の必要性が確認された[18]。

EU はこの問題への対応として，「重要なデジタルプレゼンスの PE 認定に係る指令案」（European Commission, 2018a）（いわゆる SDP 指令案）と「特定のデジタルサービスの供給に由来する収益へのデジタルサービス税の共通システムに係る指令案」（European Commission, 2018b）を提案した[19]。しかしながら，加盟国間の合意に至らず，各国は個別にデジタルサービス税（Digital Services Tax：DST）を導入することになる。その結果，フランスなどの DST 導入国と米国との対立が引き起こされる[20]。

4.　デジタル取引に対する課税権配分の提案と課題

OECD は BEPS プロジェクトの行動計画 1 で「デジタル経済がもたらす課税上の問題への対応」に取り組んだが[21]，その最終報告書ではデジタル取引に対する所得課税の問題解決には至らなかった。その積み残しを解決すべく，2016 年にデジタル課税についての IF（Inclusive Framework on BEPS）が立ち上がる。IF での作業は，当初は，はかばかしい進捗が見られなかったが，デジタル経済タスクフォース（Task Force on the Digital Economy：TFDE）を通じた 2018 年の中間報告書（OECD, 2018a）の公表後，その作業が次第に加速したといわれている[22]。中間報告書では，デジタル化による新たなビジネスモデルにおける価値創造とその課税上の課題を分析し，各国の見解の相違点を確認する（OECD, 2018a, Chap. 2, 8）。2019 年 1 月のポリシーノート（Policy Note）は，第一の柱と第二の柱からなる BEPS 2.0 の枠組みを確立させ，前者は，課税権配分に焦点をあて，後者は，残された BEPS の課題に向けられる（OECD, 2019a, p. 1）。公開討議文書では，「利益配分とネクサス・ルールの改訂」と「グローバル税源浸食防止提案」が取り上げられ，前者では，「ユーザー参加」提案，「マーケティング無形資産」を重視した配分案，「重要な経済的プレゼンス」による配分案が示され（OECD, 2019b, pp. 9-17），新たな課税権配分基準が模索され[23]，米国は選

259

択制を主張するなど意見の対立が続いた。2019 年 5 月には，二本の柱の作業計画が示され（OECD, 2019c），第一の柱は利益 A（AmountA），利益 B（AmountB），利益 C（AmountC）からなる「統合アプローチ（Unified Approach）」（OECD, 2019d），第二の柱は GloBE ルール（Global Anti-Base Erosion Rules）（OECD, 2019e）が示され，2020 年 10 月の OECD の青写真（Blue Print）では，第一の柱と第二の柱が具体的に提案された（OECD, 2020b, 2020c）。その後，2021 年 6 月の G7 の政治的合意，7 月の OECD, G20 の合意を経て，2021 年 10 月 8 日に，IF メンバーの大部分の国々により，「BEPS 包摂的枠組み」で示された経済のデジタル化に伴う課税上の課題への解決策の大枠合意に至った（OECD, 2021a)[24]。この合意には，利益 A については，超過利潤を超えた市場国への定式配賦方式の導入が含まれ，伝統的な国際課税ルールの見直しとして位置づけられるのであれば，100 年近く存続したシステムを書き換えてしまう可能性があり，その意味で革命的と評される（藤原, 2023, p.17）。途上国にとって当該算定方法は非常に複雑で執行上の課題があることから，国連は，自動化デジタルサービスから生ずる所得の課税権配分を定めた国連モデル租税条約 12B 条による独自のアプローチを展開しており，それを基礎とした代替案による議論もある[25]。

　第一の柱は，恒久的施設の有無にかかわらず，多国籍企業のグループ全体の利益を消費者のいる市場国に配分することを認める[26]。多国籍企業間の課税権配分基準は独立企業原則を基礎としたものであったが，市場国の所得配分にあたり，売上高に応じた定式配賦基準を一部受け入れた新たな国際課税ルールを盛り込んだものとなった[27]。各国が市場国への配分ルールを国内法化するにあたり，第一の柱を盛り込んだ多国間条約への批准が前提になる。多国間条約には，DST の廃止と凍結が盛り込まれている（OECD, 2023b, Article 38, 39）。第一の柱の実施は，各国の課税権に多大な影響を及ぼすことから，とりわけ，米国の参加が危ぶまれている[28]。なお，多国間条約の発効は，対象グローバル企業グループの最終親会社の 60% 以上を占める 30 以上の国・地域による署名が条件となっており，（OECD, 2023a, p.2）DST 凍結措置の期限を 2023 年度末から 2024 年末に延長することが示されていたが，さらに 1 年延長する可能性がある[29]。

　一方，独立企業原則の適用をめぐる企業と課税当局の紛争を回避することを

狙い，二重課税のリスクとコンプライアンスコストの低減を意図したものとして，第一の柱の利益Bが提案されている。2023年7月の公開討議文書では（OECD, 2023d），棚卸資産の流通活動に対する独立企業原則の簡素化・合理化から，関連者間の配分利益を「基礎的な販売活動（Baseline marketing and distribution activities）に係るベースライン利益」として，グローバル価格マトリックス方式で算定することが示されていた。当該方式は，リターンを営業資産（OAS）と営業費用（OES）の水準及び業種分類によって1.5%から5.5%の範囲からなる一覧をあてはめることになるが，その適用上，業種分類が課題であり，企業の負担が懸念されている。2024年に利益Bのガイダンスが公表されている（OECD, 2024a）。

5. 租税競争対抗策としてのGloBEルール

5.1. EUの租税競争や共通化を巡る議論

EUは，単一市場を目途に，ルディング委員会報告をはじめ，法人課税の調和に向けた取り組みを進め，有害な税の競争[30]，法人共通課税ベースに対する[31]CCCTB指令案を幾度も提案してきた[32]。直接税の調和は，加盟国の合意形成（全会一致）が課題であり，EUレベルでの共通化は結実に至っていない[33]。コロナ禍による加盟国の財政課題と環境課題を抱えるEUは，2021年5月18日に，2050年に向けた今後のEU税制のロードマップとして，「21世紀の企業課税（Business Taxation for the 21st Century）」（European Commission, 2021a）文書を公表した。これは，欧州企業に対する所得課税の新たな枠組みを提案するものであり，最低実効税率に関する合意とこれまでのEUの取組みとの相互作用を念頭に置いたものである。それを踏まえ，EUにおける資本負債のバイアス削減としてのDEBRA指令案（European Commission, 2022），Shellエンティティの不適切な利用に対する指令案（European Commission, 2021b），OECDの第二の柱に基づく実効税率の公表，BEFIT（Business in Europe：Framework for Income Taxation）指令案（European Commission, 2023）が提起されている。

EUがこれまで提案してきたCCCTBは，国内外の会計基準を考慮せず，共

通課税ベースを算定するものであった。ルディング委員会がすでに認識していたように，その背景には，オランダや英国では，企業会計を基礎として算定された企業利益と課税目的上算定された所得には相違があること，ドイツでは，原則として，基準性原則（Maßgeblichkeitprinzip）から課税所得と企業会計上の利益の間には同一性が存すること，ベルギー，フランス，イタリアでは，課税所得算定における課税ルールの厳格な制限を緩和する企業会計の諸原則に着目している状況があることから，EU における課税所得という基本概念への共通アプローチが欠けており，それらは，加盟国における課税ルールの執行方法にも関係するものであった[34]。欧州委員会等では，会計のグローバル化を踏まえ，CCCTB 提案の過程で国際会計基準による課税ベースの算定が議論されたが，結果的には会計基準の参照は考慮されずに純粋な課税ルールによる制度として，2011 年（European Commission, 2011）と 2016 年（European Commission, 2016）のC(C)CTB 指令案は設計された[35]。ところが，2019 年以降の OECD/G20 の IF により，国際会計ルールと税務会計との関係性が接近し，とりわけ，第一の柱では，いわゆる「利益 A」の再配分に，第二の柱では，GloBE 対象利益にかかわる出発点となった[36]。さらに，EU では，必ずしも十分ではないが，税務会計の国際化に追随し，上述の「21 世紀の企業課税」文書により，これら 2 つの柱を超えた，BEFIT 指令案を公表している（European Commission, 2023）。BEFIT は，欧州企業所得課税の新たな枠組みを提案するものであり，共通の課税ベースと一定の定式による加盟国間の利益配分に基づく EU の単一の法人税ルールブックとして位置づけられる[37]。これらの動向を踏まえ，特に EU においては，第二の柱の国内法化による算定方法が従来のものとどのように共存するかは未知数であること，各国で後述の適格国内ミニマム課税（Qualified Domestic Minimum Top-up Tax：QDMTT）が導入された場合に，異なる算定モデルとの併存が可能かどうかといったことなどが課題にあがっている[38]。

5.2. OECD の取り組みと EU の影響

5.2.1. GloBE ルールの成立

2012 年以降，多国籍企業の課税逃れに対して，OECD/G20 による BEPS プ

ロジェクトは，15 の行動計画の下，多国籍企業によるアグレッシブなタックス・プランニングに対する対抗策について検討を進め，2015 年に公表された最終報告書でいくつかの勧告を行った。上述のように，BEPS 行動計画 1 では，「デジタル経済の課税に対する対応」について検討されたが，最終報告書では，デジタル課税への有効な解決策が必ずしも提示されず，議論の継続が示された（OECD, 2015, p. 149）。2016 年に IF が設立され，BEPS プロジェクトで積み残されたデジタル課税の課題の検討が進められることになった。[39]

　上述のように，2018 年 3 月に，OECD は，中間報告書（OECD, 2018a）を公表し，デジタル経済から影響を受ける既存の国際課税ルールを示したが，そこでは，国際最低課税（Global Minimum Tax）への言及はまだなかった。

　国際最低課税の概念は，独仏共同宣言でみられたといわれている。[40] 当該宣言は，第一に，広告関連売上を課税ベースとするデジタルサービス税に関する指令案（European Commission, 2018b）を修正し，売上の 3 ％の課税を基礎にすること，第二に，デジタル経済への課税及び OECD の作業に沿った最低課税制度に関する提案を提出することを，欧州委員会及び欧州理事会に要請するものであった。2018 年 5 月に G7 に提示したフランスとドイツの文書では，BEPS 勧告は濫用的状況に対処し，利益を価値創造に一致させるための新たなルールを提供したものの，低課税国・地域への利益移転に直接対抗するものではないと指摘していた。[41] フランスとドイツの議論は，税率や税制優遇措置に基づく税制競争が，特に，低税率またはゼロ税率の国・地域が現在も存在しており，税率の大幅な格差があることが，利益移転の誘因を生み出す重要な要因であるという前提に立つ。[42] BEPS プロジェクトは，濫用を回避するための新たなルールを提供し，既存のルールを改善したが，各国が低税率の国・地域への移転利益に対して効果的に課税できるための包括的なツールとしてはまだ十分ではないというものであった。[43]

　GLOBE BEPS 2.0 Initiative では，2018 年 5 月に G7 へ提出されたフランスとドイツの提案が具体的に検討されることになる（Englisch, 2022, p. 860）。当該提案は，低課税所得算入ルールとして，2 つの具体案を提示する。第一に，国内法への最低課税制度の導入，第二に，源泉地国が一定の実効税率未満で課税

した所得に関して，居住地国が採用する国外所得免除方式から外国税額控除方式に置き換えるスイッチ・オーバー・ルールの勧告である[44]。さらに，当該提案は，国際最低課税制度と EU 法との整合性に鑑み，指令による導入が望ましいとし，そうでない場合でも EU 法に整合する最低課税制度の導入を求め，国内企業及び国外企業をともに対象とすることを主張する[45]。当初，デジタル課税の構想は，BEPS への対抗措置として想定され，課税権の再配分に関する議論が中心であったため，国際最低課税のアイデアは OECD や EU ではあまり支持を集められていなかったが（Englisch, 2023, p. 970），米国の GILTI 税制（Global Intangible Low-Taxed Income regime）の導入がそれを後押しする[46]。

　フランスとドイツの提案の分析を経て，上述の 2019 年 1 月のポリシーノート（Policy Note）では，第一の柱と第二の柱からなる BEPS 2.0 の枠組みを確立させた。これら二本の柱の提案は，経済のデジタル化に伴う課税上の課題が，残された BEPS の大きな課題の一部を形成し，米国税制改革のような，より最近の動向を反映するものであると認識されている[47]。OECD は，2019 年 10 月の統合アプローチ（Unified Approach）[48]，2020 年 10 月の青写真（Blue Print）（OECD, 2020b, 2020c）等の議論を経て，それら二つの柱を具体的に提案した。その後，2021 年 6 月の G7 の政治的合意，7 月の OECD/G20 の合意を経て，2021 年 10 月 8 日に，第一の柱と第二の柱からなる「BEPS 包摂的枠組み」で示された経済のデジタル化に伴う課税上の課題への解決策の大枠に合意した[49][50]。この合意は，100 年来積み上げられてきた国際課税原則を，経済社会の変化に対応する形で大幅に見直すものであり[51]，歴史的な成果であるともいわれている（増井, 2021, p. 20）。

　合意された 2 つの柱のうち，とりわけ，第二の柱は，法人税率の引下げ競争に歯止めをかけ，企業間の公平な競争環境を確保することを念頭に置いたもので，軽課税国・無税国を利用した課税逃れを阻止すべく，法人の実効税率 15% での最低税率による課税を確保する制度である[52]（GloBE ルール）。OECD は，モデルルール（OECD, 2021b），コメンタリー（OECD, 2022a）を相次いで公表し，その実施に向けた検討を重ね，共通アプローチを確立してきた。共通アプローチの下では，各国は GloBE ルールを必ずしも採用する必要はないが，採用する

ことを選択した場合には，GloBE ルールと整合的な方法で実施・運用すること
になる。

　GloBE ルールは，軽課税国に所在する子法人の所得を親法人の居住地国で最
低税率までの金額について所得を合算課税するルール（Income Inclusion Rule；
IIR），バックアップとしての子法人所在地国による軽課税利益ルール
（Undertaxed Profit Rule；UTPR）からなる。最低税率に満たない場合は，最終親
法人の居住地国は国際的に合意された上乗せ（Top-up）課税を行うことができ
る。その対象は，年間総収入金額 7 億 5,000 万ユーロ以上の多国籍企業である。
各構成事業体の所在地国は，自国内の構成事業体に対して最低税率に至るまで
課税ができる適格国内ミニマム課税（QDMTT）を認められており，他の国は
QDMTT の下では，上乗せ税（Top-up Tax）を課税することはできない。IIR に
は適用除外として，有形資産要素と労務費要素からなる一定割合のカーブアウ
トが設けられている。

5.2.2. GloBE ルール導入による執行上の課題

　GloBE ルールの実施により，いくつかの税収の試算がある。[53]OECD によれば，
第一の柱と第二の柱は，世界の法人所得税収を年間 500 億ドルから 800 億ドル
（470 億ユーロから 810 億ユーロ）増加させる可能性があるとする（OECD,
2020a, p. 10）。第一の柱は，関連各国の課税権の再配分を伴うもので，全体利益
の一部が市場国に再配分されるにすぎず，若干の税収の増加にとどまるのに対
して，第二の柱の実施は，多国籍企業の軽課税国への所得移転のインセンティ
ブを減じ，最低課税制度を通じて税収を大幅にもたらすことが想定されている。

　Baraké らは，第二の柱の導入により，最低税率を 15% とした場合に，2021
年で EU 加盟国全体で 483 億ユーロ，2016 年 CbCR（国別報告書）データでは
ドイツで 54 億ユーロの追加税収が見込まれると試算した。[54]さらに，2021 年
CbCR の情報を基にした推計では，1,790 億ユーロの税収をもたらし，EU 加盟
国だけでも約 670 億ユーロの税収が見込まれると試算する。[55]

　当該ルールの実施は，税収増の側面だけでなく，企業及び行政の遵守コスト
等の側面の検討の必要性が指摘されている。[56]例えば，Englisch は，多国籍企業

に対する課税ルールの複雑さから遵守コストが増加するとし[57]，Oestrecher は，多国籍企業グループの租税裁定の減少は見込まれるものの，その導入により，多国籍企業は膨大な報告や算定義務を負い，租税優遇措置の魅力は失われ，税負担が増加するだろうと予想していた[58]。OECD が提案した GloBE ルールの枠組みは複雑なため，多国籍企業に重い遵守義務を課す可能性があり，二つの柱の設計当初からコンプライアンスコストと事務負担への留意から，加盟国には制度の簡素化が要請されていた（OECD, 2019a, p. 3）。

　Englisch らは簡素化措置として，運営上のセーフハーバーの必要性を指摘してきたところ[59]，OECD は 2022 年 12 月に，セーフハーバーと制裁の緩和に関する指針を公表した（OECD, 2022b）。利害関係者は，GloBE ルール導入の初期において，特に簡素化は重要であるとし，多国籍企業に低リスク国での GloBE ルールの計算を免除するセーフハーバーの導入を要求していた[60]。さらに，利害関係者は各国が実施法令及び文書要件にセーフハーバー要件を導入し，多国籍企業が遵守に必要なデータを収集するための制度の構築に間に合うようセーフハーバーの指針を早急に整備すべきで，セーフハーバーと簡素化は，多国籍企業の遵守及び管理コストを削減し，課税の安定性を改善する重要な役割を果たすと主張する（OECD, 2022b, p. 4）。

　当該指針では，移行期間 CbCR セーフハーバー（Transitional CbCR Safe Harbour）と将来にむけた恒久的セーフハーバー（Permanent Safe Harbour）を提示する。移行期間 CbCR セーフハーバーは，次のような提案がされている（OECD, 2022b, pp. 6-7）。移行期間 CbCR セーフハーバーは，2026 年 12 月以前に開始する対象会計年度につき，次の 3 テストのいずれかを満たす場合に，所在地国の上乗せ税率はゼロとみなされる。なお，経過税率は，2023 年から 2024 年開始事業年度の 15%から段階的に引き上げられている。

① 少額免除基準（De minimis test）［その国の CbCR の総収入金額が 1000 万ユーロ未満かつ税引前利益が 100 万ユーロ未満］，

② 簡易実効税率基準（Simplified ETR test）［簡易実効税率（Simplified ETR）が当該年度の経過税率（transition rate）以上であること］，

③ 通常利益基準（Routine profits test）［その国の CbCR 上の税引前利益
　が実質ベースの所得除外額（SBIE：Substance-based Income Exclusion
　amount）以下であること］

　当該指針では，GloBE ルールが複雑で，「ソフトランディング」させる目的
から制度執行における罰則規定の適用の配慮にも言及されている（OECD,
2022b, p. 29）。移行期間において，多国籍企業が GloBE ルールの正しい適用を
確保するために「合理的な措置」を講じたとみなされる場合には，GloBE 情報
申告書の提出に関連して，税務当局は罰則や制裁を適用すべきでないとする。
企業が誠実に行動したことを証明できる場合は，合理的な措置を講じたとみな
すことができる。

　GloBE ルールは共通アプローチであるが，その国内法化は各国の判断に委ね
られている[61]。各国が当該ルールを国内法化した場合は，共通アプローチに準拠
して運用することになる。モデルルール，コメンタリー等多くの詳細かつ包括
的な関連文書が公表されているが，細目事項までカバーしているものではない
ため，実務上の運営指針（OECD, 2023c）が漸次改訂されている。これは，
GloBE ルールがどのように解釈され適用されるべきか，税務当局への適用上の
解釈指針を提供するものとなっている。

　関連文書の公表による適用上の明確化や簡素化措置がとられているものの，
当該制度と既存の CFC 税制との関係や制度の複雑性が依然として課題である。
IIR にはカーブアウトが認められ，QDMTT があることから，それにより，軽
課税国への所得移転に対する最低課税制度の効果が削減される[62]。そのため，
GloBE ルールの導入による事務負担の割に，税収が期待できないことが明らか
になってきており，最低課税の税率を 15％から 25％に引き上げる，あるいは，
カーブアウトを廃止すべきとする意見がある[63]。

5.3. EU における GloBE ルールの受容

　EU 加盟国の国内税法は，EU 法との整合性が求められる。EU 域内の外国子
会社と国内子会社を区別する加盟国の CFC 税制が EU 法に抵触するか否かが

争われた Cadbury Schweppes 事件（C-196/04）によれば，欧州司法裁判所は，経済実態を反映しない完全に偽装的な仕組み（wholly artificial arrangements）に係る行為を防ぐものとして正当かつ比例的なものでない限り，CFC 税制は EU 法に反すると判示した。その結果，EU 加盟国の CFC 税制は，開業の自由への抵触可能性，外国子会社と国内子会社の同等取扱いが審査されるため，EU における CFC 税制の射程は限定的となる[66]。そのような背景から，EU 加盟国では，CFC 税制と類似性を有する GloBE ルールと EU 法との整合性が問題であった。

　欧州委員会は，OECD が提案した GloBE ルールを加盟国が EU 法に抵触せずに国内法化できるように，GloBE 指令案（European Commission, 2021c）を公表した。ところが，いくつかの加盟国（ポーランドとハンガリー）から反対意見があり，採択が難航する。当該指令案が EU 機能条約 115 条の域内市場権限条項に依拠したものか，同 5 条の権限移譲の行使の要件に合致するか，IIR ルールは，欧州司法裁判所が CFC 税制について下した判断基準を充足するか等[67]，欧州司法裁判所の法理に合致するか否かが問われる。EU 法との整合性から，国内取引に対しても同様に最低課税を適用することが考えられるが，不必要な管理コストと遵守コストを増大させるため，それは理想的ではないとする見解もあった（Englisch, 2021, p. 142）。そのようななか，ドイツ，オランダ，イタリア，フランス及びスペインの 5 か国は租税競争を終わらせるべく，加盟国全会一致を待たず，国内法化に向けて強い姿勢で臨んでいたところ（BMF, 2022），2022 年 12 月，EU レベルで GloBE ルールの実施について最終合意に達し，GloBE 指令の採択に至った[68]。

5.4. 途上国の視点

　上述のように，GloBE ルールの導入は，租税競争を抑制し，先進国と途上国の両者に利益をもたらすと説明されてきた。しかしながら，Parada は，法人税率を引き上げるための世界的な協調により，すべての国が利益を受けるという大義名分は魅力的ではあるが，すべての国に平等に機能するわけではないことを指摘する（Parada, 2024, p. 194）。GloBE ルールの受け入れは，途上国にとって非現実的なものであり，すべての国が利益を受けるという前提に疑問を呈する

意見がある[69]。Parada は，次のような議論の前提を疑問視する。第一に，途上国の法人課税に対する租税優遇措置は非効率であるという視点である。第二に，GloBE ルールが対象とする租税競争は，法人税に向けられたものである。第三に，GloBE ルールの導入が，途上国の税収を増減させるという前提にたっていることである。

　そのような前提に対して次のように批判する。第一の点については，競争優位性に乏しい国の現実を無視するもので，先進国と途上国ではインフラストラクチャーに大きな差があり，租税優遇措置によってそれを是正するものととらえれば，必ずしも不公平とはいえないであろう（Parada, 2024, p. 196）。第二の点について，途上国は法人所得に対する租税競争から法人税以外の租税優遇措置や租税以外の補助金といった他の形態へ容易に転換できる（Parada, 2024, p. 197）。第三の点について，途上国が GloBE ルールを受け入れれば税収が増え，そうでなければ税収を失うというのは，伝統的なパターナリズムを想起させ，途上国に複雑な GloBE ルールに対する多くの執行コストを強いるものとなる（Parada, 2024, p. 202）。すべての国が利益を受けるという GloBE ルールの大義名分の隠された真の動機を見極め，途上国は，自国の税制及びインセンティブの見直しの機会ととらえるべきと主張する（Parada, 2024, pp. 210-211）。

6. GloBE ルールの国内法実施と課題

6.1. 日本の国際最低課税制度の概要

　我が国では，第二の柱に基づくグローバル・ミニマム課税への対応として，国際最低課税制度が法人税に導入されることが令和5年度税制改正大綱で明記され[70]，モデルルールやコメンタリーの規定，その後の執行ガイダンスの内容等を踏まえながら，令和5年度税制改正にて国内法化が図られた。第一の柱に比べ，第二の柱の対象企業が多く，導入の影響が大きいとされていた[71]。

　令和5年度税制改正では，GloBE ルールのコモン・アプローチとしての性質を前提に，企業の事務手続きの簡素化に資する措置を講じつつ，国際的な導入状況も見据えながら，まずは所得合算ルール（IIR）のみが先行して導入された[72]。

従来の国際課税原則の見直しの一環として，臨時的，特例的な措置ではなく，一般的，基本的な制度として位置づけられ，既存の単体課税である法人課税制度と並列的に企業集団としての多国籍企業グループに着目した課税として「国際最低課税額に対する法人税」が制定された[73]。なお，軽課税所得ルール（UTPR）及び適格国内ミニマム課税（QDMTT）は，各国の実施状況を踏まえ，令和7年度税制改正以降の導入が予定されている（自由民主党・公明党，2023，p. 15）。

　国際最低課税制度の概要は，次の通りである[74]。国際最低課税制度は，特定多国籍企業グループ等に属する公共法人以外の内国法人が納税義務者である（法人税法4条，6条の2）。適用開始時期は，令和6年4月以降開始の会計年度である。対象会計年度の直前の4対象会計年度のうち2以上の対象課税年度の総収入金額が7億5,000万ユーロ（約1,100億円）相当額以上の多国籍企業グループ等（特定多国籍企業グループ等）を対象に（法人税法82条4号），構成会社等の所在地国の法人税負担が最低税率15％を下回る部分の不足分，国際最低課税額を上乗せして課税する[75]。移行期（令和6年4月1日から令和8年12月31日までに開始する対象会計年度）の経過措置として，適格CbCRによる移行期間CbCRセーフハーバーを導入したが，国別報告事項の作成がない場合は当該セーフハーバーを適用できないことから，令和6年度税制改正は，それに対する対応を図っている（令和5年改正法附則14条1項）。

6.2.　外国子会社合算税制との関係

　我が国の外国子会社合算税制は，昭和53年に導入され，立法担当者の解説によれば，当時は，「軽課税国——いわゆるタックスヘイブン——にある子会社等が我が国株主により支配されているようなものにわが国株主が所得を留保し，我が国での税負担を不当に軽減することを規制することにある」と説明されていた（高橋監修，1979，p. 92）。立案担当者は当該規定を租税回避への対抗措置と位置付けていたが，どのような場合に「税負担の不当な軽減」となるかは必ずしも明確ではなかった。制度の趣旨として，学説では，課税繰延防止説[76]，帰属変更説[77]，日本の課税ベースへの浸食への対抗措置とする適正所得算出説な[78]

どが展開されてきたが，後述の平成21年度税制改正による外国子会社配当益金不算入制度導入後は，課税繰延の防止という説明は困難とされていた（増井・宮崎，2019，p. 187）。

　タックスヘイブンについての明確な定義はなかったところ，導入時は，法人税が全くない若しくは我が国法人税に比し，その実効税率が著しく低い国又は国外源泉所得非課税国等を前提に，27の国又は地域を3つのカテゴリーに分けて軽課税国等と指定し（軽課税国指定制度），そこに所在する外国子会社等の所得を合算対象としたエンティティ・アプローチをとっていた。[79]

　タックスヘイブンに所在する外国子会社が正常な事業活動を営む場合にまで合算課税の対象とすることは適当ではないため，それを判断する客観的な基準として適用除外基準が定められていた。[80] 適用除外基準では，事業基準，実体基準，管理支配基準及び非関連者基準又は所在地国基準のすべてを充足することにより，企業の活動が正常な事業活動を営むと判定する。しかしながら，各国の租税優遇措置をフォローアップし，リストに反映することが困難になってきたため，平成4年度税制改正にて，外国子会社の租税負担割合，いわゆるトリガー税率を基礎に対象の判定を行う方式に変更される。[81]

　平成21年度税制改正で，外国子会社配当益金不算入制度が導入されたことにより，外国子会社合算税制の趣旨は，課税繰延の防止という説明は困難となり，タックスヘイブンを利用した租税回避防止制度へと変容したといわれている。[82]

　平成22年度税制改正では，トリガー税率を25％以下から20％以下に引き下げ，適用除外基準を充足する外国子会社等であっても，一定の資産性所得について合算課税の対象とするインカム・アプローチ（外国子会社の所得の種類等に応じて合算対象を決定する）の要素を一部取り入れた。[83] その後，法人税率の引き下げから，トリガー税率20％以下から20％未満への見直しがされたが，トリガー税率以上であれば，外国子会社の所得が経済実態を伴わない場合であっても，合算課税の対象外（過少課税：Under Inclusion）となるのに対して，トリガー税率未満であれば，適用除外要件を充足しない限り，実体ある事業からの所得であっても子会社の所得は合算課税の対象（過剰包摂：Over Inclusion）

となる点，外国子会社配当益金不算入制度の導入に伴い，知的財産権や金融資産等を軽課税国の外国子会社に移転し，その所得を日本の親会社に配当として戻すことで課税の空洞化が可能となっている点などが問題視されていた。平成29年度税制改正では，BEPS プロジェクト行動計画3の原則を踏まえ，過度の事務負担が生じないように配慮しつつ，外国子会社の所得を「能動的所得」と「受動的所得」に区分し，部分的にインカム・アプローチを取り入れ，トリガー税率は廃止，適用除外基準は経済活動基準に変更された。令和元年度税制改正では，海外のビジネス上，一般的に用いられる実態があり，かつ租税回避リスクが限定的であると考えられる一定の外国関係会社をペーパー・カンパニーの対象から除外した。

　このように，我が国の外国子会社合算税制は，簡便性からエンティティ・アプローチを基礎としながら，受動的所得に対してインカム・アプローチの要素を一部取り入れたハイブリッド・アプローチをとってきた。適用除外（経済活動基準）の判定を巡っては，従来から納税者と課税庁で争われることが多く，過剰包摂，過少課税の適正化から頻繁に改正が重ねられ，より精緻化が図られたものの，相当複雑な制度になってきている。

　各国が GloBE ルールを国内法化するにあたり，いくつかの課題が指摘されてきた。とりわけ，既存制度である CFC 税制との関係が問題となる。グローバル・ミニマム課税制度は，軽課税国がその子会社に最低税率以下の課税しか行わない場合に，その上乗せ課税が居住地国でなされるため，その対象は，外国子会社合算税制の対象とは必ずしも一致しないが，重複する部分があることから，両者の関係が問題視されてきた。軽課税国がその子会社に最低税率以下の課税しか行わない場合は，その上乗せ課税が居住地国でなされる点で，外国子会社合算課税制度との類似点も多いが，両制度の適用対象範囲にはずれがある。グローバル・ミニマム課税では，所得から除外されるカーブアウトが有形資産要素と労務費要素の一定割合となっているところ，外国子会社合算税制では，経済活動基準による適用除外が定められている点が異なる。

　これら両制度の目的が異なるため，別々の制度として，当面の間，併存する予定であることが説明されてきた。それに対して，両制度の重複がみられ，企

業にとって事務負担が大きいことから，実務界からの簡素化の要請が強く，それに対する一定の配慮の必要性が認識されてきた。両制度の関係につき，外国子会社合算税制の経済活動基準の廃止又は大幅な簡素化といった議論などのほか，例えば，経済産業省の研究会では，外国子会社合算税制の見直しとして，次の4点が指摘された。第一に，最低税率課税制度と外国子会社合算税制の併存による，親会社の外国子会社管理及び両制度のコンプライアンス対応のための負担軽減である。第二に，外国子会社合算税制の運用により生じている課題解決に向けた適正化，つまり，経済活動基準の見直しである。第三に，両制度ごとに異なる情報を収集することになる負担への対応である。第四に，外国関係子会社の所得を内国法人の所得として合算する時期である。

令和5年度税制改正大綱によれば，外国子会社合算税制と「第二の柱」は併存するものとされているが，「第二の柱」の導入により企業に追加的事務負担が生じることから，令和6年度税制改正以降の法制化を踏まえ，外国子会社合算税制の見直しが予定されていた（自由民主党・公明党，2022，p.8）。平成5年度税制改正では，国際最低課税制度の導入に伴い，外国子会社合算税制について，特定外国関係会社の各事業年度の租税負担割合を30％から27％に引き下げ，27％以上である場合は，会社単位の合算税制の適用が免除されること，一定の書類の添付義務の除外，外国関係会社に関する書類の記載事項の簡素化などが整備された。上述のように，国際最低課税制度の簡素化措置として，適格国別報告事項のデータにより，構成会社等の所在地国における当該対象会計年度等の多国籍企業グループ等の収入金額が1,000万ユーロ相当額未満で，利益又は損失が100万ユーロ未満の場合等，一定要件を充足すれば，国別国際最低課税額は零とする適用免除基準，いわゆる移行期間CbCRセーフハーバーも導入された。

令和6年度税制改正では，さらなる簡素化の必要性から，外国子会社合算税制におけるペーパー・カンパニー特例に係る収入割合要件につき，外国関係会社にその事業年度の収入がない場合に，その判定は不要とされ，執行ガイダンスを受け，移行期間CbCRセーフハーバーにつき，CbCRを作成していない場合にも適用が認められることとなった。

このように，グローバル・ミニマム課税の国内法化にあたり，セーフハーバー等による簡素化措置の導入と外国子会社合算税制の若干の見直しがされた。今後，適格国内ミニマム課税（QDMTT）が国内法化されるのであれば，さらに制度は複雑化することが予想される。これまでの税制改正で，外国子会社合算税制との重複や簡素化が必ずしも十分に対応されたわけではなく，さらなる制度の見直しが必要であろう。国際最低課税制度は，外国子会社合算税制とその目的が異なることから，別の制度と位置付けられた説明がされている。近年，我が国の外国子会社合算税制（タックスヘイブン対策税制）の適用を巡る事件が増加し，立法趣旨でいう「税負担の不当な軽減」の意味するところが必ずしも一様でないところ，租税回避目的ではない事例にも適用が及んでおり，本制度が何に対する課税かが問われる[94]。既存の税制の課税の目的を明らかにしたうえで，両者の調整を図ることが必要であろう。

6.3. GloBE ルールのドイツ国内法実施

ドイツの CFC 税制（Hinzurechnungsbesteuerung）は 1972 年対外取引課税法（AStG）に導入され，米国のサブパート F 条項とともに我が国 CFC 税制の参考にされたといわれている[95]。当該税制は，内国納税者が軽課税国に拠点会社を設立することによって利益を外国に移転し，ドイツ国内の課税を繰り延べることに対処する。こうした課税繰延への対抗措置として，いわゆる拠点会社が受け取った利子，配当，実施料等の特定の所得をその背後に存する内国納税者に帰属させるために，税法上の透視（Durchgriff）規定を定める。特定の所得が軽課税に服するものを中間会社（Zwischengesellschaft）と位置付け，内国納税者が50％超出資している場合に，当該所得は内国納税者に帰属するものとして，所得に加算される（AStG11 条）。こうした制度は，取引アプローチに基づくものである。

OECD の BEPS プロジェクトの勧告を受け，EU は租税回避防止指令（ATAD）を制定した（Council of the European Union, 2016）。ドイツはその国内法化に取り組み，2016 年 ATAD 導入法[96]により CFC 税制を大幅に改正した[97]。その改正の過程で，立法者は GloBE の最低税率と CFC 税制の税率の不整合を認

識していたが，GloBE ルールの導入に先行するのは望ましくなく，当該改正では，税率の引き下げは行われなかった。GloBE ルールの IIR を導入する場合に，既存の CFC 税制との関係性が問題となるところ，新たな負担への配慮が指摘されていた。ATAD 指令の受動的所得の一覧と OECD のモデルルール及び GloBE 指令の受動所得の定義を整合させることは，ATAD 指令の改正が必要となる。CFC 税制では 25％未満が軽課税の基準とされており（AStG8 条 5 項），最低税率 15％が上乗せ課税の基準となる IIR との重複ケースが多くみられることが想定される。このように，GloBE ルールの国内法の導入にあたり，CFC 税制の改正の必要性が指摘された。

　GloBE ルールの確立過程において，IF は，第二の柱と各国の既存の税制との重複，簡素化の必要性を指摘していた（OECD, 2022b, p.4）。とりわけ，ドイツでは，IIR との重複は多国籍企業にとって不要な遵守コストが増大し，両ルールの整合性が課題とされていた。簡素化と官僚主義の撤廃（Abbau von Steuerbürokratie）の観点から，導入法案では，GloBE ルールの最低税率に合わせ，25％から 15％への税率引き下げが提案され，それを受け，2023 年 12 月に，対外取引課税法 8 条にて法制化された。

7. デジタル課税の課題

　デジタル取引に対する課税については，1920 年代以降形成されてきた国際課税原則が機能しなくなっている。OECD を中心に新たな課税権配分のあり方を模索してきたところ，第一の柱と第二の柱からなるデジタル課税の枠組みの合意が形成された。デジタル課税への直接的な対応策である第一の柱は，売上を基礎にした市場国への課税権配分ルールを取り入れたものであるが，従来の国際課税原則の大転換というより，将来の見直しを前提に，既存の国際課税原則をベースに対応できないものに部分的に修正を施したものと位置付けられよう。その点では，いまなお国際課税原則の重要性は残っている。市場国への配分ルールを盛り込んだ第一の柱の利益 A の実施には，多国間条約の批准が必要であるところ，米国国内の状況により難航しているが，利益 B に対する検討

が重ねられ，その取り組みが先行する可能性がある。国際協調を優先すべきとしながら，多国間条約が発効しない場合を想定して，米国からの報復措置を念頭におきつつ，DST 導入の可否を検討すべきという見解もある（渡辺，2024，p. 14）。途上国サイドからは国連モデル条約 12B 条によるアプローチも提起されており，[104] 第一の柱の国際協調は予断を許さない状況である。

　第二の柱は，米国では現時点で実施されていないが，EU 加盟国や我が国においては漸次国内法化が進められている。これらの提案は，会計基準をベースに最低税率を算定することになっており，確定決算主義をとってきた我が国の法人税の所得算定とは異質なもので，非常に複雑な仕組みとなっている。そのため，各国の実行可能性と簡素化の観点から，セーフ・ハーバーをはじめとするいくつかの措置が提案されているが，我が国の対応はまだ道半ばである。上述のように，ドイツは簡素化措置と既存制度との調整として，セーフ・ハーバーの導入や CFC 税制の税率引き下げを行っている。

　最後に，第二の柱について 2 点指摘しておきたい。第一に，国際最低課税制度は，国際的な協調の下，実現された制度ではあるが，EU の一部の国の思惑とわが国のそれとは状況が異なることである。したがって，国内法化を推進するうえで，アジアにおける日本の状況やコンプライアンスコストの視点も踏まえ，本来の制度目的にかなったものになっているかどうかを検証する必要がある。

　第二に，既存制度との調整である。各国の CFC 税制が多様であることから，例えば，ドイツ CFC 税制と我が国の税制との比較は一筋縄にはいかない。我が国の外国子会社合算税制の立法趣旨でいう「税負担の軽減」の意味が一様ではないところ，外国子会社の所得をベースとした内国株主への合算課税は何に対する課税なのか，改めて問う必要があるだろう。その目的自体に揺らぎがあることに鑑みると，国際最低課税制度と外国子会社合算税制の目的が異なると一蹴するのではなく，後者の課税の目的を明らかにしたうえで，簡素化を進めていくことが必要である。

注

(1) Kolck（1974, S.9）, Skaar（2020, p.76）, Hentschel（2021, p.39）. 恒久的施設概念が19世紀のプロイセンで誕生したとし，その沿革を紹介するものとして，吉村（1995, p.49）, 浅妻（2002, p.327）, 加野（2022, p.131）等。

(2) Kolck（1974, S.9）.

(3) 吉村（1995, p.49）, Skaar（2020, p.76）。

(4) 吉村（1995, p.49）。

(5) Skaar（2020, p.80）。

(6) 谷口（1985, p.87）, 赤松（2001, p.2）。

(7) 浅妻（2002, p.327）。

(8) 国際連盟の国際的二重課税の排除についての議論は，谷口（1985, p.87）以下，水野（2000, p.6）以下，赤松（2001, p.22）以下，渕（2016, p.82）以下，川端（2023, p.137）以下を参照した。

(9) 井澤（2016, p.40, 2023, p.92）。

(10) League of Nations（1939）.

(11) 赤松（2001, p.3）。

(12) League of Nations（1933, para.664）. 赤松（2001, p.92）渕（2016, p.130）。

(13) League of Nations（1933, paras.627, 697）. 赤松（2001, pp.86, 92-99）。

(14) League of Nations（1993, paras.667, 670）, 赤松（2001, p.94-99）。

(15) その紹介として，渡辺（2014, p.164）, 渡辺（2001, p.169）, 渡辺（1999, p.91）, 渡辺（1998, p.10）, 山崎（1999, p.243）等。

(16) Skaar（2020, p.76）。

(17) OECD（2018a, 167-168）. 篠田（2019, pp.119-120）。

(18) OECD（2015, pp.147-149）. 価値創造概念や源泉課税への批判として，Schön（2018, pp.288, 290-292）。

(19) 2つのEU指令案を紹介したものとして，篠田（2019, p.123）, 大野（2023, p.65）参照。

(20) この議論については，第1章篠田論文参照。

(21) OECD（2015）. デジタル課税の経緯については，増井（2021, p.18）, 篠田（2022, p.152）, 青山（2024, p.1）, 岡（2024, p.15）等。

(22) 渡辺（2022, p.2）。

(23) 利益Aの動向については，第2章江波戸論文参照. 第一の柱のOECD，米国の動向については，第2章篠田論文参照。

(24) その概要については，宮本（2023a, p.161）以下参照。

(25) 途上国の議論については，本田（2020, p.123, 2024, p.24）。アヴィ・ヨナによる第

１の柱の代替案については，序章諸富論文参照。

㉖ 第１の柱については，増井（2021, p. 18），篠田（2022, p. 156）等。

㉗ 南（2021a, p. 21），南（2021b, p. 26）等。

㉘ Herzfeld（2022, p. 390）, Avi-Yonah（2023, p. 299）. 渡辺（2024, p. 10）。この点については，序章諸富論文参照。

㉙ 2023年から2024年への１年延長を受け，カナダはDST凍結期限の延長を拒否した。さらに，多国間条約の署名は2024年６月末を目途としていたが，７月以降に先送りされた。渡辺は，DSTの乱立は決して歓迎できる状況ではないが，多国間条約が発効しない場合を想定し，報復措置を視野にいれつつ，DST導入の可否を含む具体的な対応も考えるべきと指摘する（渡辺，2024, p. 14，同旨として，宮本，2023b, pp. 77-79）。

㉚ バニステンデール（1993, p. 189），村井（2003, p. 410），村井（1992, p. 104），中里（1992, p. 39）等。

㉛ 宮本・村井（1998, p. 37），村井・岩田（2000, p. 39, 222）。OECDの取組みとして，OECD（1998a）.

㉜ CCCTB提案については，関西大学法学部（2009）のヴォルフガング・シェーン「EUにおける法人税の共通課税ベース（CCCTB）の目指すもの」，クリスター・アンデルセン「CCCTBと欧州企業」，ミハエル・ランク「CCCTBと第三国」の講演録参照。

㉝ バニステンデール（2000, p. 14），村井（2003, p. 410）。

㉞ バニステンデール（1993, pp. 193, 206）。

㉟ Báez Moreno ed.（2024, Chapter 1, 5-6）.

㊱ Báez Moreno ed.（2024, Chapter 1, 6）.

㊲ Báez Moreno ed.（2024, Chapter 1, 7）.

㊳ Báez Moreno ed.（2024, Chapter 1, 8-9）. 会計との関係は第３章中嶋論文。

㊴ 渡辺（2022, p. 2）。OECDのデジタル課税の動向については，篠田（2022, p. 153）。

㊵ Englisch（2022, p. 860）, Englisch（2023, p. 970）. Franco-German joint declaration on the taxation of digital companies and minimum taxation, 2018.
https://www.consilium.europa.eu/media/37276/fr-de-joint-declaration-on-the-taxation-of-digital-companies-final.pdf

㊶ OECD（2018b, p. 1）.

㊷ OECD（2018b, p. 1）.

㊸ OECD（2018b, p. 1）.

㊹ OECD（2018b, p. 42）.

㊺ OECD（2018b, p. 42）.

㊻ Englisch（2022, p. 860）. 米国のGILTIについては，第３章中嶋論文，第４章吉弘論文，第５章松田論文参照。

第8章　経済のデジタル化に伴う国際課税の動向と課題

(47)　OECD (2019a, pp. 1-2). OECD の動向については，例えば，大野（2023, p. 65）以下。

(48)　OECD (2019d, 2019e).

(49)　OECD (2021a).

(50)　その概要については，宮本（2023a, p. 162）以下参照。

(51)　大蔵財務協会（2023, p. 21）。

(52)　GloBE ルールの概要は，陣田（2020, p. 77），吉村（2022, p. 29），渡辺（2022, p. 8），佐藤（2022, p. 97），南（2022, p. 32）等。

(53)　Heidecke, Liebe (2023, pp. 276-277).

(54)　Baraké et al. (2021a, p. 28), Baraké et al. (2021b, p. 20).

(55)　Baraké et al. (2022, p. 689). より詳細な第2の柱の税収効果については，序章諸富論文4. 3. 参照。

(56)　Heidecke, Liebe (2023, p. 284).

(57)　Englisch (2020, S.13).

(58)　Oestreicher (2020, S.21).

(59)　Döllefeld, Englisch, et al. (2022a, p. 231), Döllefeld, Englisch, et al. (2022b, p. 1513).

(60)　OECD (2022b, p. 4). セーフハーバーについては，第7章金山論文参照。

(61)　現時点で米国は GloBE ルールを国内法化していない．米国の動向については，篠田（2023, p. 183），第4章吉弘論文，第5章松田論文参照。

(62)　カーブアウトと QDMTT の税収への影響については，序章諸富論文参照。

(63)　カーブアウトと最低税率の税収の影響については，EU Tax Observatory (2024, p. 72). 序章諸富論文参照。

(64)　Judgement of 12. 9. 2006, Cadbury Schweppes and Cadbury Schweppes Overseas, C-196/04, EU:C:2006:544.

(65)　安部（2007, p. 53），青山（2011, p. 178），伊藤（2013, p. 231），神山（2013, p. 249），鍋島（2015, p. 127）等。

(66)　藤谷（2017, p. 119）。

(67)　Luc De, Massant (2021, p. 94).

(68)　Council of the European Union (2022). EU 指令については，第6章辻論文参照．

(69)　Parada (2024, p. 210), 途上国の租税優遇措置との関係につき，Navarro (2020, p. 1).

(70)　財務省（2022, p. 76）。

(71)　角田・梅本（2022, p. 28）。国別報告書データから日本企業の最低税率15%を下回る国・地域が示されており，興味深い。

(72)　制度概要については，吉村（2023, p. 58）。

(73)　大蔵財務協会（2023, p. 28）。

(74)　大蔵財務協会（2023, p. 20）以下。

279

⑺ 大蔵財務協会（2023, p. 29）。

⑺ 学説の紹介については，伊藤・吉澤（2023, p. 184）以下が詳しい。浅妻（2007, pp. 629, 630-631），高橋監修（1979, p. 93）等。

⑺ 中里（2013, p. 11）。

⑺ 渕（2016, p. 368）等。

⑺ 大蔵財務協会（1978, pp. 156, 159-160），高橋監修（1979, p. 100）。タックス・ヘイブンについては，占部（1998, p. 3）等。以下の制度の沿革については，宮本（2017, p. 78）参照。

⑻ 高橋監修（1979, p. 129）。

⑻ 大蔵財務協会（1992, pp. 496-504）。

⑻ 増井・宮崎（2019, p. 187），経済産業省（2022, p. 8），税制調査会（2023, p. 236）。この点につき，最判令和5年11月6日裁判所ウェブサイト（みずほ銀行事件）参照。

⑻ 大蔵財務協会（2010, pp. 203-205）。

⑻ 税制調査会（2016），外国子会社配当益金不算入制度の位置づけについては，増井（2012, pp. 203-205）。

⑻ 大蔵財務協会（2017, pp. 652-654）。

⑻ 大蔵財務協会（2019, pp. 603-604）。

⑻ 例えば，東京地判平成24・7・20訟月59巻9号2536頁（来料加工事件），最判平成29・10・24民集71巻8号1522頁（デンソー事件）等，多くの裁判例がある。

⑻ Noked（2022, p. 678）。CFC ルールとの関係につき，Bettens（2022）。

⑻ OECD（2019a, p. 3, 2022a, p. 194, 2024b, p. 236）。

⑼ 日本租税研究協会（2022, p. 166），税制調査会（2023, p. 232）。渡辺（2022, p. 14）は，両制度には共通する要素はあっても，両者の間にかなり本質的な違いがあると指摘する。

⑼ 経済産業省（2022, p. 13），岡（2023, p. 65）。

⑼ 大蔵財務協会（2023, p. 17）。なお，GloBE 情報申告については，第7章金山論文参照。

⑼ 大蔵財務協会（2024, p. 675）。

⑼ 例えば，最判令和5年11月6日裁判所ウェブサイト。宮本（2024, p. 183）。

⑼ 村井（2003, p. 315），朝長編著（2012, p. 78）。

⑼ Gesetz zur Umsetzung der Anti-Steuervermeidungsrichtlinie（ATAD-Umsetzungsgesetz - ATADUmsG），BGBl I 2021, Nr. 37, ATAD 導入法については，宮本（2022, p. 14）。

⑼ ドイツ CFC 税制の改正については，Eckl, Schill（2020, p. 247）。

⑼ BT-Drs. 19/28652, S.51.

⑼ Polatzky, Michelberger（2023, S.92.）

第 8 章　経済のデジタル化に伴う国際課税の動向と課題

⑽　Polatzky, Michelberger（2023, S.92）.

⑽　Polatzky, Michelberger（2023, S.92）.

⑽　BMF（2023, S.96）.

⑽　Gesetz zur Umsetzung der Richtlinie（EU）2022/2523 des Rates zur Gewährleistung einer globalen Mindestbesteuerung und weiterer Begleitmaßnahmen vom 21. 12. 2023, BGBl I 2023, Nr. 397. ドイツ法の動向については，第 6 章辻論文参照。

⑽　国連モデル 12B 条に対する批判的な見解として，Báez Moreno（2021）。

参考文献

安部和彦（2007）「タックスヘイブン対策税制の適用範囲―キャドバリー・シュウェップス事件の欧州裁判所判決等を手がかりにして」『税務弘報』55(10): 53-66.

赤松晃（2001）『国際租税原則と日本の国際租税法――国際的事業活動と独立企業原則を中心に』税務研究会出版局.

青山慶二（2011）「英国の法人税改正の動向――国際課税の観点から」租税研究（743）: 173-195.

青山慶二（2024）「グローバルビジネスから見た 2 つの柱の課税ルールの課題」東京財団政策研究所『具体化する国際課税改革の展望・提言』: 1-7.

浅妻章如（2002）「恒久的施設を始めとする課税権配分基準の考察――所謂電子商取引を見据えて」『国家学会雑誌』115(3/4): 321-382.

浅妻章如（2007）「国際的租税回避――タックス・ヘイブン税制（CFC 税制）について」金子宏編『租税法の基本問題』有斐閣.

浅妻章如（2020）「国際的な課税権配分をめぐる新たな潮流と展望について―国際連盟時代以来の伝統を踏まえて」『フィナンシャル・レビュー』（143）: 95-122.

Avi-Yonah, R.（2023）"Pillar 1 and DSTs: OECD Optimism and U.S. Reality," *Tax Notes International*,（111）: 299-300.

Báez Moreno, A.（2021）"Because Not Always B Comes after A: Critical Reflections on the New Article 12B of the UN Model on Automated Digital Services," *World Tax Journal*, 13(4): 501-532.

Báez Moreno, A. ed.（2024）*Computation of Taxable Business Profits: Book-Tax Conformity and Other Issues, EATLP International Tax Series*（22）: IBFD.

Baraké, M. et al.（2021a）*Collecting the tax deficit of multinational companies: Simulations for the European Union*,［Report No. 1］EU Tax Observatory.

Baraké, M. et al.（2021b）*Revenue effects of the global minimum tax: country-by-country estimates*,［Note, No. 2］EU Tax Observatory.

Baraké, M. et al.（2022）"Revenue Effects of the Global Minimum Tax Under Pillar

281

Two," *Intertax*, 50(10): 689-710.

Bettens, D. (2022) "The CFC rule under GloBE: definition, rule order and strategic responses," 12.8.2022., available at SSRN: https://ssrn.com/abstract=4297267.

BMF (2022) *Joint Statement by France, Germany, Italy, Netherlands and Spain*, 9. 9. 2022.

BMF (2023) *Referentenentwurf eines Gesetzes für die Umsetzung der Richtlinie zur Gewährleistung einer globalen Mindestbesteuerung für multinationale Unternehmensgruppen und große inländische Gruppen in der Union und die Umsetzung weiterer Begleitmaßnahmen (Mindestbesteuerungsrichtlinie-Umsetzungsgesetz - MinBestRL-UmsG)*, 7. 7. 2023.

Council of the European Union (2016) *Council Directive (EU) 2016/1164 of 12 July 2016 laying down rules against tax avoidance practices that directly affect the functioning of the internal market*, OJ L 193/1, 19.7.2016.

Council of the European Union (2022) *Council Directive (EU) 2022/2523 of 14 December 2022 on ensuring a global minimum level of taxation for multinational enterprise groups and large-scale domestic groups in the Union*, OJ L 328/1, 22. 12. 2022.

Döllefeld, C., Englisch, J., et al. (2022a) "Tax Administrative Guidance: A Proposal for Simplifying Pillar Two," *Intertax*, 50(3): 231-246.

Döllefeld, C., Englisch J., et al.(2022b) "A Simplification Safe Harbor for Pillar 2," *Tax Notes International*, 106(12): 1513-1523.

Eckl, P., Schill, F. (2020) "Reform of the German Controlled Foreign Company Rules," *European Taxation*, 60(6): 247-257.

Englisch, J. (2020) "Internationale Unternehmensteuerreform - mehr als kostspielige Symbolpolitik? " *ifo Schnelldienst*, 73(3): 11-14.

Englisch, J. (2021) "Designing a Harmonized EU-GloBE in Compliance with Fundamental Freedoms," *EC Tax Review*, 30(3): 136-142.

Englisch, J. (2022) "GloBE Rules and Tax Competition," *Intertax*, 50(12): 859-873.

Englisch, J. (2023) "Effective Minimum Taxation under Pillar Two of the OECD Proposal ('GloBE')," Haase, F., Kofler, G. eds., *The Oxford Handbook of International Tax Law*, Oxford University Press: 969-990.

European Commission (2011) *Proposal for a COUNCIL DIRECTIVE on a Common Consolidated Corporate Tax Base (CCCTB)*, COM (2011) 121 final, 16. 3. 2021.

European Commission (2016) *Proposal of a COUNCIL DIRECTIVE on a Common Corporate Tax Base*, COM (2016) 685 final, 25. 10. 2016.

European Commission（2018a）*Proposal for a COUNCIL DIRECTIVE laying down rules relating to the corporate taxation of a significant digital presence*, COM（2018）147 final. 21. 3. 2018.

European Commission（2018b）*Proposal for a COUNCIL DIRECTIVE on the common system of a digital services tax on revenues resulting from the provision of certain digital services*, COM（2018）148 final, 21. 3. 2018.

European Commission（2021a）*Communication from the Commission to the European Parliament and the Council, Business Taxation for the 21st Century*, COM（2021）251 final, 18. 5. 2021.

European Commission（2021b）*Proposal for a COUNCIL DIRECTIVE laying down rules to prevent the misuse of shell entities for tax purposes and amending Directive 2011/16/EU*, COM（2021）565 final, 22. 12. 2021.

European Commission（2021c）*Proposal for a COUNCIL DIRECTIVE on ensuring a global minimum lebel of taxation for multinational groups in the Union*, COM（2021）823 final, 22. 12. 2021.

European Commission（2022）*Proposal for a COUNCIL DIRECTIVE on laying down rules on a debt-equity bias reduction allowance and on limiting the deductibility of interest for corporate income tax purposes*, COM（2022）216 final, 11. 5. 2022.

European Commission（2023）*Proposal for a COUNCIL DIRECTIVE on Business in Europe: Framework for Income Taxation（BEFIT）*, COM（2023）532 final, 12. 9.2023.

EU Tax Observatory（2024）*Global Tax Evasion Report 2024.*

渕圭吾（2016）『所得課税の国際的側面』有斐閣.

藤原健太郎（2023）「『BEPS2.0』の理論的意義と租税国家」『法律時報』94(5): 16-20.

藤谷武史（2017）「行動3（有効な CFC 税制の構築）最終報告書」中里実他編著『BEPS とグローバル経済活動』有斐閣：116-139.

Heidecke, B., Liebe, T.（2023）"Impact Assessment for Pillar One and Pillar Two from a German Perspective," *International Transfer Pricing Journal*, 30(5): 275-284.

Hentschel, S.（2021）*The Taxation of Permanent Establishments: a critical analysis of the authorised OECD approach and its implementation in German tax law under specific consideration of the challenges imposed to the PE concept by the digitalisation of the economy*, Springer Gabler.

Herzfeld, M,（2022）"Who Killed Pillar 1?" *Tax Notes International*,（107）: 389-393.

本田光宏（2020）「デジタル経済への途上国の視点：国連を中心として」『フィナンシャル・レビュー』(143): 123-139.

本田光宏（2024）「国際課税システムにおけるグローバルサウスの存在感の高まり」東京財団政策研究所『具体化する国際課税改革の展望・提言』: 24-35.

伊藤剛志（2013）「Cadbury Schweppes 事件先決裁定の検討」中里実他編著『タックス・ヘイブン対策税制のフロンティア』有斐閣: 231-247.

伊藤剛志・吉澤健太郎（2023）「外国子会社合算税制の趣旨・租税法規の限定適用による納税者救済の手法について——みずほ銀行 CFC 事件東京高裁判決を題材に」租税研究（886）: 180-197.

井澤龍（2016）「1928 年国際連盟モデル租税条約草案の作成過程と成立——二重課税と脱税に関する政府専門家総会の議事録分析から」『滋賀大学経済学部研究年報』（23）: 37-57.

井澤龍（2023）「100 年前の国際課税ルールに関する世界的合意——現代の国際課税改革の課題を見出す」『税務弘報』71（5）: 91-96.

自由民主党・公明党（2022）「令和 5 年度税制改正大綱」（令和 4 年 12 月 16 日）.

自由民主党・公明党（2023）「令和 6 年度税制改正大綱」（令和 5 年 12 月 14 日）.

陣田直也（2020）「租税競争への対抗と第 2 の柱（Pillar Two）」『フィナンシャル・レビュー』（143）: 76-94.

角田信宏・梅本祥弘（2022）「BEPS2.0 の実施により日本企業が直面する新たな世界（第 2 回）BEPS2.0 における移転価格と税務戦略」『国際税務』42（9）: 28-35.

加野裕幸（2022）「1870 年 5 月 13 日北ドイツ連邦二重課税排除法第 3 条における『営業の実施』概念の検討」『法学ジャーナル』（100）: 131-150.

関西大学法学部（2009）『シンポジウム報告書　欧州連合と法人税調整』.

川端康之（2023）「移転価格税制——課税ベース配分の 100 年紀」『横浜法学』32（1）: 131-162.

経済産業省（2022）『最低税率課税制度及び外国子会社合算税制のあり方に関する研究会報告書』.

Kolck, J. D. （1974）*Der Betriebstättenbegriff im Nationalen und Internationalen Steuerrecht.*

神山弘行（2013）「英国における CFC 税制改正の動向とその課題」中里実他編著『タックス・ヘイブン対策税制のフロンティア』有斐閣: 248-278.

League of Nations（1933）*Taxation of Foreign and National Enterprises（Volume IV）: Methods of Allocating Taxable Income by Mitchell B. Carroll.*

League of Nations（1939）*Prevention of International Double Taxation and Fiscal Evasion: Two Decades of Progress under the League of Nations by Mitchell B. Carroll.*

Luc De, B., Massant, M.（2021）"Are the OECD/G20 Pillar Two GloBE-Rules Compliant with the Fundamental Freedoms?" *EC Tax Review*, 30(3): 86-93.

増井良啓（2012）「外国子会社配当の益金不算入制度は何のためにあるか」記念論文集刊行委員会『租税の複合法的構成』清文社：203-220.

増井良啓（2021）「経緯」『ジュリスト』（1567）: 14-20.

増井良啓・宮崎裕子（2019）『国際租税法　第4版』東京大学出版会.

南繁樹（2021a）「デジタル課税——主権国家間の『協調の体系』形成への試み」『ジュリスト』（1567）: 21-28.

南繁樹（2021b）「10月に合意された『OECD デジタル課税：世界最低税率制度』の概要と企業への影響」『国際税務』41(12): 26-36.

南繁樹（2022）「3月に公表された『第2の柱　グローバル・ミニマム課税』のモデル規則及びコメンタリーの概要」『国際税務』42(5): 32-38.

宮本十至子（2017）「税制改正大綱を評価する——国際課税」『税研』（193）: 78-84.

宮本十至子（2022）「ATAD 導入によるドイツ離脱課税規定の改正」『税研』（221）: 14-20.

宮本十至子（2023a）「デジタル課税：『第二の柱』の国内法化の課題」『立命館経済学』71(5): 161-168.

宮本十至子（2023b）「大野報告に対するコメント」『租税法研究』（51）: 77-79.

宮本十至子（2024）「SPC を用いた資金調達スキームとタックスヘイブン税制」『ジュリスト』（1597）: 182-183.

宮本十至子・村井正（1998）「EU における有害な租税競争と貯蓄所得課税共存モデル」『国際税務』18(12): 33-44.

水野忠恒（2000）『国際課税の制度と理論——国際租税法の基礎的考察』有斐閣.

村井正（1992）「国際租税法の課題と展望」『ジュリスト』（1000）: 104-109.

村井正（2003）『租税法と取引法』比較法研究センター.

村井正・岩田一政（2000）『EU 通貨統合と税制・資本市場への影響』日本租税研究協会.

鍋島彰男（2015）「外国子会社合算税制の対象とすべき租税回避について」『税大論叢』（83）: 1-157.

中里実（1992）「EC 法人税に関するルディング勧告（Ruding Committee Report）について」『租税研究』（515）: 39-47.

中里実（2013）「タックス・ヘイブン対策税制改正の必要性」中里実他編『タックス・ヘイブン対策税制のフロンティア』有斐閣：2-37.

Navarro, A. (2020) "Jurisdiction Not to Tax, Tax Sparing Clauses and the Income Inclusion Rule of the OECD Pillar 2 (GloBE) Proposal: The Demise of a Policy Instrument of Developing Countries?" 8.20.2020, *Copenhagen Business School, CBS LAW Research Paper*, 20(22): 1-38, available at SSRN: https://ssrn.com/abstract=3678169.

日本租税研究協会（2022）「討論会3　国際課税を巡る現状と課題」『日本租税研究協会
　　第74回租税研究大会記録2022　社会・経済の変化と税制——OECD/G20「BEPS包
　　括的枠組み」「2つの柱」の合意』日本租税研究協会.

Noked, N.（2022）"Designing Domestic Minimum Taxes in Response to the Global
　　Minimum Tax," *Intertax*, 50(10): 678-688.

OECD（1998a）*Harmful Tax Competition: An Emerging Global Issue*, OECD Publishing,
　　Paris.

OECD（1998b）*Electronic Commerce: Taxation Framework Conditions: A Report by the
　　Committee on Fiscal Affairs, as presented to Ministers at the OECD Ministerial
　　Conference, "A Borderless World: Realising the Potential of Electronic Commerce"
　　on 8 October 1998.*

OECD（2001）*Taxation and Electronic Commerce: Implementing the Ottawa Taxation
　　Framework Conditions*, OECD Publishing, Paris.

OECD（2015）*Addressing the Tax Challenges of the Digital Economy, Action 1: 2015
　　Final Report, OECD/G20 Base Erosion and Profit Shifting Project,* OECD
　　Publishing, Paris.

OECD（2018a）*Tax Challenges Arising from Digitalisation-Interim Report 2018:
　　Inclusive Framework on BEPS, OECD/G20 Base Erosion and Profit Shifting
　　Project*, OECD Publishing, Paris.

OECD（2018b）*GLOBE BEPS 2.0 Initiative (unpublished).*

OECD（2019a）*Addressing the Tax Challenges of the Digitalisation of the Economy -
　　Policy Note: As approved by the Inclusive Framework on BEPS on 23 January
　　2019.*

OECD（2019b）*Public Consultation Document: Addressing the Tax Challenges of the
　　Digitalisation of the Economy, 13 February-1 March 2019.*

OECD（2019c）*Programme of Work to Develop a Consensus Solution to the Tax
　　Challenges Arising from the Digitalisation of the Economy, Inclusive Framework on
　　BEPS*, OECD Publishing, Paris.

OECD（2019d）*Public consultation document: Secretariat Proposal for a "Unified
　　Approach" under Pillar One.*

OECD（2019e）*Public consultation document: Global Anti-Base Erosion Proposal
　　("GloBE")- Pillar Two.*

OECD（2020a）*Tax Challenges Arising from Digitalisation-Economic Impact Assessment:
　　Inclusive Framework on BEPS, OECD/G20 Base Erosion and Profit Shifting
　　Project*, OECD Publishing, Paris.

OECD（2020b）*Tax Challenges Arising from Digitalisation ― Report on the Pillar One Blueprint: Inclusive Framework on BEPS, OECD/G20 Base Erosion and Profit Shifting Project*, OECD Publishing, Paris.

OECD（2020c）*Tax Challenges Arising from Digitalisation ― Report on the Pillar Two Blueprint: Inclusive Framework on BEPS, OECD/G20 Base Erosion and Profit Shifting Project*, OECD Publishing, Paris.

OECD（2021a）*Statement on a Two-Pillar Solution to Address the Tax Challenges Arising from the Digitalisation of the Economy*, 8 October. 2021, OECD, Paris.

OECD（2021b）*Tax Challenges Arising from the Digitalisation of the Economy Global Anti-Base Erosion Model Rules（Pillar Two）, Inclusive Framework on BEPS, OECD/G20 Base Erosion and Profit Shifting Project*, OECD Publishing, Paris.

OECD（2022a）*Tax Challenges Arising from the Digitalisation of the Economy-Commentary to the Global Anti-Base Erosion Model Rules（Pillar Two）, First Edition: Inclusive Framework on BEPS, OECD/G20 Base Erosion and Profit Shifting Project*, OECD, Paris.

OECD（2022b）*Safe Harbours and Penalty Relief: Global Anti-Base Erosion Rules（Pillar Two）, OECD/G20 Inclusive Framework on BEPS*, OECD, Paris.

OECD（2023a）*Outcome Statement on the Two-Pillar Solution to Address the Tax Challenges Arising from the Digitalisation of the Economy, OECD/G20 Base Erosion and Profit Shifting Project*, OECD Publishing, Paris.

OECD（2023b）*Multilateral Convention to Implement Amount A of Pillar One*, October.

OECD（2023c）*Tax Challenges Arising from the Digitalisation of the Economy - Administrative Guidance on the Global Anti-Base Erosion Model Rules（Pillar Two）, December 2023, OECD/G20 Inclusive Framework on BEPS*, OECD, Paris.

OECD（2023d）*Public Consultation Document: Pillar One - Amount B.*

OECD（2024a）*Pillar One-Amount B: Inclusive Framework on BEPS, OECD/G20 Base Erosion and Profit Shifting Project*, OECD Publishing, Paris

OECD（2024b）*Tax Challenges Arising from the Digitalisation of the Economy - Consolidated Commentary to the Global Anti-Base Erosion Model Rules（2023）: Inclusive Framework on BEPS, OECD/G20 Base Erosion and Profit Shifting Project*, OECD Publishing, Paris.

Oestreicher, A.（2020）"Die Vorschläge der OECD zur Reform der Besteuerungsrechte und ihre Bedeutung für multinationale Unternehmen," *ifo Schnelldienst*, 73(3): 18-21.

岡直樹（2023）「IFA 日本支部：第 11 回ウェブセミナーの報告　GloBE ルールと日本

CFC」租税研究（879）: 60-104.

岡直樹（2024）「BEPS2.0 の光と影」東京財団政策研究所『具体化する国際課税改革の展望・提言』: 15-23.

大蔵財務協会（1978）『改正税法のすべて　昭和 53 年版』.

大蔵財務協会（1992）『改正税法のすべて　平成 4 年版』.

大蔵財務協会（2010）『改正税法のすべて　平成 22 年版』

大蔵財務協会（2017）『改正税法のすべて　平成 29 年版』.

大蔵財務協会（2019）『改正税法のすべて　令和元年版』.

大蔵財務協会（2023）『改正税法のすべて　令和 5 年増補版』.

大蔵財務協会（2024）『改正税法のすべて　令和 6 年版』

大野雅人（2023）「経済のデジタル化と国際課税」『租税法研究』（51）: 62-76.

Parada, L.（2024）"Global Minimum Taxation: A Strategic Approach for Developing Countries," *Columbia Journal of Tax Law*, 15(2): 187-211.

Polatzky, R., Michelberger, L.（2023）"Die Umsetzung der globalen Mindestbesteuerung in Deutschland im Lichte der Hinzurechnungsbesteuerung nach dem AStG," *Internationales Steuerrecht*, 32(3): 89-92.

佐藤良（2022）「経済のデジタル化に伴う国際課税ルール見直しの動向──デジタル課税とグローバル・ミニマム課税の新たな枠組み」『レファレンス』（859）: 83-107.

Schön, W.（2018）"Ten Questions about Why and How to Tax the Digitalized Economy," *Bulletin for International Taxation*, 72(4/5): 278-292.

篠田剛（2019）「デジタルエコノミーと課税──プラットフォーム企業と国際課税レジーム」『立命館経済学』67(5/6): 118-129.

篠田剛（2022）「経済のデジタル化と課税をめぐる国際協調と米国の税制改革」日本租税理論学会編『租税理論研究叢書 32　災害・デジタル化・格差是正と税制のあり方』財経詳報社: 152-169.

篠田剛（2023）「第 10 章アメリカの税制改革と国際課税──経済のデジタル化・無形資産化と多国籍企業の利益への課税」河音琢郎他編『21 世紀のアメリカ資本主義──グローバル蓄積構造の変容』大月書店: 183-196.

Skaar, A. A.（2020）*Permanent Establishment: Erosion of a Tax Treaty Principle, 2nd ed*, Kluwer Law International.

高橋元監修（1979）『タックスヘイブン対策税制の解説』清文社.

谷口勢津夫（1985）「モデル租税条約の展開（一）──租税条約における『国家間の公平』の考察」甲南法学 25(3/4): 77-134.

朝長英樹編著（2012）『最新外国子会社合算税制（タックス・ヘイブン対策税制）』法令出版.

占部裕典（1998）『国際的企業課税法の研究』信山社.

バニステンデール，フランツ（1993）「ルディング報告とマーストリヒト条約後の EC における法人所得税の調和」（川端康之他訳）関西大学法学研究所『法とヨーロッパ統合——21 世紀への挑戦』: 189-208.

バニステンデール，フランツ（2000）「欧州所得課税統合への方途」（宮本十至子・村井正共訳）『税研』(91): 14-22.

渡辺徹也（2024）「BEPS 多国間条約の進展とデジタルサービス税に関する動向」東京財団政策研究所『具体化する国際課税改革の展望・提言』: 8-14.

渡辺智之（1998）「電子商取引に関する課税問題について——OECD 租税委員会報告書の解説」『国際税務』18(12): 10-16.

渡辺智之（1999）「電子商取引に関する最近の OECD での租税委員会の検討状況」『租税研究』(599): 91-98.

渡辺智之（2001）『インターネットと課税システム』東洋経済新報社.

渡辺智之（2014）「電子商取引と課税」『租税研究』(776): 161-177.

渡辺智之（2022）『日本機械輸出組合国際税務研究会研究論文　いわゆる BEPS2.0 をどう捉えるか？』日本機械輸出組合.

山崎昇（1999）「電子商取引における国際的租税回避の可能性——資本所得・法人居住地の可動性と租税回避否認についての考察」『税大論叢』(33): 239-303.

吉村政穂（2022）「法人税の最低税率：GloBE ルールの概要および課題」『ジュリスト』(1567): 29-34.

吉村政穂（2023）「国際合意を踏まえたミニマム課税の法制化」『ジュリスト』(1588): 58-64.

吉村典久（1995）「国際租税法における恒久的施設概念（P.E.）に関する若干の考察」『ジュリスト』(1075): 47-50.

雪岡重喜（1955）『所得税・法人税制度史草稿』国税庁.

財務省（2022）「令和 5 年度税制改正の大綱」（令和 4 年 12 月 23 日閣議決定）.

税制調査（2016）『「BEPS プロジェクト」の勧告を踏まえた国際課税のあり方に関する論点整理』（平成 28 年 11 月 14 日）.

税制調査会（2023）『わが国税制の現状と課題——令和時代の構造変化と税制のあり方』（2023 年 6 月 30 日）.

あとがき

　本書は，執筆メンバーで構成される「租税論研究会」で行われてきた調査研究の成果をとりまとめたものである。この研究会が創設されたのは，2016 年にミシガン大学法科大学院のアヴィ＝ヨナ教授の下での在外研究を終えて帰国し，国際課税に関する共同研究の必要性を感じていた諸富が，宮本・篠田に相談したことがきっかけである。

　その結果，BEPS を通じて姿を現しつつあった新しい国際課税レジームを対象とし，財政学者と租税法学者が協力して研究を進める体制を組むことに決まった。

　研究会ではまず，2015 年に最終報告書が公表された「BEPS1.0」の到達点とその評価を確認することから始めた。

　次に，2018 年から本格化した新たな国際課税ルールをめぐる議論（「BEPS2.0」）に焦点を移し，その議論の進展をリアルタイムで追跡することにした。諸富・篠田は 2019 年 2 月に議論の中心地である欧州に調査に出かけ，OECD，欧州委員会，英国財務省，オックスフォード大学，マックスプランク研究所などを訪問し，政策担当者や研究者らにインタビューを行って進行中の議論の正確な把握に努めた。また宮本は，2022 年にミュンスター大学租税法研究所のイングリッシュ教授の下で在外研究を進めるかたわら，現地の研究者らと意見交換を重ね，新ルールに関する最新の知見をえた。

　2021 年 10 月の G20 会合で新ルールが最終的な政治合意に達したことを受けて，研究会として成果を取りまとめ，2023 年の多国間条約発効のタイミングで出版することを目指した。種々の事情で我々の出版は遅れたが，多国間条約の発効はそれよりもさらに遅れることになった。しかし，新ルールの詳細も一部を除いてほぼ確定しており，本書の執筆もそれを踏まえて進めることができた。

　本研究会のほか，立命館大学税財政研究会（立命館大学経済学会セミナー），関西大学租税法研究会でも，国内外から多くの国際課税に関する研究者や実務家を招へいし，議論を積み重ねてきた。そこでえられた知見や新ルールに対する見方は，本書をまとめる上での貴重な基礎となった。お名前を逐一，ここで

挙げることはしないが，招聘に応えて知見を提供くださった方々に，この場をお借りして感謝を申し上げたい。

　ここまで研究を進めるにあたって，多くの研究助成に支えられてきた。2016年度日本法制学会「財政・金融・金融法制研究基金研究助成金」（グローバル経済下における多国籍企業税と国際課税原則の関係に関する日米比較研究），2016年度日本証券奨学財団「研究調査助成金」（多国籍企業課税の日米欧比較と「グローバル・タックスレジーム」の生成に関する研究），2017年度公益財団法人三菱財団「人文科学研究助成」（グローバル化時代における国際租税レジームの形成と多国籍企業課税に関する研究），2019年度公益財団法人日立財団「倉田奨励金」（グローバル化とデジタル化がもたらす国際課税ルールの変容にみる市場，国家，市民社会の将来像に関する研究），2023年度立命館大学社会システム研究所奨励研究プロジェクト（デジタル化に伴う社会の変容と法制・税財政の現状と課題），2024年度立命館大学社会システム研究所奨励研究プロジェクト（デジタル化と産業構造の変化に対応した法制・税会計制度の現状と課題）のおかげで，海外調査や研究会活動が可能になった。本書はこれらの研究助成に基づく成果物であり，本研究へのご支援に謝意を表したい。

　本書の刊行にあたっては，公益財団法人租税資料館による第8回（2024年度）「研究書への出版助成」の支援を受けることができた。学術書の出版が厳しい状況下で本書を出版できたのも，まさにこの助成に採択して頂いたおかげである。ご支援に感謝申し上げたい。

　最後に，本書の出版をお引き受けいただいた（株）ミネルヴァ書房，そして編集をご担当頂いた浅井久仁人氏に御礼申し上げなければならない。本書は，租税論研究会として『グローバル時代の税制改革』（2009年）に次ぐ2冊目の成果物であり，それを同社から再び出版させて頂けることは感慨深い。今回は出版助成を受けたこともあり，とくにタイトなスケジュール下での編集作業となったが，浅井氏には迅速かつ的確に作業を進めて頂いたことで，予定通りの出版に漕ぎつけることができた。編者一同，感謝申し上げる次第である。

2024年8月21日

諸富　徹・宮本十至子・篠田　剛

人名索引

Baucus, M. 144
Camp, D. 146
Portman, R. 147
Schumer, C. 147
アヴィ・ヨナ, R. S. 12, 15, 88, 90, 92, 136
ウェルズ, B. 149
グリンバーグ, I. 150, 153

クルージング, K. A. 149, 152
コーツ, D. 149
サンタマン, P. 49
シェイ, S. E. 149, 152
ハッチ, O. G. H. 150

事項索引

数字・A-Z

1933 年報告書の独立企業原則 82, 87
2010 年超党派公平簡素税制法案(ワイデン＝コーツ法案) 151
2013 年上院財政委員会国際課税方式会議資料(Baucus プラン) 144
2014 年税制改革法案(Camp プラン) 146
21 世紀の企業課税 191
ATAD(Anti-Tax Avoidance Directive) 190, 274
BBBA(Build Back Better Act) 121
BEAT(Base Erosion Anti-Abuse Tax) 51, 142, 157
BEFIT(Business in Europe: Framework for Income Taxation) 191, 261, 262
BEFIT 指令案 191, 192, 207, 262
BEPS(Base Erosion and Profit Shifting) 2, 37
BEPS1.0 14, 37, 40, 169
BEPS2.0 32, 37, 40, 164, 216
BEPS プロジェクト 6, 41, 168, 216, 259, 262, 272, 274
BEPS 包摂的枠組み(inclucive Framework on BEPS) → IF
Blended CFC 122
Cadbury Schweppes 事件 268
CAMT(Corporate Alternative Minimum Tax) 124
Capital Requirements Directive(CRD Ⅳ) 224
CbCR(Country-by-Country Reporting) 34,

198, 217, 218, 225, 265, 273
CbCR の公開 224
CCCTB(Common Consolidated Corporate Tax Base) 123, 191, 261
CCCTB 指令案 191, 261, 262
CCTB(Comon Corporate Tax Base)指令案 191
CFC(Controlled Foreign Company)税制 110, 113, 117, 126, 202, 267, 268, 274–276
DAC(Directive on Administrative Corporation) 228
Directive EU2021/2101 225
DST(Digital Service Tax) 7, 16, 39, 52, 76, 259, 260, 276
economic allegiance 256
FASB 125
Foreign Account Tax Cooperation Act(FATCA) 164, 166
GAFA 41
GILTI(Global Intangible Low-Taxed Income) 51, 142, 156, 165
GILTI 税制 120, 165, 169, 264
GloBE(Global Anti-Base Erosion) 9, 49, 163
GloBE 純所得 110
GloBE 情報申告書 217, 218, 267
GloBE 情報報告書ガイダンス 220
GloBE 所得金額 221, 223, 244
GloBE モデルルール 188, 195, 219, 236
GloBE モデルルール・コメンタリー 206, 226

293

GloBE モデルルール執行ガイダンス　232

GloBE ルール　9, 107, 165, 171, 188, 216, 263-272, 274

IF　1, 4, 37, 106, 188, 259, 262, 263, 275

IIR（Income Inclusion Rule）　10, 106, 107, 108, 188, 216, 265, 268, 269, 274, 275

level playing field　254

Made in America tax plan　51

OECD モデル租税条約　98, 229

　──第9条の独立企業原則　82, 83, 101

PE（Permanent Establishment）　2, 6, 13, 38, 255-258, 259

PE なければ課税なし　7, 37, 43, 82, 255

PE ルール　2, 7, 15

PS 法（Profit Split Method）　84, 86

QBAI（Qualitified Business Asset Investment）　120

QDMTT（Qualified Domestic Minimum Top-up Tax）　10, 29, 180, 189, 265-270, 274

STTR（Subject to Tax Rule）　10, 181

Super profit　63, 69

TCJA（Tax Cuts and Jobs Act）　2, 18, 21, 50, 51, 136, 154

The International Tax Bipartisan　147

Top-up Tax　216, 223

UTPR（Undertaxed Profits Rule）　106, 107, 188, 216, 265, 270

ア行

域内課税方式（Territorial Tax System）　136, 141

移行期清算課税　141

一回限りの課税の原則（Single Tax Principle: STP）　12, 137

移転価格税制（Transfer Pricing）　6, 74

迂回利益税（Diverted Profit Tax）　75

売上高基準　195

応益課税の原則（Benefit Principle）　12

応報的公正　246

オタワ会議　258

オバマ政権　49, 144

カ行

カーブアウト（Curb-outs for Substance）　17, 18, 29, 111, 115, 121, 272

海外分配無形資産源泉所得（Foreign-Derived Intangible Income）　143

会計基準ショッピング　125, 131

会計ショッピング　130

外国子会社合算税制　270-273, 276

外国子会社の課税後所得（Global Intangible Low-Taxed Income）　→GILTI

解放的会計（emancipatory accounting）　242

価格ベース法　83

各対象会計年度の国際最低課税額に対する法人税　112, 113, 154

課税権の配分　7, 37, 42, 108, 188, 236

課税の繰り延べ　170

カタログ所得　203

価値創造（Value Creation）　40, 41, 48, 59

簡易な国別報告枠組み　231, 244

関接ネットワーク効果　42

企業課税に関する行動規範　190

基本三法　82, 83

逆基準性　126

共通報告基準（Common Reporting Standard: CRS）　164, 166

居住地国（本社立地国）　10

許容される会計基準　111, 131

国別課税方式　175, 177

国別グループ純所得　114

国別国際最低課税額　114

国別実効税率　114, 223, 243

国別ブレンディング　175, 219

　──方式　217, 218

国別報告事項（Country-by-Country Reporting）　→CbCR

国別報告書　9, 11, 12

グリーンブック　121

グループ代表会社　196

グローバル最低税率　11

グローバル税源浸食防止措置　→GloBE

グローバルタックスガバナンス　164, 182

グローバルブレンディング　175

軽課税基準　201, 203

事項索引

軽課税国指定制度　117, 271
軽課税所得ルール（Undertaxed Profits Rule）
　→UTPR
経済のデジタル化　2, 37, 40, 247, 258
継続性の原則　131
権限ある当局の多国間合意　228, 238
原産地　65
原産地としての市場国　65
源泉地国　10
公開書簡　124, 126
恒久的施設（Permanent Establishment）　→PE
控除否認（Undertaxed Payment Rule: UTPR
　（軽課税支払ルール））　10
構成事業体　109, 193
公正処理基準　118
効率性　62
国際課税原則　6, 106, 254, 275
国際課税ルール　10, 13, 18
国際課税レジーム　12
国際活動の初期段階　193, 200
国際最低課税額　114, 129, 237
国際最低課税制度　116, 264, 269, 274, 276
国際最低税率　153
国際的二重非課税　37, 41
国際連盟　2, 82, 256
国連モデル租税条約　15, 16, 260
コモン・アプローチ　107, 188, 269
コンプライアンス・コスト　33, 119, 122, 123,
　190

サ行
最終提案方式（last best offer）　98
最低課税　194
　——利益　196, 205
最低税率　177, 178
サブパートF所得　142
残余利益（Residual Profit）　9, 22, 39
残余利益分割法　74, 78, 80, 85, 86, 90, 91
市場国　39, 59
持続的なユーザー関係（sustained user
　relationship: SURE）　62
実質ベース所得除外額　115, 196
実務対応報告　128

実務対応報告公開草案　129
自動化デジタルサービス（Automated Digital
　Service: ADS）　15, 24, 50, 260
自動的情報交換　217, 227, 228
支払利子控除制限　190, 206
資本参加免税制度　204, 208
資本主義の非物質主義的転回　67
仕向地　61
　——としての市場国　65, 66
仕向地主義に基づく売上高　91
仕向地ベースキャッシュフロー税（DBCFT）
　66
社会的責任（Corporate Social Responsibility:
　CSR）　241, 242
重要な競争上の歪み　112, 117
重要な経済的プレゼンス（significant economic
　presence）　49, 259
受動的所得　202, 203, 272
守秘義務　229
消費者向けビジネス（Consumer-facing
　Business: CFB）　24, 50
除外配当　202, 204, 205
所得合算ルール（Income Inclusion Rule）
　→IIR
所得による残余利益配分（RPAI）　66
シングル・タックス原則　219
真実かつ公正な概観（true and fair view）　126
スイッチ・オーバー・ルール　264
税源浸食支払課税（tax on base eroding
　payments）　108
税源浸食と利益移転（Bace Erosion and Profit
　Shifting）　→BEPS
税源浸食濫用防止規定（Base Erosion Anti-
　Abuse Tax）　→BEAT
税効果会計　128
税収損失　5, 18, 29
税務ガバナンス　242
税務行政執行共助条約　227, 238
セーフハーバー　39, 51, 110, 175, 195, 244, 266,
　274
　QDMTT——　198
　UTPR——　198
　移行期間CbCR——　198

295

簡易計算―― 198
経過的な CbCR に基づく―― 232
恒久的―― 234
セーフハーバー等ガイダンス 232
セーフハーバールール 198, 232
全世界課税方式（Worldwide Tax System）
141, 171
全世界ブレンディング方式 219
相互協議 95, 96
租税回避（Tax Avoidance） 3, 5
租税回避防止指令（Anti-Tax Avoidance
Directive） →ATAD
租税競争（Tax Competition） 3, 11, 17, 41, 147,
180, 254, 261, 269
租税条約実施特例法 238
租税条約特典否認ルール（Subject to Tax
Rule） →STTR

タ行
第1の柱（Pillar 1） 9, 25, 37, 38, 49, 108
大規模な国内企業グループ 192
大規模な多国籍グループ 192
第2の柱（Pillar 2） 9, 29, 37, 49, 108, 164
多国間アプローチ 97
多国間協議 97, 99
多国間条約（Multilateral Convention: MLC）
1, 13, 39, 260, 275
多国籍企業グループ（Multinational Enterprise:
MNE） 6, 49, 165, 217, 265
タックス・ヘイブン 4, 18, 20, 41, 60, 270, 274
タックス・ヘイブン税制 117
タックス・ベネフィット 139
ダブルアイリッシュ・ダッチサンドイッチ
（Double Irish with a Dutch Sandwich） 41
地域特定レント（Location-Specific Rents: LSR）
63
知的財産（Intellectual Property: IP） 41, 147
中間報告 108, 171
仲裁 98, 99
直接ネットワーク効果 42
定式配賦方式（Formula Apportionment: FA）
6, 7, 9, 11, 67, 78, 80, 81, 87, 90, 91, 254, 260
データ売上税（Data Excise Tax） 15

適格 IIR 121, 161, 171, 193
適格会計基準（Authorised Financial
Accounting） 112
適格国内ミニマム課税（Qualified Domestic
Minimum Top-up Tax） →QDMTT
適格財務会計基準 116
デジタル課税 9
デジタル経済タスクフォース（Task Force on
the Digital Economy: TFDE）
デジタルサービス税（Digital Services Tax:
DST） →DST
デジタル投資（digital investment） 62
統合アプローチ（Unified Approach） 48, 74,
79, 260, 264
統合利益 7
特定財務会計基準 116
特定多国籍企業グループ等報告事項等 237
独立意見方式（independent opinion） 98
独立企業原則（arm's length principle: ALP）
6, 42, 82, 83, 258, 260, 261
特許使用料 4, 157
トップアップ税 17, 110
トップアップ税率（Top-up Tax percentage）
111
トランプ政権 49, 94, 143, 152, 176
トランプ政権税制改革 165, 169
トリガー税 117

ナ行
二国間アプローチ 97
二重課税 15, 77, 87, 116, 172, 182, 202
二重課税防止条約 195, 201
ネクサス・ルール（nexus rule） 43, 258, 259
ネットワーク型課税権力 10

ハ行
バイデン政権 51, 94, 159, 177
配分キー 26, 39, 67
パス・スルー団体 139
パターナリズム 269
罰則規定 200
罰則免除措置 234
パテントボックス 19, 20

事 項 索 引

バリュー・ショップ（Value Shop） 43
バリュー・チェーン（Value Chain） 43
バリュー・ネットワーク（Value Network） 43
費用控除の否認 197
2つの柱からなる解決策 37
負のソース・ルール（negative source rule）
　60
ブラックリスト方式 117
プラットフォーマー 41
プラットフォーム LSR 63
ブループリント 50, 68, 74, 108, 206
ブレンドされた CFC 税制 165, 171, 172, 181, 182
貿易戦争 8
「包括的範囲」提案 51
法人代替ミニマム課税 124
ポリシーノート 108, 120, 171, 259, 264

マ行
マーケティング無形資産（marketing
　intangibles） 38, 49
マスターファイル 11, 221, 225
マルチサイド市場 42
ミニマム課税指令 164, 189, 195
ミニマム課税指令実施法 194
無形資産 4, 19, 54, 66

無形資産所得 170, 175

ヤ行
有害な租税競争 33, 176, 189, 207
　——に関する報告書 188
有形資産 4
ユーザー参加（user participation） 46, 48, 49,
　78
「ユーザー参加」提案 60, 259
ユーザーの貢献 62
ユニタリータックス 89, 92, 169

ラ行
ライセンス移転に係る費用控除制限 194, 201,
　205
利益A 9, 27, 38, 39, 260
利益B 39, 260
利益原則 63
利益操作 125
利益ベース法 84
利子・ロイヤルティ指令 193
累積課税（tax on tax） 8
ルディング委員会報告 261
レント（超過利潤） 38, 66, 68
ローカルファイル 11

297

執筆者紹介（執筆順，執筆担当）

諸富　徹（もろとみ・とおる）編著者，序章，まえがき，あとがき

　　1968 年生まれ
　　京都大学大学院経済研究科博士課程経済政策専攻修了，博士（経済学）
　　現　在　京都大学大学院経済学研究科教授
　　主　著　『環境税の理論と実際』有斐閣，2000 年
　　　　　　『ヒューマニティーズ　経済学』岩波書店，2009 年
　　　　　　『私たちはなぜ税金を納めるのか——租税の経済思想史』新潮社，2013 年
　　　　　　『資本主義の新しい形』岩波書店，2020 年
　　　　　　『グローバル・タックス——国境を超える課税権力』岩波新書，2020 年
　　　　　　『税という社会のしくみ』筑摩書房，2024 年
　　　　　　『税と社会保障　少子化対策の財源はどうあるべきか』平凡社新書，2024 年

篠田　剛（しのだ・つよし）編著者，第 1 章

　　1980 年生まれ
　　京都大学大学院経済学研究科博士後期課程修了，博士（経済学）
　　現　在　立命館大学経済学部准教授
　　主　著　「21 世紀の多国籍企業と現代の『租税国家の危機』」諸富徹編『岩波講座　現代
　　　　　　第 3 巻　資本主義経済システムの展望』岩波書店，2016 年
　　　　　　「経済のデジタル化と課税をめぐる国際協調と米国の税制改革」日本租税理論学
　　　　　　会編『租税理論研究叢書 32　災害・デジタル化・格差是正と税制のあり方』財経
　　　　　　詳報社，2022 年

江波戸順史（えばと・じゅんじ）第 2 章

　　1972 年生まれ
　　千葉商科大学大学院政策研究科博士後期課程修了，博士（政策研究）
　　現　在　千葉商科大学商経学部教授
　　主　著　「移転価格税制の新たな展開——知的財産に係る移転価格問題の処理」栗林隆・
　　　　　　半谷俊彦・小野島真『租税論研究——課税の公平と税制改正』五絃舎，2006 年
　　　　　　『アメリカ合衆国の移転価格税制』五絃舎，2008 年
　　　　　　『独立企業原則の限界と移転価格税制の改革』五絃舎，2012 年

中嶋美樹子（なかしま・みきこ）　第3章

立命館大学大学院経済学研究科博士課程後期課程経済学専攻修了，博士（経済学）
　現　　在　愛知学院大学法学部教授
　主　　著　「クロスボーダー配当ストリッピングに対する課税のあり方──日独比較を中心
　　　　　　に」『税法学』582号，47-66，2019年
　　　　　　「資本の払戻しとみなし配当課税（1）（2・完）」『法學研究』64（1・2），47-80，65
　　　　　　（1・2），65-86，2023年・2024年

吉弘憲介（よしひろ・けんすけ）　第4章

1980年生まれ
東京大学大学院経済学研究科後期課程単位取得退学
　現　　在　桃山学院大学経済学部教授
　主　　著　『検証　大阪維新の会──「財政ポピュリズム」の正体』筑摩書房，2024年。
　　　　　　「国税・森林環境税の配分問題と望ましい財源配分のあり方」青木宗明編著『国
　　　　　　税・森林環境税──問題だらけの増税』（分担執筆），公人の友社，2021年

松田有加（まつだ・ゆか）　第5章

1973年生まれ
京都大学大学院経済学研究科博士後期課程経済動態分析専攻修了，博士（経済学）
　現　　在　滋賀大学経済学部教授
　主　　著　「税源浸食と利益移転プロジェクト　行動1　第2の柱における国際課税原則と
　　　　　　課税権の変容」『彦根論叢』429号，20-33，2021年
　　　　　　「第2章　フィッシャーの「支出税」の特徴と意義」（分担執筆），宮本憲一，鶴田
　　　　　　廣巳・諸富徹編『現代租税の理論と思想』有斐閣，2014年

辻　美枝（つじ・みえ）　第6章

関西大学大学院法学研究科博士後期課程公法学専攻修了，博士（法学）
　現　　在　関西大学商学部教授
　主　　著　村井正編著『入門国際租税法［改訂版］』（分担執筆）清文社，2020年
　　　　　　「国境を跨ぐ保険取引と米国の連邦消費税」木村弘之亮先生古稀記念論文集編集
　　　　　　委員会編『公法の理論と体系思考』（分担執筆）信山社，2017年
　　　　　　「外国保険会社の保険代理人の恒久的施設該当性」渋谷雅弘・高橋滋・石津寿
　　　　　　恵・加藤友佳編『公法・会計の制度と理論：水野忠恒先生古稀記念論文集』（分
　　　　　　担執筆）中央経済社，2022年

金山知明（かなやま・ともあき）　第7章

グラスゴー大学ビジネススクール MBA 課程修了
広島大学大学院社会科学研究科修了，博士（マネジメント）
現　　在　滋賀大学経済学部准教授
主　　著　「イギリスの申告納税制度導入と税務調査制度の変革——納税者の『申告確定権』
　　　　　尊重の意義と必要性に関する考察」第42回日税研究賞入選論文集，10-45，2019
　　　　　年
　　　　　「イギリスの過少申告等に対する制裁金制度の研究——制度の構造と導入の背景
　　　　　に関する考察」『税法学』583号，313-331，2020年
　　　　　「申告納税制度下における税務行政の公正と自発的コンプライアンスの研究—公
　　　　　正理論とオーストラリアの実例に基づく考察」第30回租税資料館賞受賞論文集
　　　　　（上巻）161-255，2021年

宮本十至子（みやもと・としこ）　編著者，第8章

関西大学大学院法学研究科博士後期課程公法学専攻修了，博士（法学）
現　　在　立命館大学経済学部教授
主　　著　「人の国際的移動（labour mobility）に伴う企業年金掛金の課税問題」第22回日税
　　　　　研究賞入選論文集，41-66，1999年
　　　　　村井正編著『入門国際租税法［改訂版］』（分担執筆）清文社，2020年
　　　　　「外国営業所への事業用資産の再投資・移転に関するドイツ出国税の最近の動向」
　　　　　木村弘之亮先生古稀記念論文集編集委員会編『公法の理論と体系思考』（分担執
　　　　　筆）信山社，2017年
　　　　　「クロス・ボーダー現物出資と課税権の喪失——日独比較法の観点から」渋谷雅
　　　　　弘・高橋滋・石津寿恵・加藤友佳編著『公法・会計の制度と理論：水野忠恒先生
　　　　　古稀記念論文集』（分担執筆）中央経済社，2022年

MINERVA現代経済学叢書 ⑫⑥
デジタル時代の税制改革
──100年ぶりの国際課税改革の分析──

2024年9月30日　初版第1刷発行　　　　　　　　　〈検印省略〉

定価はカバーに
表示しています

編著者	諸富	徹	
	宮本	十至子	
	篠田	剛	
発行者	杉田	啓三	
印刷者	田中	雅博	

発行所　株式会社　ミネルヴァ書房

607-8494　京都市山科区日ノ岡堤谷町1
電話代表　075-581-5191
振替口座　01020-0-8076

©諸富，宮本，篠田ほか，2024　　創栄図書印刷・新生製本

ISBN978-4-623-09813-2

Printed in Japan

拡大メコン圏の経済地理学 ——国境経済と空間政策

—— 生田真人 著　A5判　354頁　本体8000円

●小学校教育に関わる人名・事項1179項目を19の分野に分けて収録。初学者にもわかりやすい解説の「読む」辞典。小学校教員として知っておくべき幼稚園教育や校種間の連携・接続に関する事項もカバーした。教師を目指す学生，現役の教師の座右の書となる一冊。

欧州通貨統合下のフランス金融危機
——経済政策転換の現実から探るEUの課題

—— 尾上修悟 著　A5判　280頁　本体7000円

●フランスは，欧州通貨統合に当初より積極的に関わった。その結果，かれらはEUから財政緊縮を強く求められ，それによって，失業を中心とする社会問題の出現を余儀なくされた。本書は，フランスが通貨統合の進展に合わせて経済政策を転換する羽目に陥り，それによって経済・金融構造を大きく変容させたプロセスを，当局の一次資料に基づきながら明らかにする一方，そうした変化が，現代EUの財政規律の下で生じる加盟国の社会危機の源流となったことを検証する。

格差で読み解くグローバル経済
——不寛容の拡がりに共生を問う

—— 溝口由己 編著　A5判　264頁　本体3000円

●世界経済は，行き過ぎたグローバリゼーションからの揺り戻しという大きな転換期に差し掛かっている。先進国における格差拡大の中で，没落する中産階級が民主主義の経路を通じた反乱を起こしていることが，この揺り戻しの原動力である。だが変化は世界で一様に起こっているわけではない。本書では，世界の主要国，地域の現状を，「格差」という補助線から明らかにし，今後の国際秩序展望の一助とする。

—— ミネルヴァ書房 ——

https://www.minervashobo.co.jp/